U1070504

GCC国家知识产权工作指引

组织编写　北京市知识产权局
主　　编　杨东起
副 主 编　潘新胜
执行副主编　李琼芳　于　飞

知识产权出版社
全国百佳图书出版单位
—北京—

图书在版编目（CIP）数据

GCC国家知识产权工作指引/北京市知识产权局组织编写. —北京：知识产权出版社，2021.1

ISBN 978-7-5130-7323-3

Ⅰ.①G… Ⅱ.①北… Ⅲ.①阿拉伯国家—知识产权—工作—研究 Ⅳ.①D937.134

中国版本图书馆CIP数据核字（2020）第244370号

责任编辑：石红华　　**责任校对：**谷　洋

封面设计：韩建文　　**责任印制：**刘译文

GCC国家知识产权工作指引

北京市知识产权局　组织编写

出版发行：知识产权出版社有限责任公司　**网　　址：**http://www.ipph.cn

社　　址：北京市海淀区气象路50号院　**邮　　编：**100081

责编电话：010-82000860转8130　**责编邮箱：**shihonghua@sina.com

发行电话：010-82000860转8101/8102　**发行传真：**010-82000893/82005070/82000270

印　　刷：三河市国英印务有限公司　**经　　销：**各大网上书店、新华书店及相关专业书店

开　　本：720mm×1000mm　1/16　**印　　张：**16.25

版　　次：2021年1月第1版　**印　　次：**2021年1月第1次印刷

字　　数：266千字　**定　　价：**78.00元

ISBN 978-7-5130-7323-3

编委会

前　言

阿拉伯联合酋长国（以下简称“阿联酋”）、阿曼苏丹国（以下简称“阿曼”）、巴林王国（以下简称“巴林”）、卡塔尔国（以下简称“卡塔尔”）、科威特国（以下简称“科威特”）和沙特阿拉伯王国（以下简称“沙特”）六个国家，都是信奉伊斯兰教的阿拉伯君主国或酋长国，均位于波斯湾沿岸，这一带石油资源丰富，六国经济结构都以石油产业为主导，社会经济发展任务也大体相同。基于相同或相似的政治体制、经济结构和宗教信仰，以及在政治、经济、外交、国防等方面利益的共同性，六国元首于1981年5月25日，在阿联酋首都阿布扎比召开首脑会议，签署了合作委员会章程，成立了海湾阿拉伯国家合作委员会（Gulf Cooperation Council），简称有“海湾合作委员会”“海合会”或“GCC”等。

在“一带一路”倡议框架下，近年来中国和GCC之间展开了多领域的经贸合作，2018年双边贸易额超过了1600亿美元，中国已经成为GCC最大的贸易伙伴。目前中国正在与GCC推进双方自贸协定的谈判，届时将极大促进双边贸易的发展，给国内企业带来广阔的市场。

随着中国和GCC地区之间贸易合作愈加频繁，对中国企业而言，了解GCC地区知识产权法律环境、加强风险防范以避免或减少风险带来的损失成为经贸活动中必不可少的环节。由于GCC地区国家的社会习俗、宗教习惯等方面与国内存在巨大差异，因此其知识产权法律环境有诸多特殊性。

为了服务企业“走出去”，国家有关部委主办的平台对GCC地区国家的营商环境以及知识产权法律制度等信息也有一些介绍，例如国家知识产权局中国知识产权报社主办的“智南针”实务指引，商务部主办的知识产权国别环境指南以及商务部“走出去”公共服务平台的对外投资合作国别（地区）指南等，对于企业在GCC地区营商、了解一些基本法律制度等有很大的帮助。

然而中国企业在 GCC 地区如何实际操作知识产权相关工作，国内还缺少这方面的相关资料。为此，本工作指引拟对 GCC 地区的知识产权法律环境进行研究，梳理 GCC 地区知识产权法律制度，分析国内企业在 GCC 地区的商贸活动可能面临的知识产权风险，并探讨应对策略，提供具备可操作性和实用性的实务指引和相关资料，以期为国内企业在 GCC 地区开展商贸活动提供有益的信息和帮助。

基于上述背景，本工作指引在编写过程中拟定的目标读者为计划在 GCC 地区开展知识产权工作的企业高级管理人员和知识产权（IP）管理人员，期望企业高级管理人员通过阅读本指引，可以较快速地对 GCC 地区知识产权工作相关流程、政策以及开展工作过程中的利弊有宏观的了解。企业 IP 管理人员通过阅读本指引，可以较为全面地了解 GCC 地区开展知识产权工作的实务。

为了达到上述目标，本指引编排上整体采用先总后分的编写原则，先对 GCC 地区开展知识产权工作的实务进行宏观概述，后面分知识产权主题对 GCC 地区开展该主题的工作实务进行总体介绍。知识产权主题章节也采用先总后分的编写原则，每个主题（如专利编）章节先概述该主题的宏观情况，后再分国家和地区介绍每个国家或地区的具体流程和实务操作。同时对 GCC 地区国家的知识产权基础法律法规进行翻译汇编。

为帮助读者更好地了解 GCC 地区的知识产权制度，本指引在专利编、商标编和著作权编的每个国家篇中都总结了中外相关制度的差异，主要涉及权利客体、申请程序和保护期限等方面。由于 GCC 地区具有其独特的政治、经济和文化特点，其知识产权制度也具有一定的特殊性，与中国存在较大的差异，并且所述差异包括但不限于本指引中所总结的内容。

期望本知识产权工作指引能够为我国企业响应“一带一路”倡议，积极走出去，做好 GCC 地区相关国家的知识产权布局提供切实的指引。

本工作指引在编写过程中，参考了 2016 年 7 月国家知识产权局发布的《中东地区有关国家知识产权环境概览》、中国社会科学院法学研究所管育鹰 2015 年研究成果《中东地区有关国家知识产权环境研究报告》，以及商务部发布的《对外投资合作国别（地区）指南・沙特阿拉伯（2018 年版）》《对外投资合作国别（地区）指南・阿联酋（2018 年版）》《对外投资合作国别（地区）指南・卡塔尔（2018 年版）》《对外投资合作国别（地区）指南・巴林（2018 年版）》《对外投资合作国别（地区）指南・科威特（2018 年版）》和《对外投资合作国别（地区）指南·阿曼（2018 年版）》等研究成果，在此列举予以说明。

本工作指引编制时间短，涉及国家较多且语言障碍较大，编写人员水平有限，所以疏漏和错误在所难免，敬请读者批评指正。另外，本工作指引是在 2019 年 12 月之前所采集的信息和数据的基础上完成的，其中涉及的法律法规、数据、网络信息等内容后续存在修正或变更的可能。因此，本工作指引仅作参考之用，不构成任何有约束力的法律意见或建议，也不能替代专业律师的意见。寻求知识产权保护时，应遵守 GCC 地区各国相关法律，必要时寻求知识产权服务机构的专业服务。

目　录

1

GCC 地区概况

1.1 引 言

海湾阿拉伯国家合作委员会（Gulf Cooperation Council，以下简称“GCC”）是阿拉伯海湾地区的区域性、综合性的政治、经济、军事合作组织，成立于1981年5月，目前成员国包括沙特、科威特、巴林、卡塔尔、阿联酋和阿曼六国（以下对六国统称为“GCC六国”），总部设在沙特首都利雅得。2001年12月，也门被批准加入GCC的卫生、教育、劳工和社会事务部长理事会等机构，参与GCC的部分工作。

该组织自成立以来，在加强成员国间经济合作，推动区域经济一体化进程方面发挥了积极的作用。

根据相关统计，截至2019年，GCC地区的总人口数超过了5400万人，GDP总量已经超过3.464万亿美元，[①] 其中沙特、阿联酋、卡塔尔和科威特的GDP总量超过2万亿美元规模。

一般来说，外国申请人通过向海湾专利局（以下简称“GCCPO”）提出专利申请，便可在GCC成员国获得保护，是比较方便的途径。但由于GCCPO不直接受理PCT申请，如果要向GCCPO提出专利申请，需要直接向GCC提出。当然，国内企业也可以利用PCT渠道，向GCC六国直接提

① 海湾合作委员会2019年人口经济介绍，http：//worldpopulationreview. com/countries/gcc - countries/，最后访问日期2019年10月10日。

出 PCT 申请。需要说明的是，GCC 地区在专利代理、实质审查方面缺乏足够的人才，GCCPO 将诸多审查业务委托给澳大利亚、奥地利、日本及中国等国家，使得其专利审查流程很长。但近些年来，GCC 地区对专利制度进行了一些改革，GCCPO 开始培养自己的审查员，以应对专利审查授权耗时很长的现状。

1.2 基本情况概述

1.2.1 GCC①②

1.2.1.1 成立背景

沙特、科威特、巴林、卡塔尔、阿联酋和阿曼六个国家，都是信奉伊斯兰教的阿拉伯君主国或酋长国，均位于波斯湾沿岸，这一带石油资源丰富，六国经济结构都以石油产业为主导，社会经济发展任务也大体相同，因而走一体化联合的道路从根本上符合各国社会经济发展的需要。

同时，由于宗教原因，六国居民的生活习惯与消费习惯相似，并有着相同或相近的历史文化背景，也便于六国间各方面的沟通和合作。

基于上述相同或相似性，六国元首于 1981 年 5 月 25 日在阿联酋首都阿布扎比召开首脑会议，签署了合作委员会章程，成立了 GCC。

1.2.1.2 成立宗旨

GCC 成立宗旨是集合各成员国的资源和力量，实现成员间的协调、联系与合作，加强成员国民众之间的联系与交往。在联合自强的基础上，推动六国的共同发展，促进组织内经济全面发展，逐步实现一体化。

1.2.1.3 组织机构

GCC 总部设在沙特首都利雅得，其主要机构有最高理事会、部长理事会、总秘书处以及各种专门委员会等。

---

① 程星原．海湾阿拉伯国家合作委员会［J］．国际资料信息，2001（3）：23－26。

② 余泳．中国与海湾合作委员会关系研究（1981～2010）［D］．上海：上海外国语大学，2011。

1. 最高理事会

最高理事会由六国元首组成，是 GCC 最高权力机构，为保障各成员国的独立、平等和自主，委员会规定就实质性问题做决定时，实行成员国一致通过原则。最高理事会每年举行一次例会，理事会主席由六国元首按国名（阿拉伯文）字母顺序轮流担任，任期一年。

2019 年最高理事会主席为阿曼苏丹卡布斯·本·赛义德（Qaboos bin Said）。

2. 部长理事会

部长理事会主要负责贯彻执行最高理事会作出的决议，对重大问题有建议权。部长理事会由六国外交大臣或代表本国的其他官员组成，主席由六国外交大臣按国名（阿拉伯文）字母顺序轮流担任，任期一年。

2019 年部长理事会主席为阿曼外交事务主管大臣优素夫·本·阿拉维（Yusuf bin Alawi）。

3. 总秘书处

总秘书处是 GCC 的常设机构，主管 GCC 的日常事务工作、由秘书长以及负责政治事务、财经事务及军事事务的 3 名助理秘书长主持工作，秘书长按国名（阿拉伯文）字母顺序轮流担任，并由最高理事会予以任命，任期 3 年。

现任秘书长阿卜杜拉提夫·扎耶尼（Abdul - Latif Al - Zayani，巴林人），2010 年 12 月任命，2014 年 4 月连任。

4. 专门委员会

专门委员会包括“经济和社会计划委员会”“财政、经济和贸易合作委员会”“工业合作委员会”“石油委员会”以及“防务委员会”等。这些委员会由各成员国相应的大臣组成，在各自领域内发展合作关系。

1.2.1.4 组织成员

GCC 正式成员为阿联酋、阿曼、巴林、卡塔尔、科威特和沙特六个国家。

2001 年 12 月召开的 GCC 第 22 次首脑会议同意也门加入海合会卫生、教育、劳工和社会事务部长理事会等机构。

2011 年 6 月在吉达召开的 GCC 外长理事会第 119 次会议发表声明，欢迎约旦、摩洛哥加入 GCC。2012 年第 125 届外长理事会分别与约旦、摩洛哥就建立“战略伙伴关系”达成为期 5 年的“共同行动计划”，并承诺未来 5 年内向两国分别提供 50 亿美元的无偿援助。①

1.2.1.5 主要活动

GCC 成立至今，在加强成员国间政治、经济、外交和军事等领域的协调合作，调解区域争端，维护地区和平，促进地区经济合作等方面发挥了很多积极的作用，并且在一体化方面取得了较大进展。

GCC 每年 11 月或 12 月轮流在六国首都召开首脑会议，六国的外交、国防、内政、石油和财经等大臣也定期或根据需要召开会议。会议主要就成员国及海湾地区面临的重大问题进行磋商，在政治、经济、外交和集体安全等方面达成一系列协议。

GCC 成立初期，主要致力于维护六国共同利益，协调外交立场，开展劳动力流动、信贷合作和旅游服务业等领域的合作。虽然 GCC 成立的初衷是政治安全，但事实上经过近 30 年的发展，GCC 经济一体化进程却大大快于政治一体化进程。

在 GCC 1981 年 11 月召开的第二届首脑会议上，各成员国签订了《经济一体化协议》，规划了六国经济一体化的目标。

在知识产权领域，GCC 在 1992 年第 13 届首脑会议达成“为了共同的目标，要加强成员国的合作进程”的共识，并在首脑会议上批准通过了《海湾阿拉伯国家合作委员会专利法》（Patent Regulation of the Gulf Cooperation Council for the Arab States of the Gulf，以下简称“GCC 专利法”），并批准设立海湾阿拉伯国家合作委员会专利局（GCCPO），GCCPO 于 1998 年在沙特首都利雅得成立。

2000 年，第 74 届 GCC 部长理事会批准了《海湾阿拉伯国家合作委员会专利法实施细则》（The Implementing Bylaws of the GCC Patent Regulation，以下简称“GCC 专利法实施细则”）。随后 GCCPO 开始受理专利申请。

GCC 在 2006 年通过了《统一商标法》，但目前只有沙特、阿联酋和卡塔尔选择使用该法。这部商标法推进了 GCC 地区商标法律的规范进程。

在其他经贸领域，从 1994 年财长会议放开成员国批发商之间自由贸易，1995 年首脑会议同意成员国间公民的跨国经商，到 2002 年首脑会议

---

① 海湾阿拉伯国家合作委员会，https://www.fmprc.gov.cn/web/gjhdq_676201/gjhdqzz_681964/lhg_682782/jbqk_682784/，最后访问日期 2019 年 10 月 10 日。

通过的关税联盟《多哈宣言》，迅速推进了该地区经济的一体化。另外，2007 年 12 月在卡塔尔首都多哈举行的第 28 届首脑会议宣布 2008 年 1 月 1 日建立海湾共同市场。近年来，GCC 加强了与其他国家和组织自由贸易区的谈判进程，在 2004 年 5 月，GCC 与黎巴嫩签署自由贸易区协定，这是 GCC 与其他国家签署的第一个自由贸易区协定。同时，GCC 还启动了与欧盟、美国、非洲、东盟、中国等国家与地区组织建立自由贸易区的谈判。

1.2.2 沙特①

1.2.2.1 地理环境

沙特位于阿拉伯半岛，国土面积 225 万平方千米，国土东侧是波斯湾，西侧是红海，平均海拔 600 多米，沙特同约旦、伊拉克、科威特等国接壤，海岸线长 2400 多千米，地势西高东低。

沙特属东 3 时区，比北京时间晚 5 个小时。沙特共设 13 个省，包括利雅得、麦加、麦地那等，其中，首都利雅得是沙特第一大城市，位于沙特中部，人口约 822 万（2017 年）。麦加是伊斯兰圣地，麦地那是伊斯兰第二圣地。

沙特石油可开采储量超过了 350 亿吨，占世界探明储量的 26%，其储量位居世界首位；天然气剩余可采储量超过 8 万亿立方米，占世界储量的 4.1%，居世界第四位。沙特也是世界上最大的海水淡化国，其海水淡化量占世界总量的 20% 左右。

沙特夏季干燥炎热，局部最高气温可达 50℃ 以上；冬季气候温和，其年平均降雨量不超过 200 毫米。

根据世界银行数据统计，截至 2018 年底，沙特总人口约为 3370 万②。据统计，沙特籍人口占比约为 63%，外籍人口占比约为 37%。

1.2.2.2 政治制度

沙特是政教合一的君主制国家，本土禁止政党活动，没有宪法。《古

① 商务部《对外投资合作国别（地区）指南·沙特阿拉伯（2018 年版）》。

② https://data.worldbank.org.cn/indicator/SP.POP.TOTL?end=2018&locations=SA&start=1960&view=chart，最后访问日期 2019 年 10 月 28 日。

兰经》和穆罕默德的《圣训》是国家立法和执法的依据。

沙特全国分为 13 个省，省长由国王直接任命，省长也称埃米尔，为大臣级，相当于部长。

沙特的司法事务由司法部和最高司法委员会负责司法事务的管理。沙特司法体系设最高法院、上诉法院、普通法院等三级法院，并建有刑事、民事、商业、劳工等法庭。

1.2.2.3 政府机构

沙特政府机构包括经济和发展委员会、商业投资部、经济与计划部、财政部、投资总局、货币管理署、沙特国际战略伙伴办公室和能源、工业和矿产资源部等机构。

经济和发展委员会成立于 2015 年，取代原最高经济委员会等机构。该委员会共 22 名官员，由副王储兼国防部长穆罕默德·本·萨勒曼领导，其他成员包括国务大臣、能工矿（能源、工业、矿产）大臣、劳工大臣等官员。商业投资部是负责协调管理国内外贸易和投资的主要职能部门，主要任务是制定和执行商业投资政策，保持经济可持续发展，旨在为沙特营造商务和投资领域公平公正的环境。经济与计划部主要负责定期提供有关国家经济运行情况和发展前景的报告，制订发展规划，并协调各部门实施计划等。财政部主要负责监管国家财政政策实施情况，编制政府预算并监督执行，管控财政部与其他部委之间账户流通，监管国家财政收入等。投资总局主要负责监督和管理沙特境内投资和对外投资事务。货币管理署行使中央银行职责，负责发行货币，对银行、金融、保险业的监督管理等。沙特国际战略伙伴办公室是沙特新近组建的机构，直接对沙特经济和发展委员会负责。沙特组建该机构主要目的是加强与世界重要国家间的合作，促进沙特“2030 愿景”实施。能源、工业和矿产资源部前身为石油和矿产资源部，主要负责制定实施沙特能源、工业及矿产领域发展规划及政策。

1.2.2.4 宗教习俗

沙特全国人口主要是阿拉伯族，其中，逊尼派穆斯林占人口大多数，分布在全国各地，什叶派人数极少，主要居住在东部地区。沙特官方语言为阿拉伯语，商界通行英语。伊斯兰教为沙特国教，其中逊尼派占 85%，什叶派占 15%。沙特禁止在公共场所从事除伊斯兰教之外的宗教活动。

1.2.2.5 金融货币

沙特的官方货币为沙特里亚尔。沙特里亚尔与美元可自由兑换，沙特里亚尔与美元的汇率是 1 美元兑换 3.75 沙特里亚尔的固定汇率。2016 年开始，人民币与沙特里亚尔实现了直接兑换结算。

沙特货币署（相当于央行）会采取措施控制货币的数量和流通，货币署禁止银行在没有征得货币署事先同意的情况下用里亚尔进行国际金融交易。金额超过 10 万里亚尔的交易必须通知货币署。

1.2.3 阿联酋①

1.2.3.1 地理环境

阿联酋位于阿拉伯半岛东南端，北临波斯湾，与伊朗隔海相望，是波斯湾进入印度洋的海上交通战略要冲。

阿联酋国土面积约为 8.36 万平方千米，其海岸线包括波斯湾的南部和东南海岸以及阿曼湾的部分西海岸。随着“迪拜棕榈岛”等填海工程项目的开展，其国土面积数字还在不断增长。

阿联酋境内无淡水河流或湖泊，沿海是地势较低的平原，沙漠占阿联酋总面积的 65%，其中有一些绿洲，以艾因地区的布赖米绿洲面积最大，同时该绿洲也是阿联酋主要农业区。

阿联酋位于东 4 时区，当地时间比北京时间晚 4 小时。阿联酋由 7 个酋长国组成，包括阿布扎比、迪拜、沙迦、哈伊马角、阿治曼、富查伊拉和乌姆盖万。

阿联酋石油和天然气资源超过 95% 位于阿布扎比。目前已探明的石油储量为 978 亿桶，位居世界第 7。已探明的天然气储藏量为 6.09 万亿立方米，位居世界第 7。

阿联酋属热带沙漠气候，全年分为两季：5 月至 10 月为热季（夏季），天气炎热潮湿，气温超过 40℃，沿海地区白天气温最高达 45℃以上，湿度保持在 90% 左右；11 月至次年 4 月为凉季（冬季），气候温和晴朗，有时降雨，气温一般为 15 ~ 35℃。

根据世界银行数据统计，截至 2018 年底，阿联酋人口 963 万，其中男

---

① 商务部《对外投资合作国别（地区）指南·阿联酋（2018 年版）》。

性 668 万，女性 295 万。[①] 据统计，本国人口约占人口总数 11.5%；外籍人约占 88.5%，主要来自印度、巴基斯坦、埃及、叙利亚、巴勒斯坦等国。

1.2.3.2 政治制度

1971 年 7 月 18 日，联邦最高委员会通过临时宪法，同年 12 月 3 日宣布临时宪法生效，1996 年 12 月联邦最高委员会通过决议，临时宪法变成永久宪法，并确定阿布扎比为阿联酋永久首都。

联邦最高委员会是最高权力机构。该委员会讨论决定国内外重大政策问题，制定国家政策，审核联邦预算，批准法律与条约。总统和副总统从最高委员会成员中选举产生，除外交和国防相对统一外，各酋长国拥有相当的独立性和自主权，联邦经费基本上由阿布扎比和迪拜两个酋长国承担。

阿联酋政局稳定，对内继续积极推动经济发展和国家现代化建设；对外交往活跃，注重加强与海湾地区国家及大国关系，在地区和国际事务中发挥独特作用。联邦内阁是国家的行政机关，由总理、副总理、各部部长及部分国务部长组成。

联邦最高委员会由 7 个酋长国的酋长组成，每个酋长在参加最高委员会会议时，只有一票表决权。委员会负责讨论制定联邦内外重大事务的总政策，确定重大人事变动，选举总统与副总统，审核联邦预算，批准法律、条约和法官任命等。委员会关于实质问题的决议必须经 5 名以上成员赞成通过才能生效，且赞成成员中必须包括阿布扎比和迪拜代表。联邦总统、副总统的任期为 5 年，联邦总统担任最高委员会主席。

联邦国民议会成立于 1972 年 2 月 13 日，系联邦的咨询机构，每届任期 4 年。议会职权是审议联邦政府提出的法律、法规草案，如年度预算、内外方针政策、经济发展规划等，并有权提出修改意见或予以否决；并对联邦政府缔结的条约和协定提出质询。

1.2.3.3 政府机构

阿联酋联邦政府是联邦最高委员会的执行机构，在联邦最高委员会的监督下，具体实施宪法和法律规定的权限范围内的内外大政方针，按各酋

---

① https://data.worldbank.org.cn/indicator/SP.POP.TOTL?end=2018&locations=AE&start=1960&view=chart，最后访问日期 2019 年 10 月 28 日。

长国的政治影响、经济实力的原则分配部长职位，阿布扎比、迪拜两酋长国占主要职位。

内阁由总理、副总理、各部部长及部分国务部长组成。总理负责主持召开每周一次的内阁例会，监督和协调各部的工作。副总理在总理因故缺席时行使总理的权力。根据宪法规定，内阁会议决议应以多数表决通过。如表决时票数相等，总理行使决定性投票权。内阁负责起草法律草案。

主要经济部门有：财政部、经济部、能源与工业部、人力资源与本土化部、气候变化与环境部、各酋长国市政厅、各酋长国商工会等。

1.2.3.4 宗教习俗

阿联酋全国总人口中阿拉伯人占87%，其他民族占13%，外籍人口主要来自印度、巴基斯坦、孟加拉、菲律宾、埃及、伊朗等国。外籍人口占全国总人口的88.5%。在阿联酋的华人总数近30万人。

官方语言为阿拉伯语，通用英语，英语在商务活动领域普遍使用。伊斯兰教是国教。居民大多信奉伊斯兰教，其中多数（80%）属逊尼派，什叶派在迪拜占多数。

1.2.3.5 金融货币

阿联酋实施开放的货币政策，货币为迪拉姆（AED），可自由兑换，迪拉姆与美元的汇率固定。尽管中国与阿联酋已签署货币互换协议，但在实际交易中大多仍以美元为结算中介。

阿联酋外汇不受限制，可自由汇进汇出，但须符合阿联酋政府的反洗钱规定。一般情况下，外商投资资本和利润回流不受限制；外资银行在将其利润汇出境外前，必须事先获得阿联酋中央银行的同意，并将其纯利润的20%作为税收缴纳给阿联酋政府。

1.2.4 卡塔尔①

1.2.4.1 地理环境

卡塔尔是一个半岛国家，位于波斯湾西海岸中部。卡塔尔三面环海，南部陆地与沙特接壤，国土面积11521平方千米。

卡塔尔属于东3时区，比北京时间晚5个小时。卡塔尔全国共设8个

① 商务部《对外投资合作国别（地区）指南·卡塔尔（2018年版）》。

市级行政区。首都多哈市是全国政治、经济和文化中心。

卡塔尔的自然资源主要有石油和天然气，据 OPEC 发布的统计数据，截至 2016 年末，其已探明石油储量约为 252.44 亿桶，居世界第 13 位；天然气储量约 24.07 万亿立方米，占世界天然气总储量的 12.04%，仅次于俄罗斯和伊朗，居世界第 3 位。

卡塔尔属热带沙漠气候，全年分夏、冬两季。夏季从 5 月至 10 月，天气炎热潮湿，气温一般在 25 ~ 46℃，最高时可达 50℃以上；冬季从 11 月至来年 4 月，天气凉爽干燥，气温一般在 10 ~ 30℃，最低时为 7℃。

据统计，截至 2018 年 4 月，卡塔尔常住人口总数近 270 万。卡塔尔人口中，男性居民近 202 万，女性居民超过 68 万；从国籍来看，卡塔尔籍公民约占 15%，外籍人口约占 85%。外籍人口主要来自埃及、约旦、黎巴嫩和叙利亚等阿拉伯国家，以及印度、孟加拉、尼泊尔和菲律宾等东南亚国家。

1.2.4.2 政治制度

卡塔尔系君主立宪制酋长国，埃米尔为国家元首兼武装部队最高统帅，由阿勒萨尼家族世袭。

1970 年颁布第一部宪法，1972 年对临时宪法进行修改。2003 年 4 月，卡塔尔举行全民公决，以 96.6% 的赞成票通过《国家永久宪法草案》，2004 年 6 月 8 日《卡塔尔国宪法》正式生效。

卡塔尔宪法规定司法权独立，由不同类型的各级法院及伊斯兰教法法院执掌。

1.2.4.3 政府机构

卡塔尔内阁是国家最高行政机构，负责管理宪法和法律规定其分管的所有对内对外事务，制定和实施国家总体政策。首相为内阁长官、政府首脑，由埃米尔任命；内阁各部委的组成由首相提出，埃米尔批准；内阁成员亦由埃米尔根据首相的推荐任命。主要经济部门有财政部、能源工业部、经济商业部及海关总署等。

1.2.4.4 宗教习俗

卡塔尔人属于阿拉伯民族，占人口大多数的外籍居民中虽然也有阿拉伯人，但更多则来自印度、孟加拉、巴基斯坦、尼泊尔和菲律宾等亚洲国家。

阿拉伯语为官方语言，英语在当地使用广泛。

伊斯兰教为卡塔尔国教，本国居民大多信奉伊斯兰教，多数属逊尼派中的瓦哈比教派，什叶派约占全国人口的 10%。77.5% 的外籍居民信奉伊斯兰教，其余信仰基督教、天主教和佛教等。

1.2.4.5 金融货币

卡塔尔货币单位为里亚尔，在卡塔尔任何银行和金融机构，里亚尔与美元、欧元、英镑、日元、瑞士法郎、加拿大元和澳大利亚元等可自由兑换，并且可同海湾其他五国、印度和巴基斯坦等国货币自由兑换。

卡塔尔里亚尔与美元之间是固定汇率，卡塔尔里亚尔兑美元的汇率一直保持 3.64:1。除个别钱庄外，在卡塔尔大部分金融机构人民币与卡塔尔里亚尔不可直接兑换。卡塔尔采取自由汇兑制度，不实行外汇管制。投资资金、贷款资金和个人所得可以自由汇出境外。

1.2.5 巴林[①]

1.2.5.1 地理环境

巴林位于波斯湾西南部，是由 33 个岛屿组成的岛国，距沙特东海岸约 25 千米，由法赫德国王跨海大桥相连。巴林国土面积 767 平方千米。

巴林属东 3 时区，比北京时间晚 5 个小时。全国分为 4 个省，首都麦纳麦是巴林工商业中心。

巴林的主要资源为石油和天然气，已探明石油储量 2055 万吨，排名世界第 66 位，2017 年日产石油 20 万桶。2018 年 4 月，巴林政府宣布在西部海域发现储量 800 亿桶的新油田，为巴林迄今为止发现的最大油田。巴林天然气储量 1182 亿立方米，2016 年天然气产量 7438 亿立方英尺，其中非伴生气产量 4999 亿立方英尺，伴生气产量 2439 亿立方英尺。

巴林属热带沙漠气候，夏季炎热、潮湿，7 月至 9 月平均气温为 35℃左右，8 月体感温度最高可达 50℃。凉季温和宜人，11 月至 3 月的气温在 15～24℃。

---

① 商务部《对外投资合作国别（地区）指南·巴林（2018 年版）》。

根据世界银行数据统计，截至 2018 年底，巴林总人口为 156.9 万人。① 据统计，其本国人口约占 45%，外籍人口约占 55%，全国人口接近一半居住在首都麦纳麦。

1.2.5.2 政治环境

巴林是世袭君主制国家，宪法规定“政权体制建于立法权、行政权、司法权分离并相互合作基础之上”；“立法权由国王与国民议会掌握；国王和内阁及各部大臣掌握行政权；以国王的名义颁发法律条令”。

2011 年 2 月，受西亚北非地区部分国家政局突变影响，巴林爆发大规模反政府抗议活动，要求国王解散政府、改善民生、促进民主。2012 年以来，巴林国内局势逐步恢复稳定，但小规模示威游行时有发生。2013 年 2 月，巴林宣布重启新一轮全国和解对话，包括反对派在内的各政治派别出席，但对话未取得实质性成果。

国王是国家元首兼军队最高统帅，掌握政治、经济和军事大权。国王由哈利法家族世袭；内阁是国家最高行政机构，内阁首相由国王任命，对国王负责。

1.2.5.3 政府机构

内阁作为国家最高行政机构，共有 23 名成员，由首相、副首相和各部委的大臣组成。首相负责主持召开每周一次的内阁例会，监督和协调各部委的工作。

主要经济部门包括财政部、工商和旅游部、住房部、劳工与社会发展部、市政工程与城市规划部、国家油气署和中央银行等。各经济部门的主要工作职责是：

财政部主管国家财政政策的制定与实施；工商和旅游部主管工业和内外贸易；住房部主管居民住房的规划设计与实施；劳工与社会发展部主管劳动就业政策；市政工程与城市规划部主管国家基础工程的规划设计与实施、市政管理与规划及农牧渔业事务；国家油气署主管石油和天然气开发利用方面的政策和标准；中央银行主管金融政策的制定和银行业的管理。

1.2.5.4 宗教习俗

巴林本土人多数是阿拉伯人的后裔，少数为伊朗和犹太人的后裔。

---

① https://data.worldbank.org.cn/indicator/SP.POP.TOTL?locations = BH，最后访问日期 2019 年 10 月 28 日。

阿拉伯语为国语。通用英语，尤其在商务活动领域应用普遍。伊斯兰教为国教，85%的居民信奉伊斯兰教，其中多数属什叶派。其余信奉基督教、犹太教等。居民日常生活以伊斯兰教的生活方式为主。

1.2.5.5 金融货币

巴林法定货币为巴林第纳尔（Bahraini Dinar，以下简称“巴第”）。在巴林的商业金融机构可办理巴第与主要货币（美元、欧元、日元、英镑等）、其他 GCC 国家货币以及主要劳务来源国货币（印度卢比、巴基斯坦卢比、孟加拉塔卡等）的兑换业务。

巴林自 2001 年以来采取巴第与美元的联系汇率制度，2002 年至今，汇率一直保持在 0.376 巴第兑换 1 美元，1 巴第兑换 2.66 美元。人民币与巴第不能直接结算。

1.2.6 科威特[①]

1.2.6.1 地理环境

科威特国土面积 17818 平方千米，位于波斯湾西北岸。与沙特和伊拉克相邻，同伊朗隔海相望。海岸线长 290 千米。绝大部分国土为沙漠，地势较平坦。

科威特属东 3 时区，比北京时间晚 5 个小时。

科威特全国划分为 6 个行政省，首都科威特城是全国政治、经济、文化中心和重要港口。

科威特石油和天然气储量丰富。探明的石油储量为 1049 亿桶，位居世界第 5 位。探明天然气储量为 1.78 万亿立方米，居世界第 19 位。

科威特属热带沙漠气候，夏季长且炎热干燥，最热时树荫下为 51℃，太阳直射处达 80℃。冬季短且湿润多雨。

根据世界银行数据统计，截至 2018 年底，科威特总人口（包括外籍人口）共 413 万人。[②] 其中，科威特籍约占总人口的 31.1%；外籍人口约占总人口的 68.9%。

---

① 商务部《对外投资合作国别（地区）指南·科威特（2018 年版）》。

② https://data.worldbank.org.cn/indicator/SP.POP.TOTL?locations=KW，最后访问日期 2019 年 10 月 28 日。

1.2.6.2 政治制度

科威特是君主世袭制酋长国，埃米尔是国家元首兼武装部队最高统帅。埃米尔必须由穆巴拉克·萨巴赫家族后裔世袭。

1962 年 11 月 12 日正式颁布宪法。宪法规定，科威特是一个独立的阿拉伯国家，伊斯兰教为国教，伊斯兰教教法是立法的主要依据。立法权由埃米尔和议会行使，埃米尔有权解散议会和推迟议会会期；行政权由埃米尔、首相和内阁大臣行使；司法权由法院在宪法规定范围内以埃米尔名义行使，最高法院院长和总检察长由埃米尔任命，法院以埃米尔名义在宪法范围内行使司法权。王储由埃米尔提名，议会通过；埃米尔任免首相，并根据首相提名任免内阁大臣等。

1.2.6.3 政府机构

科威特政府由首相和内阁大臣组成，负责执行国家的内外政策。科威特分内阁、省、区三级行政机构设置。内阁主要部委有：最高计划发展委员会、国防部、外交部、内阁事务部、新闻部、内政部、教育部、高等教育部、工商部、议会事务部、石油部、水电部、财政部、司法部、宗教基金与伊斯兰事务部、通信部、公共工程部、卫生部、社会事务与劳动部等。部的设置与名称随着社会和经济发展的需要时有增减与改变。

内阁直属单位主要有：中央银行、海关总署、中央统计局、农业与渔业资源总局、青年与体育总局、民事信息总局、审计署、民航局、港务局、社会保障局、环保局、文官委员会、投资局、直接投资促进局、住房福利总署、工业总局、舒艾巴工业区管理局、科威特石油总公司、科威特阿拉伯经济发展基金会等。

主管经济的部门主要有：财政部、工商部、最高计划发展委员会、石油部、水电部、公共工程部、中央银行、海关总署、投资局、直接投资促进局、工业总局等。

1.2.6.4 宗教习俗

科威特籍人口 127 万，主要为阿拉伯人。外籍侨民占总人口的 68.9%，据统计，目前科威特共有 260 万名有合法居留身份的外国人，主要来自印度、埃及、菲律宾等国家。

阿拉伯语为科威特官方语言，英语为通用语言。

科威特以伊斯兰教为国教，居民中 95% 信奉伊斯兰教，其中约 70% 属逊尼派，30% 为什叶派。

1.2.6.5 金融货币

科威特货币为科威特第纳尔（Dinar，货币代码 KWD）。人民币与科威特货币不可直接结算。

1.2.7 阿曼①

1.2.7.1 地理环境

阿曼位于阿拉伯半岛东南部，面积 30.95 万平方千米，是阿拉伯半岛地区的第三大国，与阿联酋、沙特、也门等国接壤。其地缘优势显著，扼守霍尔木兹海峡，濒临阿拉伯海，直面印度洋，海岸线长 2092 千米。

所处时区为东 4 区，与北京时差 4 个小时。

阿曼按行政区域划分为 11 个省，截至 2018 年底，阿曼总人口 482.9 万②。

2017 年，阿曼新探明 1.12 亿桶石油和凝析油储量和 4 万亿立方英尺天然气，截至 2017 年底，石油和凝析油总储量为 47.4 亿桶，相较 2016 年底减少 3.75 亿桶；天然气总储量为 24.96 万亿立方英尺，较 2016 年底增加 3.81 万亿立方英尺。

除东北部山地外，均属热带沙漠气候，但各地略有差异，海岸地区夏季炎热潮湿，内陆地区炎热干燥，而部分山区则较凉爽。全年气候分两季，5 月至 10 月为热季，气温高达 40℃ 以上；11 月至翌年 4 月为凉季，平均温度约为 24℃。

1.2.7.2 政治制度

阿曼是世袭君主制国家，禁止一切政党活动，苏丹享有绝对权威，颁布法律，任命内阁，领导军队，批准缔结国际条约、协定。1996 年 12 月，成立以卡布斯苏丹为首的 9 人国防委员会，负责审议国家安全有关事宜并参与决定苏丹继任者。2011 年 10 月，阿曼修订《国家基本法》，规定：如

---

① 商务部《对外投资合作国别（地区）指南·阿曼（2018 年版）》。

② https://data.worldbank.org.cn/indicator/SP.POP.TOTL?locations=OM&view=chart，最后访问日期 2019 年 10 月 28 日。

王室委员会在法定时间3日内未能就苏丹继任人达成一致，则由国防委员会连同国家委员会主席、协商会议主席、最高法院院长及两名最年长的副院长根据苏丹遗诏确定人选。

政府内设司法部、宗教基金和伊斯兰事务部，分别主管司法、法律（含涉外协议、条约等）起草和修订及伊斯兰法有关事务。全国法院共分三级，最低为初审法院，共41所；第二级为上诉法院，共6所；最高一级为最高法院，其判决为终审判决。除此以外，还设有1所行政法院和1所国家安全法院。1999年11月，阿曼颁布《司法法》，并成立最高司法委员会，卡布斯苏丹亲任主席，最高法院院长任副主席。

1.2.7.3 政府机构

阿曼政府机构由外交部、国防部、内政部、财政部、石油和天然气部、农渔部、住房部、地方市政和水资源部、旅游部、教育部、高教部、体育部、社会发展部、新闻部、司法部、商工部、人力资源部、卫生部、文化遗产部、交通通信部、民事服务部、宫廷部、宗教事务部、中央银行、阿曼投资促进与出口发展公署等部委组成。

其中，财政部负责制定国家整体发展规划、年度财政预算，石油和天然气部负责经济命脉——石油天然气工业的发展，与外国企业合资共建油气开发企业；商工部负责商业、工业发展，吸引外国对阿投资，是中国—阿曼经贸联委会阿方牵头部门；交通通信部负责国家物流网络建设，是道路、铁路、港口、机场、通信等大型基础设施项目的发起单位。

1.2.7.4 宗教习俗

阿曼绝大多数是阿拉伯人，外来定居人口中印度人、孟加拉人、巴基斯坦人、菲律宾人等居多。

阿曼的官方语言为阿拉伯语，通用英语。

伊斯兰教为国教，阿曼穆斯林多属伊巴德教派，在伊斯兰教中，伊巴德教派是一个独特的教派，教义以《古兰经》和《圣训》为基础，主张哈里发的继承人不应限于穆罕默德家族，应由贤者任之，不支持阿里，与什叶派相对立，接近逊尼派。伊巴德教派在阿曼占统治地位，在北非的阿尔及利亚、突尼斯、利比亚等国也有少量信徒。

阿曼的其他教派还有逊尼派，分布在沿海、佐法尔以及俾路支人中；什叶派，主要分布在首都马斯喀特等沿海城镇及信德人中，约占全国人口的5%，以商人居多，亦有部分知识分子；瓦哈比派，分布在贾兰地区，由沙特传入，教徒少，影响小。

1.2.7.5 金融货币

阿曼中央银行负责货币发行，当地货币名称为“阿曼里亚尔”（Omani Riyal，简写为“R. O”），最小单位为比塞（Baisa），1 个阿曼里亚尔等于 1000 比塞。纸币最大面值为 50 阿曼里亚尔，最小面值为 100 比塞。硬币最大面值为 50 比塞，最小为 5 比塞。

阿曼里亚尔可完全自由兑换，不受任何限制，各商业银行及汇兑钱庄均可换汇，中央银行每天公布阿曼里亚尔与其他 44 种外国货币的汇率。自 1983 年起，阿曼实行阿曼里亚尔钉住美元汇率政策，阿曼里亚尔多年来一直保持 1 里亚尔兑换 2.6 美元，没有变化。兑换欧元或其他货币的汇率变化随美元变化而变化。

人民币与阿曼里亚尔目前还不能直接结算。

1.3 知识产权法律环境概述

1.3.1 GCC 地区知识产权国际保护

GCC 六国加入的国际性知识产权相关组织或国际性知识产权相关条约，详见表 1－3－1。

表 1－3－1 GCC 六国加入的国际性知识产权组织或知识产权相关条约汇总表

国际组织或条约	国家					
	沙特	阿联酋	卡塔尔	巴林	科威特	阿曼
世界知识产权组织（WIPO）	1982	1974	1976	1995	1998	1997
世界贸易组织（WTO）	2005	1995	1995	1995	1995	2000
《保护工业产权巴黎公约》	是	是	是	是	是	是
《专利合作条约》（PCT）	是	是	是	是	是	是
《专利法条约》（PLT）	是	否	否	是	否	是
《商标国际注册马德里协定》	否	否	否	是	否	是
《商标国际注册马德里协定有关议定书》	否	否	否	是	否	是
《工业品外观设计国际注册海牙协定》	否	否	否	否	否	是

续表

国际组织或条约	国家					
	沙特	阿联酋	卡塔尔	巴林	科威特	阿曼
《保护文学和艺术作品伯尔尼公约》	是	是	是	是	否	是
《世界知识产权组织版权条约》（WCT）	否	否	是	是	否	是
《世界知识产权组织表演和录音制品条约》（WPPT）	否	否	是	是	否	是

沙特 1982 年加入世界知识产权组织（WIPO），2005 年加入世界贸易组织（WTO），1994 年加入《世界版权公约》，2004 年加入《保护工业产权巴黎公约》和《保护文学和艺术作品伯尔尼公约》，2005 年加入《与贸易有关的知识产权协定》（TRIPs 协定），2013 年加入《专利法条约》（PLT）和《专利合作条约》（PCT）。

阿联酋 1974 加入世界知识产权组织（WIPO），1995 年加入世界贸易组织（WTO），1996 年加入《保护工业产权巴黎公约》和《与贸易有关的知识产权协定》（TRIPs 协定）；1999 年加入《专利合作条约》（PCT），2004 年加入《世界知识产权组织著作权条约》和《保护文学和艺术作品伯尔尼公约》。此外，阿联酋 2005 年还加入《保护表演者、音像制品制作者和广播组织罗马公约》和《世界知识产权组织表演和录音制品条约》；2014 年加入《视听表演北京条约》和《关于为盲人、视力障碍者或其他印刷品阅读障碍者获得已出版作品提供便利的马拉喀什条约》。

卡塔尔 1976 年加入世界知识产权组织（WIPO），1995 年加入世界贸易组织（WTO），1996 年加入《与贸易有关的知识产权协定》（TRIPs 协定），2000 年加入《保护工业产权巴黎公约》和《保护文学和艺术作品伯尔尼公约》，2005 年加入《世界知识产权组织表演和录音制品条约（WPPT）》，2011 年加入《专利合作条约》（PCT）（但对第 59 条作了保留声明）和《世界知识产权组织著作权条约》（WCT），2014 年加入《国际承认用于专利程序的微生物保存布达佩斯条约》，2017 年加入《保护表演者、音像制品制作者和广播组织罗马公约》。

巴林 1995 年加入世界知识产权组织（WIPO），1995 年加入世界贸易组织（WTO）和《与贸易有关的知识产权协定》（TRIPs 协定），1997 年加入《保护工业产权巴黎公约》和《保护文学和艺术作品伯尔尼公约》，

2005 年加入《专利法条约》（PLT），2005 年还加入了《商标注册用商品和服务国际分类尼斯协定》《商标国际注册马德里协定》《商标国际注册马德里协定有关议定书》和《世界知识产权组织表演和录音制品条约（WPPT）》，2006 年加入《保护表演者、音像制品制作者和广播组织罗马公约》，2007 年加入《专利合作条约》（PCT）。

科威特 1998 年加入世界知识产权组织（WIPO），1995 年加入世界贸易组织（WTO）和《与贸易有关的知识产权协定》（TRIPs 协定），2014 年加入《保护工业产权巴黎公约》和《保护文学和艺术作品伯尔尼公约》，2016 年加入《专利合作条约》（PCT）。

阿曼 1997 年加入世界知识产权组织（WIPO），1995 年加入世界贸易组织（WTO），1986 年加入《保护奥林匹克标志的内罗毕条约》，1999 年加入《保护工业产权巴黎公约》和《保护文学和艺术作品伯尔尼公约》，2001 年加入《专利合作条约》（PCT），2005 年加入《世界知识产权组织表演和录音制品条约（WPPT）》和《世界知识产权组织著作权条约（WCT）》，2007 年加入《国际承认用于专利程序的微生物保存布达佩斯条约》和《专利法条约》（PLT），2007 年还加入《商标国际注册马德里协定》《商标国际注册马德里协定有关议定书》和《商标法条约》，2008 年加入《关于播送人造卫星传播载有节目的信号的公约》，并在 2009 年加入了《工业品外观设计国际注册海牙协定》。

1.3.2 GCC 地区知识产权区域保护

1.3.2.1 专利

GCC 自 1981 年成立之后，在 1992 年第 13 届首脑会议上批准通过了 GCC 专利法，于 1998 年在沙特首都利雅得成立海湾合作委员会专利局（GCCPO），并在成立后不久公布了专利法规和实施细则，随后 GCCPO 开始受理专利申请。依据 GCC 专利法，在 GCCPO 注册的专利在所有成员国都受保护，但该专利法并未对实用新型和外观设计进行规定，因此，GCCPO 目前只能进行发明专利申请，实用新型、外观设计需要单独在目标国提出申请。

GCC 于 2000 年对 GCC 专利法进行了修订。GCC 专利制度基本情况如表 1－3－2 所示。

表 1－3－2　GCC 专利制度基本信息表

法律法规	GCC 专利法 GCC 专利法实施细则
受理局	GCCPO
申请限制	非 GCC 成员国居民，需委托当地代理人申请
申请语言	阿拉伯语（说明书等需要另附英文译文）
实质审查	有，需自申请日起 3 个月内缴纳审查费用
PCT 限制	PCT 申请时不能指定 GCC
《保护工业产权巴黎公约》	可通过《保护工业产权巴黎公约》途径申请
申请公开	无
加快审查	无
专利保护	GCCPO 授予的专利权在 GCC 成员国中有效
专利权保护期限	自申请日起 20 年
异议制度	有
无效程序	有
实施义务	3 年内不实施专利可能会成为被强制许可的对象

GCC 专利制度除上述基本信息外，还需要特别注意以下情况：

（1）申请人：发明人或者权利继承人可成为专利的申请人。

（2）申请文件：申请文件包括申请书、说明书、权利要求范围、摘要书以及附图，申请需要以阿拉伯语提出，说明书、权利要求范围、摘要书以及附图则需要附上英文译文。

（3）申请形式：由于 PCT 申请不能指定 GCCPO，因此，GCC 成员国之外申请人向 GCCPO 提出申请时，需要通过《保护工业产权巴黎公约》主张优先权。虽然 GCC 成员国都加入了 PCT 条约，专利权人可直接向成员国提出申请，但需要注意的是，部分国家审查和授权制度并不完善，所以综合来看，要在 GCC 六国申请专利，最好是向 GCCPO 提出申请。

（4）申请流程：向 GCCPO 提出专利申请的流程如图 1－3－1 所示。

（5）专利保护：GCCPO 授予的专利权在 GCC 成员国中有效，任何成员国均不需要进一步审查。专利授权后，与该专利有关的任何人都可以在授权决定作出之日起 3 个月内对 GCCPO 的授权决定向上诉委员会上诉，对于上诉委员会的裁决，又可以起诉至各成员国的主管法院。GCC 专利最长保护期限为自申请日起 20 年，年费也可以预先支付专利期内部分或全部年费，年费缴纳一般开始于申请日 1 年之后的年初，这类费用的宽展期为 3

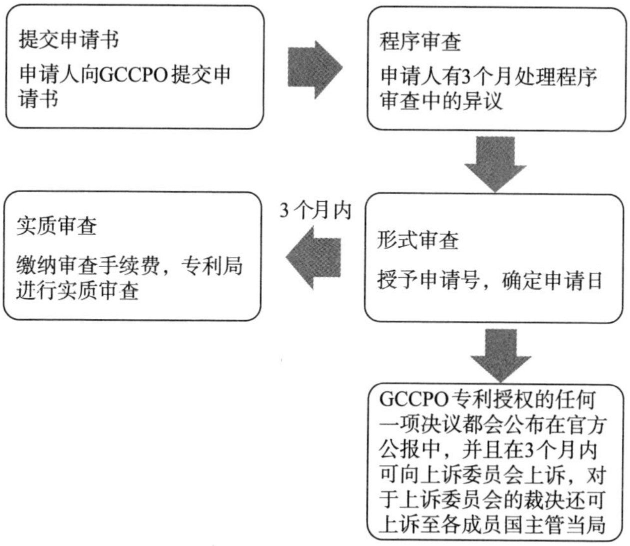

图 1-3-1　GCCPO 专利申请流程图

个月，3 个月之后需要收取额外费用。

1.3.2.2　商标

《海湾国家商标法》规定了成员国中商标的注册、续展、转让以及撤销等程序，这部商标法主要具有以下特点：

（1）商标范围包括了声音商标和气味商标；

（2）商标可以是个体商标或者集体商标；

（3）每个注册类别需要单独提交申请；

（4）可以要求优先权；

（5）商标异议必须在公告日起 60 日内提出；

（6）注册商标有效期为自申请日起 10 年，到期后可续展，续展后有效期依然为 10 年；

（7）商标注册后连续 5 年未有效使用，任何利益方均可提出撤销；

（8）认可在 GCC 成员国的知名商标为驰名商标，即使这些商标未注册也对其进行保护。

需要特别注意的是，《海湾国家商标法》实际重在规范成员国的商标法律，并不能提供一个统一的申请体系，即使实施了该法，在 GCC 地区的商标申请和保护仍然要在各成员国单独进行。

在著作权方面，GCC 并没有形成统一的法律制度。

1.3.3 GCC 各成员国知识产权保护

1.3.3.1 知识产权类型及期限

GCC 地区知识产权类型涉及 GCC 以及各成员国，具体情况见表 1-3-3。

表 1-3-3 GCC 地区知识产权类型及对应期限表

国家或地区	知识产权类型	保护期限
GCC	专利	自申请日起 20 年
	商标	自申请日起 10 年，到期可续展，续展后有效期同样为 10 年
沙特	发明专利	自申请日起 20 年
	工业品设计	自申请日起 10 年
	集成电路布图设计	自申请日起 10 年
	植物新品种	一般为 20 年，树木品种为 25 年
	注册商标	有效期为 10 年，商标每次续展期也为 10 年，且可无限续展
	著作权	大多数为作者生前和死后 50 年，视听和摄影作品以及实用艺术品为发表后 25 年，计算机程序为发表后 50 年
阿联酋	专利	自申请日起 20 年
	实用新型	自申请日起 10 年
	外观设计	自申请日起 10 年
	工业图纸	保护期为 10 年
	著作权	至作者死后 50 年
卡塔尔	发明专利	自申请日起 20 年
	商标	自申请日起 10 年，保护期满后可缴费申请续展
	集成电路布图设计	自注册提交之日或商业使用之日起 10 年
	著作权	其中经济权利保护期为作者死后 50 年，精神权利则永久保护
巴林	发明专利	20 年
	实用新型	10 年
	外观设计或模型	10 年，可额外续展 5 年
	注册商标	自申请日起 10 年，期满可续展
	著作权	著作权经济权利保护期为作者死后 70 年，邻接权保护期为20～70 年

续表

国家或地区	知识产权类型	保护期限
科威特	发明专利	自申请日起20年
	外观设计	10年，并可申请延长5年
	集成电路布图设计	10年，并可申请延长5年
	注册商标	自注册之日起10年，期满可续展10年，续展次数无限制
阿曼	专利	自申请日起20年
	实用新型	10年
	外观设计	5年，缴纳相应费用后可再延长2年
	著作权	70—120年，广播者权保护期限为首播之日起20年

需要说明的是，GCC 地区各国专利法律法规对于“专利”一词范围的界定存在区别，例如：GCC 受理的专利，相当于我国的发明专利。再比如，巴林专利法中规定了两种专利类型，分别是专利（Patent）和实用新型专利（Utility Model Patent），“专利”为巴林专利法中的“patent”的直译，相当于中国专利法中的“发明”。因此，为了尽可能保证术语的准确性，同时又不引起混淆，本文后面章节中，在相关内容展开前，首先会对相关术语进行解释，说明其术语表示的范围以及与我国的区别，以便区分。

另外，需要注意的是，沙特遵循回历历法，其法律中关于时间或期限的记载默认为回历年①。GCC 其他成员国均采用公历纪年法，因此 GCC 和 GCC 其他成员国的法律中关于时间或期限的记载均默认为公历。

1.3.3.2 知识产权管理机构

GCC 地区各国知识产权管理机制有所不同，下面予以简要介绍。

1. GCC

①GCCPO 负责受理 GCC 专利申请、审查和登记等工作。

②GCC 上诉委员会负责处理对于 GCCPO 决定的申诉。

① 百度百科：回历是伊斯兰教区采用的历法，纯粹按月亮圆缺周期来计月，也是12个月为一年。奇月30天，偶月29天，每年会比公历年少上11到12天；https：//baike.baidu.com/item/%E5%9B%9E%E5%8E%86%E5%B9%B4/739328？fr=aladdin，最后访问日期2019年10月29日。

2. 沙特

①沙特专利主管机构为阿卜杜勒·阿齐兹国王科技城（KACST）下属的“委员会”，即沙特专利局。

②沙特商标主管机构为工商业部的商标局。

③著作权主管机构为文化信息部下属的版权局，著作权违法行为则由文化信息部下属的违法行为审查委员会管理。

④对于上述机构各项决定不服的，还可以向沙特申诉委员会（BoG）上诉，其为沙特司法机关。

3. 阿联酋

①阿联酋经济部下设知识产权局，包括工业产权、商标和版权等部门，分别管理专利、商标和版权工作。

②对于工业产权部门的决定，可向工业产权委员会提出复审或异议。

③对于商标部门的决定，可向商标委员会申请复审。

4. 卡塔尔

①卡塔尔经济商业部下属的知识产权局负责专利和集成电路布图设计的管理。

②商标主管部门为知识产权局内设的商标、工业品外观设计、地理标志、商业注册和许可部门。

③版权主管部门为知识产权局内设的版权部。

5. 巴林

①巴林专利局管理专利或实用新型的申请等事务。

②巴林没有专门的著作权管理机构，著作权事务由巴林信息事务管理局负责。

6. 科威特

①科威特专利和商标事务由工商业部专利商标局管理。

②著作权事务由工商业部版权局管理。

7. 阿曼

阿曼知识产权事务由工商业部下设的知识产权局管理。

1.3.3.3 知识产权申请流程

1. 沙特

向沙特 SPO 申请专利的大致流程如图 1－3－2 所示。

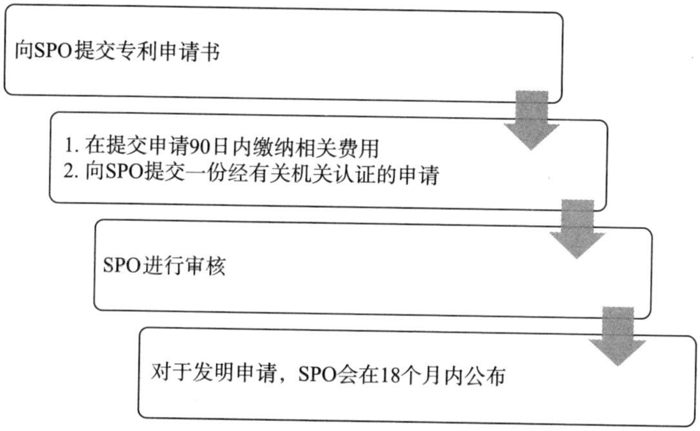

图 1－3－2　SPO 专利申请流程示意图

向沙特注册商标，其申请流程如图 1－3－3 所示。

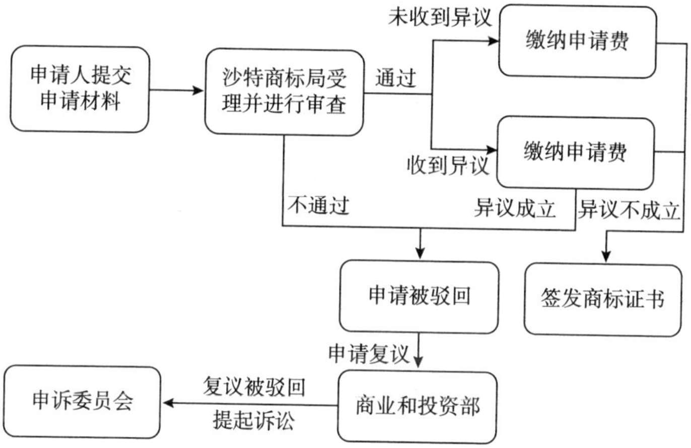

图 1－3－3　沙特商标注册申请流程示意图

商标注册申请被核准后，便会通过商务投资部网站公布，公布时间通常为核准当天。新法将异议受理期从 90 日缩短到 60 日。如无异议提出，申请人将在缴纳申请费后领取在线注册证书。

2. 阿联酋

向阿联酋工业产权局申请专利的大致流程如图 1－3－4 所示。

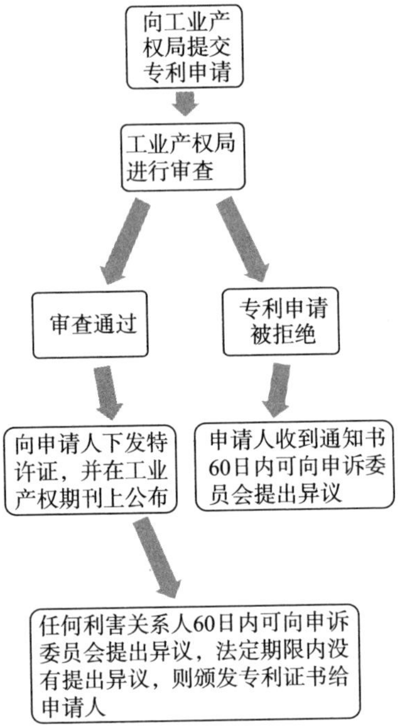

图 1－3－4　阿联酋工业产权局专利申请流程图

向阿联酋注册商标，其申请流程如图 1－3－5 所示。

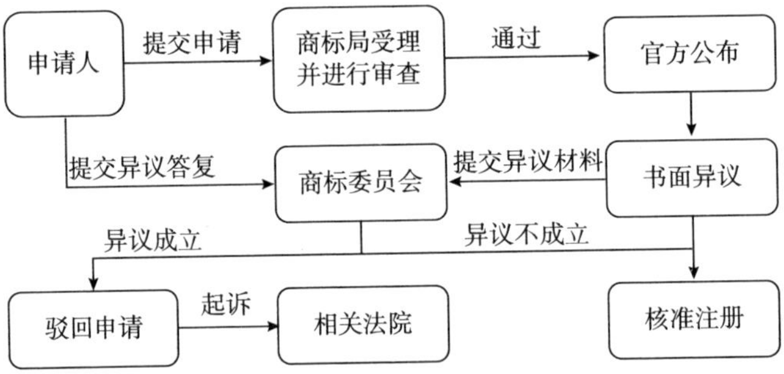

图 1－3－5　阿联酋商标注册申请流程示意图

3. 卡塔尔

向卡塔尔知识产权部申请专利的大致流程如图 1－3－6 所示。

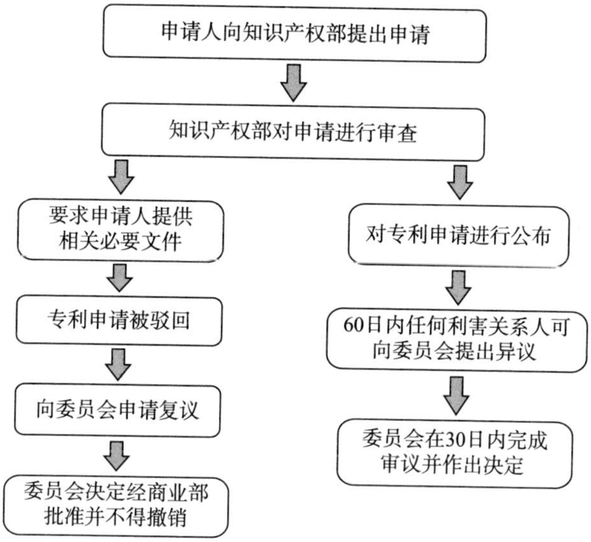

图 1 –3 –6　卡塔尔知识产权部专利申请流程图

向卡塔尔注册商标，其申请流程如图 1 –3 –7 所示。

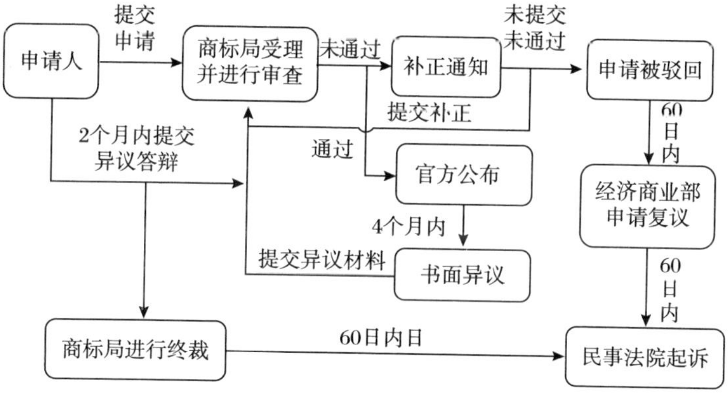

图 1 –3 –7　卡塔尔商标注册申请流程示意图

4. 巴林

向巴林工业产权局（现称贸易部）申请专利的大致流程如图1 –3 –8 所示。

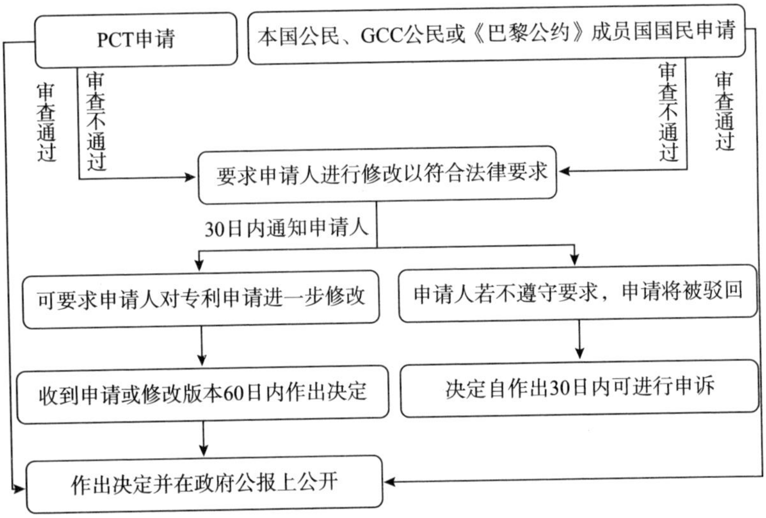

图1－3－8　巴林工业产权局专利申请流程图

向巴林注册商标，其申请流程如图1－3－9所示。

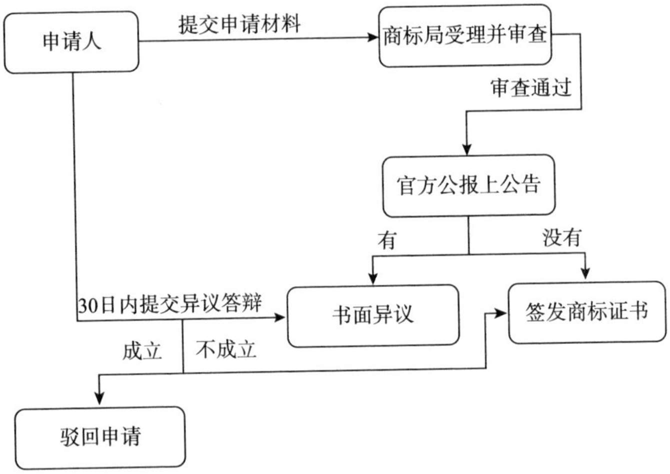

图1－3－9　巴林商标注册申请流程示意图

5. 阿曼

向阿曼工业产权局申请专利的大致流程如图1－3－10所示。

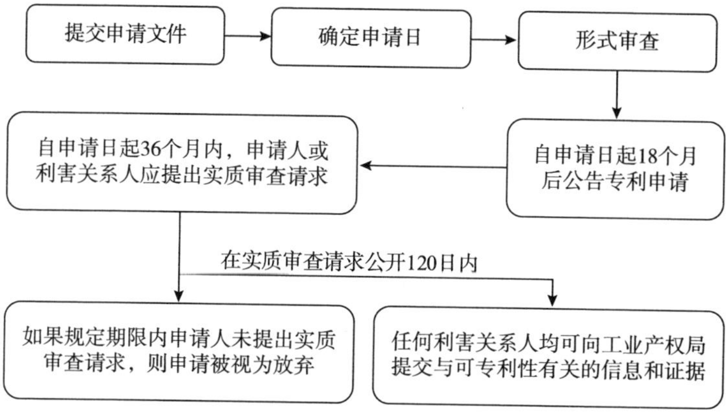

图 1-3-10　阿曼工业产权局专利申请流程图

向阿曼注册商标，其申请流程如图 1-3-11 所示。

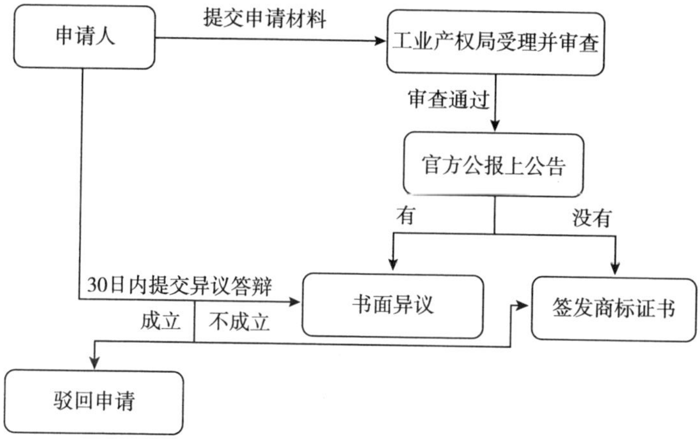

图 1-3-11　阿曼商标注册申请流程示意图

1.3.3.4　知识产权保护体系

GCC 地区知识产权保护特点如下所述。

1. GCC

GCC 专利保护特点如图 1-3-12 所示。

①GCC 主要规定了专利的申请、授权和许可，GCCPO 主要负责受理专利的申请和授权；

②专利上诉委员会的审理范围仅限于自有关决定通知或公布之日起 3 个月内的决定；

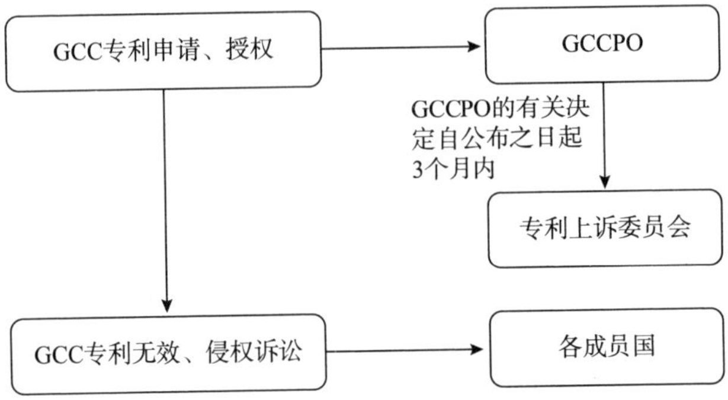

图 1-3-12　GCC 专利保护特点示意图

③GCC 专利法没有规定专利无效宣告的相关内容，GCC 授权专利的无效需要根据各成员国的具体规定；

④授权专利的侵权诉讼需要在侵权行为发生的国家提起诉讼。

另外，GCC 商标法在各成员国是否生效取决于各国是否颁布了实施该法的条例，目前除阿联酋和卡塔尔，在其他四个成员国已经生效，但是各国的具体实施情况也各不相同。

2. 沙特

①沙特知识产权诉讼均为行政诉讼，由申诉委员会负责处理；

②对于商业诉讼，申诉委员会没有诉前程序，也没有法定时间限制；

③对于判决不服，可在收到判决之日起 30 天内向上级法院上诉；

④申诉委员会会依据伊斯兰教法对接收的案件进行裁决。

3. 阿联酋

①对于侵权行为，权利人可先向阿联酋法院民事庭申请临时禁令；其禁令不仅可禁止侵权产品的销售和展览，还可禁止侵权者主管人员旅行；

②权利人也可以在阿联酋国家公诉部门提起侵权刑事诉讼。

4. 卡塔尔

①卡塔尔司法系统类别上包括民事法院、刑事法院和教法法院三类，民事法院管辖民商事纠纷，刑事法院管辖刑事案件，教法法院管辖家庭亲属事项；这三类法院管辖范围如图 1-3-13 所示。

②卡塔尔司法系统级别上包括民事基层法院、民事高级法院，刑事基层法院、刑事高级法院，上诉法院以及最高法院，上诉法院负责处理高级法院的上诉案件。级别关系如下图 1-3-14 所示：

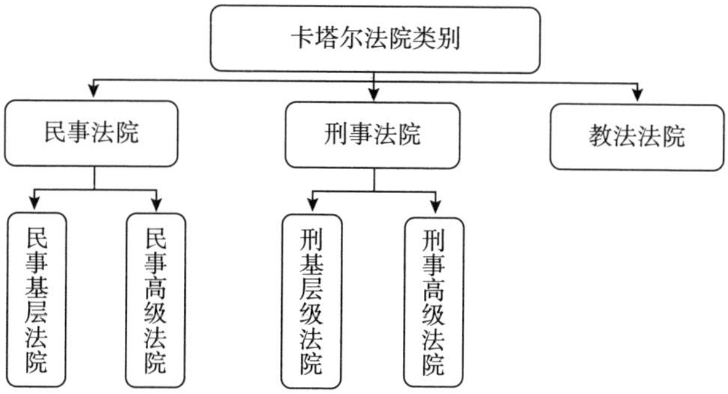

图 1－3－13　卡塔尔法院类别情况示意图

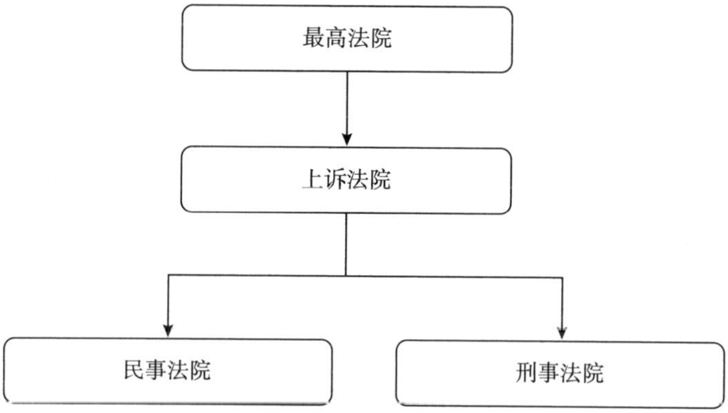

图 1－3－14　卡塔尔法院级别关系图

5. 巴林

①巴林知识产权相关诉讼由民事法庭进行裁判并对权利人提供保护；

②诉求需要权利人自己举证；

③主审法官可依据权利人的请求在诉讼过程中发布禁令；

④法院可命令将裁决发布在当地报纸上，费用由侵权人支付。

6. 科威特

科威特主要常设法院审理所有类型的案件，设有“专家委员会”，属于法院辅助机构，科威特民事诉讼涉及三级法院，具体如图 1－3－15 所示。

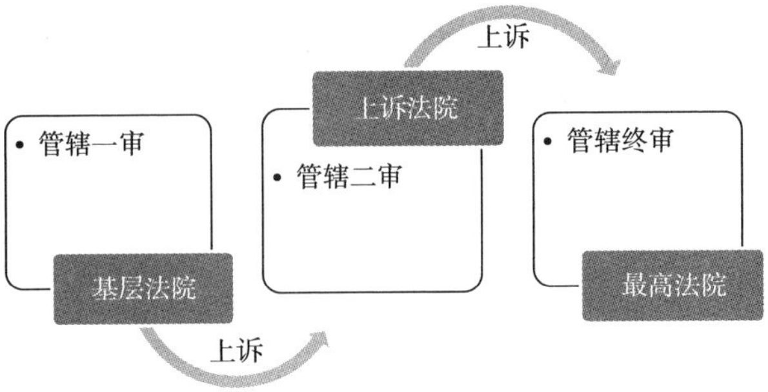

图 1－3－15 科威特民事诉讼管辖法院示意图

需要注意的是，在科威特不是所有的民事诉讼都可进行上诉，1000 科威特第纳尔（科威特货币，2020 年 11 月 30 日查询，1 科威特第纳尔约为 3.276 美元）以下争议标的案件由一名法官主审，判决不可上诉；5000 科威特第纳尔以下案件，判决可以上诉到上诉法院；只有 5000 科威特第纳尔以上案件才可上诉至最高法院。

7. 阿曼

①任何利害关系人对于知识产权主管机构的决定不服的，均可在得知该决定 60 日内向法院起诉；

②民事诉讼自权利人知道或应当知道侵权行为之日起 5 年内提出，但以恶意或不正当竞争为目的侵害他人驰名商标的情形除外；

③专利、实用新型、外观设计权利人可向法院请求停止侵权和赔偿损失诉求，也可先向法院申请诉前临时禁令；

④权利人所获赔偿可以同时包括侵权带来的损失以及侵权人所获得的利益。

1.4 知识产权法律风险概述

尽管 GCC 六国法律框架大体上都是宗教法院与世俗法院体系并存，以《古兰经》和《圣训》为主要的立法渊源，吸收了一些现代法律原则，制定了商法等法规，但这些国家的商业文化环境仍深受伊斯兰文化的影响。一般来说，阿拉伯人在经济生活中时间观念不是很强，阿拉伯企业一般以家族为纽带，结成紧密、稳定的部落集团，行业内家族经营、裙带关系较为普遍，“以神的旨意”来终止合同的订立和履行也是常有的事①。可见，GCC 地区还没有形成公平竞争的市场环境，更不用说有效维护市场竞争秩序，保障法律有效实施了。因此，国内企业在 GCC 地区进行商贸活动，应重点注意以下知识产权风险。

（1）GCC 地区的地缘政治风险以及由此导致的法律风险不容忽视。

GCC 的成员国位于海湾地区。海湾地区因其特殊的地缘政治位置，既是全球能源基地（石油和天然气能源储备丰富），也是民族、宗教、政治纷争之所。② 在 2017 年海湾地区就经历了以下地域局势冲突：沙特与伊朗之间的紧张局势升级，卡塔尔与邻国之间的外交关系被切断，也门的反政府武装向沙特发射了火箭，沙特国内展开反腐行动。③ 而 2018 年 5 月，美国单方面撕毁伊核协议的行为更加剧了中东地区原有的结构性矛盾与冲突，④ 由此带来的不同国家的连锁反应可能加剧海湾地区的地缘政治风险。

GCC 成员国所在的“一带一路”地区地缘政治关系错综复杂，政治风险较高，如果出现政府更迭或战争、汇兑限制、征收、国有化等重大事件，往往导致法律政策变动、协议终止等重大法律风险。⑤

（2）GCC 成员国的法律制度以伊斯兰法系为特点，带有宗教色彩，知识产权制度亦受到影响。

首先，GCC 成员国的法律制度主要体现为伊斯兰法系。伊斯兰法系又称阿拉伯法系，以《古兰经》和《圣训》为主要立法渊源和依据，内容涵盖了穆斯林宗教、社会、家庭等各方面的法律规范。⑥

当然，近代以来，在全球化的背景下，伊斯兰国家不同程度地接受了西方法律。⑦ 许多伊斯兰国家在人身和婚姻家庭领域施行伊斯兰法，在民商法领域采用西方法律制度，存在法律的“双轨制”，同时规定民商事法

---

① 毛小明．中东商业文化对贸易影响分析［J］．企业经济．2006：09。

② “一带一路”建设在海湾地区进展与挑战，http：//www. ciis. org. cn/gyzz/2017 －03/24/content_9406181. htm，最后访问日期 2019 年 7 月 30 日。

③ 2018 年地缘政治成为影响中东地区投资的最大因素，http：//www. infointime. cn/news/oil0122. htm，最后访问日期 2019 年 7 月 30 日。

④ 美国退出伊核协议中东地缘政治风险可控吗？http：//news. 163. com/18/0514/01/DHNSOVK800018AOP. html，最后访问日期 2019 年 7 月 30 日。

⑤⑥ 百家说法｜“一带一路”国家国别法律风险提示（1）开篇的话，http：//www. zjsft. gov. cn/art/2017/7/25/art_1371254_14794700. html，最后访问日期 2019 年 7 月 30 日。

⑦ 伊斯兰国家的特殊法律制度，http：//www. legaldaily. com. cn/zmbm/content/2011 －04/06/content_2572152. htm？node =7581，最后访问日期 2019 年 7 月 30 日。

律不得违反伊斯兰法的原则。[1]

作为 WTO 成员国，GCC 全体成员国均已将《与贸易有关的知识产权协定》的框架整合进国内专利法之中。其中部分框架含有“非歧视”要求，规定所有科技领域内的发明只要符合所有其他专利申请要求，均可授予专利。但此项要求有一个显著的特例，那就是相关国家有权在认定发明成果危害国内公共秩序或社会道德的情况下，拒绝核准专利申请。

在 GCC 地区，维护公共秩序和社会道德是伊斯兰律法，即伊斯兰国家通行律法的主要目的。将伊斯兰律法整合进《与贸易有关的知识产权协定》框架，首先要对整体伊斯兰法学体系具有粗略的了解。伊斯兰律法是穆斯林日常生活的基本指导规范。与西方法律体系截然不同的是，伊斯兰律法通过以下五类活动归类，规范所有人的一举一动：义务、建议、允许、厌恶、禁止。

伊斯兰律法的严苛程度，在不同国家有所不同。譬如，沙特就在宗教律法的基础上，制定了最为严格和最细化的成文解释，而卡塔尔则较为宽松，执行伊斯兰律法和世俗法双重体系。

由于道德、社会秩序和宗教几近同义，伊斯兰律法为相关国家规避《与贸易有关的知识产权协定》中“非歧视”要求确立了有效理据。但要在现行法律框架内触发特例，相关国家就必须证明，禁止注册专利和维护道德体系之间存在“确有必要的”关联性。此外，不能仅仅因国内法禁止某项发明的商业化，便将其视作特例来对待。其中逻辑就是，许多发明隶属于政府垄断产业，同时《与贸易有关的知识产权协定》也不是为维护某国纯经济利益而设定的。伊斯兰国家政府通常可通过证明，禁止某项发明的繁育具有历史深层根源，并进一步证明本国在控制发明成果商业化方面无法获得经济利益，来借此证明这一点。

举例而言，可能构成非歧视要求有效特例的发明之一，就是专为酿酒业开发的新蒸馏工艺。由于许多伊斯兰国家明确规定禁酒，某国便可证明，在控制酒品商业化方面无经济利益。此外，由于《古兰经》（即真主箴言录，也是伊斯兰律法的主要来源）中明文规定禁酒，伊斯兰国家便可强势证明，相关发明有违国内道德体系。

---

① 百家说法｜“一带一路”国家国别法律风险提示（1）开篇的话，http：//www. zjsft. gov. cn/art/2017/7/25/art_1371254_14794700. html，最后访问日期 2019 年 7 月 30 日。

然而，触发生命科学的行规外特例则更为困难。但随着生命科学不断突破极限，不难预期将与伊斯兰律法原则发生一些冲突。

在商标注册，GCC 各国大多没有加入国际合作体系，原因是外国的商标可能触及不符合伊斯兰教义和穆斯林文化传统的内容。①

（3）GCC 地区有统一的专利申请注册途径，而商标申请仍需通过各国进行。

在专利申请方面，申请人可以向 GCCPO 提交一份申请来确保专利权在各个成员国家都能生效。② GCCPO 承认《保护工业产权巴黎公约》的优先权规定，向其提出的专利申请可以以《保护工业产权巴黎公约》主张优先权。③

在商标申请方面，尽管《海湾合作委员会商标法》已经在沙特、巴林、科威特和阿曼四个成员国中被实施，各国采取了不同的批准、公布措施，④ 但是该统一的商标法律制度不能提供统一的商标申请体系，目前商标申请和保护仍然继续在各成员国单独进行。⑤

因此，中国企业应充分评估和考虑 GCC 地区的地缘政治、经济及宗教风险，熟悉 GCC 地区的知识产权保护环境，向当地专业人士了解目标国家的社会习俗和宗教禁忌，调整包括知识产权授权确权和维权在内的投资计划和预判。

---

①②③⑤ 中东地区有关国家知识产权环境研究报告，http：//211. 157. 104. 106：8080/detail. asp？id = 1328，最后访问 2019 年 10 月 10 日。

④ GCC Unified Trademark Law：Key Provisions and Challenges，https：//www. tamimi. com/law – update – articles/gcc – unified – trademark – law – key – provisions – and – challenges/，最后访问日期 2019 年 7 月 30 日。

2

专利编

2.1 引言

GCC负责专利相关事宜的部门是GCCPO。GCC制定了GCC专利法和GCC专利法实施细则，规定了专利申请、授予、许可等内容。在专利类型上，GCC只保护发明专利，不保护实用新型和外观设计。在GCCPO申请并获得授权的专利在六个成员国境内都能得到保护，但是，专利在各成员国的保护情况则取决于各国现行的法律。

在国际条约方面，GCC专利制度不在《专利合作条约》（PCT）的框架之内，也不属于《保护工业产权巴黎公约》的签约国，但是GCCPO尊重《保护工业产权巴黎公约》的优先权规定，向其提出的专利申请可以申请主张优先权。[1]

GCC的六个成员国颁布有专利法或有含有专利条文的法律法规，并有专门的专利管理机构或具体部门负责实施专利法规定的相关事项。

沙特是由阿卜杜勒阿齐兹国王科技城负责管理专利申请、审查和登记等工作。沙特的《专利、集成电路布图设计、植物新品种和工业外观设计保护法》和《专利、集成电路布图设计、植物新品种和工业外观设计保护法实施细则》规定了专利保护的相关内容，保护发明、集成电路布图设

① 中东地区有关国家知识产权环境研究报告，http：//211.157.104.106：8080/detail.asp?id=1328，最后访问2019年10月10日。

计、植物新品种和外观设计四种专利类型。此外，沙特加入了世界知识产权组织（WIPO），是《专利法条约》（PLT）、《专利合作条约》（PCT）、《保护工业产权巴黎公约》《与贸易有关的知识产权协定》（TRIPs 协定）等知识产权国际公约的成员国。

阿联酋是由经济部中下设的知识产权局负责管理专利相关事项。阿联酋的《专利、工业图纸和设计法》中规定了专利保护的相关内容，保护发明、实用新型、工业图纸和外观设计。此外，阿联酋加入了世界知识产权组织（WIPO），是《专利合作条约》（PCT）、《保护工业产权巴黎公约》《与贸易有关的知识产权协定》（TRIPs 协定）等知识产权国际公约的成员国。

卡塔尔是由经济商业部下属的知识产权局负责管理专利相关事宜。卡塔尔颁布了《专利法》和《专利法实施细则》，保护发明专利，还颁布了《商标、商业说明、字号、地理标志、工业设计和外观设计法》，保护工业设计和外观设计。此外，卡塔尔加入了世界知识产权组织（WIPO），是《专利合作条约》（PCT）、《保护工业产权巴黎公约》《与贸易有关的知识产权协定》（TRIPs 协定）和《国际承认用于专利程序的微生物保存布达佩斯条约》等知识产权国际公约的成员国。

巴林是由工商部下设的工业产权局负责管理专利相关事宜。巴林颁布了《专利和实用新型法》《工业品外观设计和模型法》，保护发明、实用新型、工业品外观设计和模型。此外，巴林加入了世界知识产权组织（WIPO），是《专利法条约》（PLT）、《专利合作条约》（PCT）、《国际承认用于专利程序的微生物保存布达佩斯条约》《保护工业产权巴黎公约》《与贸易有关的知识产权协定》（TRIPs 协定）等知识产权国际公约的成员国。

科威特是由工业产权部下设的工商业部负责管理专利相关事宜。科威特颁布了《专利法》，保护发明、实用新型和工业品外观设计。此外巴林加入了世界知识产权组织（WIPO），是《专利合作条约》（PCT）、《保护工业产权巴黎公约》《与贸易有关的知识产权协定》（TRIPs 协定）等知识产权国际公约的成员国。

阿曼是由工商业部下设的知识产权局负责管理专利相关事宜。阿曼颁布的《工业产权法》和《工业产权法实施细则》中规定了专利的相关内容，保护发明、实用新型和工业品外观设计。此外，巴林加入了世界知识产权组织（WIPO），是《专利法条约》（PLT）、《专利合作条约》（PCT）、《保护工业产权巴黎公约》《与贸易有关的知识产权协定》（TRIPs 协定）和《国际承认用于专利程序的微生物保存布达佩斯条约》等知识产权国际公约的成员国。

在 GCC 地区获得专利保护方式主要包括以下三种方式，中国企业应当根据投资需要和成本在 GCC 地区选择合适的专利申请途径：

1. 直接向 GCC 提出申请

企业可以直接向海湾合作委员会专利局申请专利，被授权的专利在 GCC 的六个成员国都可以获得保护。[①] 但是关于专利权的保护范围、专利权的运用、专利侵权及救济途径，则取决于不同成员国现行的相关法律法规。

2. 通过《保护工业产权巴黎公约》直接向各成员国单独提交申请

如果企业仅去其中一个成员国投资，也可以考虑单独向各个成员提交申请。GCC 的六个成员国均已加入《保护工业产权巴黎公约》，可以通过《保护工业产权巴黎公约》直接向各成员国单独提交申请。

需要注意的是，科威特自 2016 年 4 月 3 日起，开始实施 GCC 专利法，停止接收国家阶段的专利申请。因此，要在科威特取得专利权，必须向 GCCPO 提出申请。

目前，在巴林、阿曼、沙特、阿联酋和卡塔尔这五个国家境内成功办理专利申请后，依照其本国专利法审查专利申请并授予专利权。而科威特专利局只受理外观设计和工业模型申请。

据新华社报道，2017 年 6 月，沙特、阿联酋、巴林和埃及四国以卡塔尔“支持恐怖主义”和“破坏地区安全”为由，对卡塔尔实施禁运封锁[②]。卡塔尔的断交风波，势必会对增加该地区的动荡，影响商贸活动，对于专利申请等知识产权工作的开展可能也会产生一定的影响。

3. 通过 PCT 途径

由于 GCC 的六个成员国均已加入《专利合作条约》（PCT），因此企业可以通过向国家知识产权局提交 PCT 申请的方式向目标国家申请专利。

---

① 一带一路框架下中资企业如何走进中东，http：//cafiec. mofcom. gov. cn/article/zjsj/201711/20171102668097. shtml，最后访问日期 2019 年 9 月 22 日。

② 卡塔尔断交危机难破僵局，http：//www. xinhuanet. com/world/2018 - 02/07/c _ 129807296. htm，最后访问日期 2019 年 10 月 10 日。

2.2 GCC 篇

2.2.1 GCC 专利制度概况

2.2.1.1 专利制度发展历程

1992 年举行的第 13 届 GCC 首脑会议上批准通过了 GCC 专利法，并批准设立 GCCPO。1999 年，对 GCC 专利法进行了修订。2000 年，第 74 届 GCC 部长理事会批准了 GCC 专利法实施细则。在国际条约方面，GCC 于 1999 年加入了《与贸易有关的知识产权协定》（TRIPs 协定）。

GCCPO 设立于沙特的首都利雅得，是由沙特、阿联酋、卡塔尔、巴林、科威特和阿曼六个成员国组成的区域性专利局。根据 GCC 专利法的规定，GCCPO 授予的专利，在六个成员国境内均应得到保护。但是，专利权人在各成员国所拥有的各项权益及其行权途径，则依赖于 GCC 专利法实施细则以及相关成员国的现行法律。

此外，GCCPO 还积极与成员国开展在专利等知识产权领域的合作，负责安排与成员国专利局之间的协调会议，支持成员国与国际组织或国家的谈判，参加世界知识产权组织（WIPO）的活动和会议。GCCPO 还与其他国家（包括中国）的专利局，签署了用于培训审查员的谅解备忘录（MOUs）。

需要说明的是，GCC 专利法规定的专利，实际上类似于中国专利法中的“发明”，不包括中国专利法中的实用新型和外观设计，因此，GCCPO 目前只能接受发明专利的申请。如果要申请实用新型或外观设计，需要单独向目标国家提交申请。因此，本篇中所述的“专利”一词，其含义仅包括“发明”，为避免读者概念混淆，特此说明。

2.2.1.2 相关机构及职能

1. GCCPO

GCCPO 的组织结构于 2005 年确立，它由四个理事会组成：法律理事会、形式审查理事会、实质审查理事会和行政事务理事会。

GCCPO 于 1998 年开始受理专利申请，并于 2002 年开始授予专利并发布专利公告。

GCCPO 受理申请人的专利申请，然后对申请进行形式审查和实质审查，如果申请符合法律和法规的要求，GCCPO 将授予专利。GCCPO 授予的专利在所有成员国均有效，而无须再通过成员国任何的国内生效程序。但是关于专利权的保护、侵权及救济需要依照各成员国现行法律法规的规定。

GCCPO 以电子方式和纸质方式发布专利公报。专利公报的内容主要涵盖主管机构，专利或专利申请阶段的相关信息，包括授权专利的首页、驳回和失效申请、被撤销的专利以及申诉委员会发布的决定等。

GCCPO 基本联系信息如表 2－2－1 所示。

表 2－2－1　GCCPO 基本信息表

地址	GCC Patent Office Building, GCC Secretariat – General Headquarter, King Khalid Road T · Riyadh
邮政地址	P. O. Box 340227, Riyadh 11333, Kingdom of Saudi Arabia
电话	(9661) 482 0260, 482 7777
传真	(9661) 482 9600
电子邮箱	gccpatent@ gccsg. org
官方网址	www. gccpo. org①

2. 申诉委员会

申诉委员会于 2001 年设立，依照 GCC 专利法和 GCC 专利法实施细则，审议对 GCCPO 决定的相关申诉。

申诉委员会由 12 名成员组成。GCC 的六个成员国各派 2 名代表，一名是法律专家，另一名是技术专家。申诉委员会成员应当在不受任何机构的影响下，中立地履行任务。申诉委员会会议应在每个成员国有至少一位委员出席的情况下举行，如果任何一个国家的 2 名委员都不出席，委员会会议应当推迟 2 周；如果下次会议仍存在无法出席的情形，会议可以进行。申诉委员会的决议应以出席人数 2/3 以上多数投票通过。②

对于申诉委员会的决定，利害关系人在 GCC 成员国依据该国的法律向该国有管辖权的法院起诉，法院对委员会的裁决既要符合本国的法律也要

① 由于国家相关法律、法规、政策的限制，本研究提供的部分网站可能存在无法访问的情况，访问相关网址可能需要相关辅助工具。

② GCC 专利法第 28 条。

符合 GCC 专利法的规定。

2.2.2 权利的主体

专利权的主体，即专利权人。根据 GCC 专利法，发明人及其权利继承人可以成为专利权的主体。[①] 申请人如果不是 GCC 成员国居民，应当指定一名 GCC 成员国居民作为注册代理人，委托该代理人代表其完成专利申请工作。[②] 需要注意的是，当地没有代理人相关专业资格的制度，通常代理人具有大学本科学历即可代理专利相关业务。因此，需要对当地代理人的质量进行甄别。

GCC 采用“先申请原则”，即两个以上的申请人分别就同一项发明创造申请专利，专利权授予最先提出申请（或优先权日最早）的申请人。[③]

关于共同发明：如果发明是两个及两个以上的人共同完成的，则申请专利的权利应该属于共同发明人。仅在合作关系中提供创意的，不属于共同发明人。[④]

关于职务发明创造：发明人在任职期间或离职后 2 年内的为履行合同或义务所作出的发明创造，且用人单位能证明如未利用其工作中获得的设施、方法或信息发明人无法实现该发明创造的，申请专利的权利由用人单位所有。但该规定不影响员工依友好协商或委员会所作的相关决定请求补偿的权利，排除此项权利的协议无效。[⑤]

2.2.3 权利的客体

根据 GCC 专利法，GCC 只保护发明专利，不保护实用新型和外观设计，因此如 2.2.1.1 所述，下述专利仅指发明专利。

2.2.3.1 授予的条件

根据 GCC 专利法规定，授予专利权的条件为[⑥]：

---

① GCC 专利法第 5 条。
② GCC 专利法第 6 条。
③ GCC 专利法第 2 条第 2/6 款。
④ GCC 专利法第 2 条第 2/7/1 款。
⑤ GCC 专利法第 2 条第 2/7/2 款。
⑥ GCC 专利法第 2 条。

（1）新颖性。一项发明，如果不是现有技术的一部分，应视为具备新颖性。现有技术是指，相关专利申请日（有优先权的，指优先权日）前，以书面、口头、使用或者其他方式向公众公开的任何技术。

丧失新颖性的例外：

①如果是在申请日之前或优先权日之前的 1 年内向公众公开本发明，且是由于他人对申请人或者其在先权利人的滥用行为或其结果造成的，新颖性不受影响。

②在申请日前 6 个月之内在官方认可的展览中向公众公开本发明的，新颖性亦不受影响。

（2）创造性。若与相关现有技术相比，该发明对该领域普通技术人员而言是非显而易见的，则认为该发明具有创造性。

（3）工业实用性。如果可以在任何类型的工业、农业、渔业或服务业中生产或使用，则认为发明应具有工业上实用性。应该从最广泛的意义上理解工业，以便包括手工艺。

（4）不得违背伊斯兰教法或 GCC 成员国遵守的公共行为准则。

2.2.3.2 不授予的情形

GCC 专利法明确规定了不属于发明的情形[①]，包括：

①发现、科学理论、数学方法和计算机程序；

②商业获得、纯智力活动或游戏的方案、规则和方法；

③除微生物方法及其产品外，植物、动物品种，以及用于生产植物或动物的生物学方法；

④对人体或动物进行外科手术或治疗的方法，以及对人体或动物体进行诊断的方法，但这些方法中使用的产品除外；

⑤必要时，为维护公共秩序和社会公德，包括保护人类、动物或植物生命和健康，或为避免对环境造成严重损害，部长理事会可将某些发明排除在专利范围之外。

GCC 专利法对不属于发明的情形虽然已经有上述明确规定，但由于 GCC 六国专利法对不属于发明的情形与 GCC 专利法规定的有诸多不同，在 GCC 地区进行专利申请时，还需要特别注意以下各国的相关规定。

---

① GCC 专利法第 3 条、第 4 条。

1. 关于微生物工艺

外科及医学疗法中使用的微生物工艺（及其生成物）、产品或仪器，并不被排除在专利申请范畴之外。此外，如某项发明需要使用公众无法获取的微生物，还必须在经认可的单位保藏微生物培育体（即微生物样本）并明确其特性。

需要特别指出的是，在GCC成员国中，巴林、阿曼和卡塔尔还是《国际承认用于专利程序的微生物保藏布达佩斯条约》缔约国。

2. 关于植物新品种

虽然GCC专利法目前尚不允许任何植物品种申请专利，但依据GCC成员国的国内法，新植物品种的专利申请条件，在GCC六个成员国中各不相同。

科威特和卡塔尔，虽然都是《与贸易有关的知识产权协定》（TRIPs协定）的缔约国，但目前尚未提供任何植物品种的保护机制。

尽管巴林尚未制定新植物品种保护法，但由于未将植物品种排除在专利申请范畴之外，因此植物品种可依照现行专利法得到保护。巴林也在与国际新植物品种保护联盟保持联系，以便制定其国内植物育种单位权益保护法。

沙特、阿曼和阿联酋已修改了国内法律，以适应不断增长的新植物品种保护需求。沙特、阿曼和阿联酋三国专利法均规定，新植物品种可授予专利权，以相关发明满足新颖性、区别性、一致性、稳定性、不危害环境、不违反伊斯兰律法（尤其是沙特）标准为前提。此外还要求，新植物品种须在申请专利之时或之后尽快在专利局办理命名和注册手续。依照上述法律，新植物属和物种可受到保护。该法律还允许专利权人享有植物品种的生产权或繁育权、进出口权以及销售和仓储权。沙特和阿联酋法律未提及不受保护的任何特定植物品种。但阿曼专利法不认可果树、装饰性植物、蔬菜和森林植物品种的受保护权。总体而言，阿曼、沙特和阿联酋规定的保护期是：对于植物品种，授予育种单位权益之日起的20年；对于灌木、树木和藤蔓，授予育种单位权益之日起的25年。

3. 关于治疗方法

阿曼专利法还明确，治疗方法不得排除在专利申请范畴之外。向GCC-PO提交申请后，只针对产品及其在治疗中的应用寻求专利保护。但阿曼专利法还额外针对使用产品的治疗方法提供保护（例如使用治疗有效量的化合物治疗某种疾病的方法），从而相比GCC专利法给予更广范围的保护。因此，在向GCCPO提交专利申请之余，作为一项替代性方案，再申请阿曼专利，以便在阿曼境内提供更好的保护，不失为一种战略。

4. 关于第二医疗用途发明

第二医疗用途发明是指符合以下两项条件的发明：

①相关技术领域内已知的化合物/合成物［即（合成或生物）药品/产品］；

②发明涉及已知药品/产品以前未知的或现有技术未曾预期的新用途。

由于已知化合物已获得美国食品药品监督管理局（FDA）及其他卫生机构批准，允许在相关司法辖区境内上市和销售产品，因此药企往往青睐对已知化合物开展新用途研究。

GCC 及其成员国（巴林和阿曼除外）并未对已知药物（化合物/合成物）的第二医疗用途发明是否可授予专利做出明确规定。由于此类药物在本领域是已知的，GCCPO 及其成员国专利局认为此类发明缺乏新颖性。在运用本领域已知化合物治疗新疾病是否构成此类发明的新颖性方面，自然存在争议，但专利局将其视为针对人体或动物体的一种新治疗方法，这早已被 GCC 专利法及科威特、卡塔尔、沙特和阿联酋四国专利法排除在专利申请范围之外。

虽然阿曼和巴林两国专利法已针对第二或进一步医疗用途及非医疗用途发明制定了保护规范，但两国专利局所提供的保护范围却有所不同：

阿曼专利法规定，可针对“已知物质的用途”和“医疗方法”申请保护，原因是未将其排除在专利申请范畴之外［详见《阿曼苏丹国工业产权保护法》第（2）1d 款］；

巴林专利法规定，可针对“已知产品的用途或使用方法，含特定医案中使用的产品在内”申请保护［详见巴林 2006 年第 14 号法案《专利及实用新型法》第（3）3B 款］。

虽无相关法律规定，但 GCCPO 连同沙特和阿联酋专利局一起，都正在依据欧洲专利局对此类申请的观点，开始受理第二医疗用途发明的专利申请。与欧洲专利局做法不同的是，允许在第二或后续医疗用途及非医疗用途专利申请中采用瑞士型权利要求。①

① 瑞士型权利要求是专利申请中权利要求的一种撰写形式，指覆盖某种已知的物质或化合物的第二种或随后的医学用途（或指征）的权利要求。由于最早在瑞士工业产权局适用而得名。其一般的表述形式为“物质 A 在制备治疗疾病 B 的药物中的应用”。由于当前世界各国大多不给疾病治疗方法以专利保护，瑞士型权利要求是保护医学用途发明的主要途径之一。

第二及后续医疗用途专利申请中另一种可接受的权利要求形式是“用作药剂的 X 物质”。此形式下，权利要求仅限于作为药剂或治疗方案的物质用途，因此作为一种治疗方法，不被排除在专利申请范畴之外，只要进一步医疗用途具备新颖性和创造性就可以授予专利。

卡塔尔暂无法律规定，因此难以评价卡塔尔专利局是否会受理此类申请。

2.2.4 申请程序

2.2.4.1 专利信息检索

GCCPO 已授权的专利，均会在其官网上予以公开，可以通过 GCCPO 专利信息检索系统进行查询，查询包括以下步骤：

首先，登录 GCC 官网（网址：https://www.gccpo.org/DefaultEn.aspx），下拉页面到底部，具体如图 2-2-1 所示。

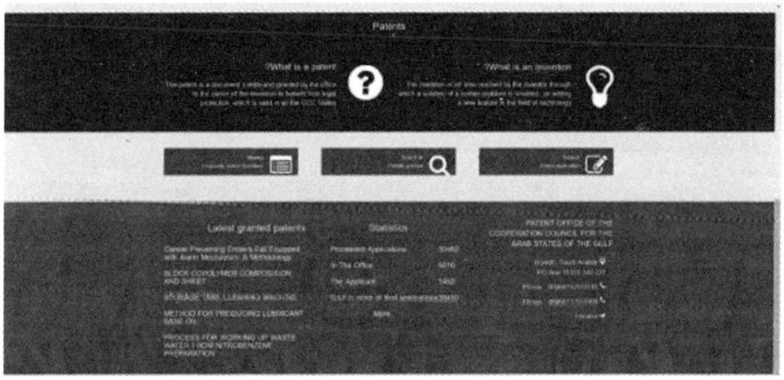

图 2-2-1 GCCPO 官网英文界面

然后，点击 Search in Patents granted，进入专利查询系统可进行已授权专利的查询，查询系统界面如图 2-2-2 所示。

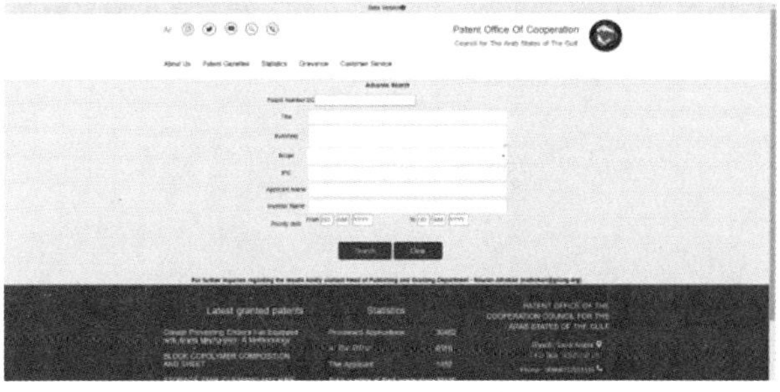

图 2-2-2 GCCPO 官网专利查询系统英文界面

通过专利查询系统，可获得已授权专利的 PDF 文本链接以及相关著录项目信息链接等，具体如图 2－2－3 所示。

图 2－2－3　查询结果界面

需要说明的是，其授权专利公开文本为阿拉伯文，但专利首页信息和著录项目信息均有英文信息，具体如图 2－2－4 至图 2－2－6 所示。

图 2－2－4　GCCPO 授权专利 PDF 文本截图

图 2－2－5　GCCPO 公开的授权专利首页信息截图

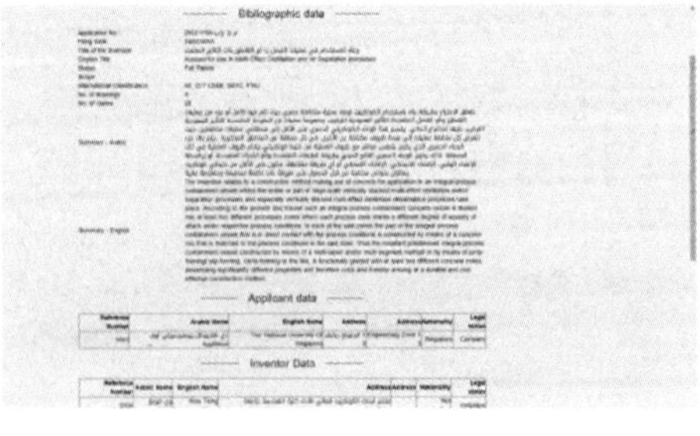

图 2－2－6　GCCPO 公开的授权著录项目信息截图

2.2.4.2 申请文件要求

1. 申请文件

申请文件应包括请求书、说明书、权利要求书、摘要、附图（必要时）、委托书、（以法人名义申请的）转让证、企业登记簿副本和优先权证明（要求优先权的）。

委托书、转让证、企业登记簿副本和优先权证明需要提交给任何一个GCC成员国的领事馆开具领事认证，认证手续需耗费一定时间。

对于申请文件，GCC专利法及实施细则有以下具体要求：

（1）申请应只涉及一项发明，或构成单一发明构思的多项技术。

（2）权利要求书：清楚、简要，并完全以说明书为依据。

（3）说明书：

①应该包括：技术领域、背景技术、图中数字需要简要描述、说明最佳实施例；

②说明书应以足够清楚和完整的方式公开本发明，以使本领域普通技术人员能够实施该发明。[①]

（4）摘要：

①50字以上200字以下；

②仅用于说明技术要点，摘要不作为解释本申请的依据。

2. 语言

申请要求使用阿拉伯语，说明书、权利要求、附图及摘要需附上英文译文。

如果以英文起草，所有文件应附有阿拉伯语译文，如果以任何其他语言起草，则需附有阿拉伯语和英文的译文。

优先权证明为他国语言的，也需要提交英文译文。

3. 其他要求

如没有完整提交所需文件，申请人可提交一份书面承诺，承诺在申请提交日起计3个月内提交所需文件，逾期不提交的，则该申请视为无效。但是，如果申请优先权的指定文件在上述期限内未提交，则申请人要求优先权的权利即告失效。

---

① GCC专利法第5条，GCC专利法实施细则第3条。

2.2.4.3 优先权

1. 优先权

如前文所述，GCC 虽然没有签署《保护工业产权巴黎公约》，但是接受以《保护工业产权巴黎公约》主张优先权。优先权申请期限为 12 个月，自第一次申请提交之日（不含当日）起计算①。

2. 临时保护

关于展览会的临时保护，产品进入展览会验明无误后，GCCPO 向申请人颁发《临时保护证书》。该证书有效期不超过 6 个月，自展览会正式开幕之日起计算。要求对 GCC 任何官方展览中展出产品的相关发明给予临时保护的，应在展览开始前向 GCCPO 提出申请。申请应附有本发明的简要说明、附图以及相关产品的清单及 GCCPO 认为必要的其他详情。②

3. 优先权的申请

申请优先权，申请人需要列明以下事项：

①在先申请的申请日；

②在先申请的专利号，可在申请日后 3 个月内提交；

③在先申请的 IPC 分类号，未被指定 IPC 分类号的，一经指定，应立即通知 GCCPO；

④在先申请的国家或受理局（申请为地区域性或国际性的）。③

2.2.4.4 申请流程及费用

1. 申请流程

GCC 成员国居民可直接向 GCCPO 提出专利申请，若申请人不是 GCC 成员国居民，则需要委托在 GCC 成员国拥有住址的代理人办理申请。需要注意的是，PCT 申请不能指定 GCCPO，因此申请人不能通过 PCT 申请的方式申请 GCC 专利。

GCCPO 官网有专利申请提交系统，申请人可注册之后，进行专利申请的管理，其包括阿拉伯文界面和英文界面，英文界面如图 2-2-7 所示。

---

① GCC 专利法实施细则第 6 条。

② GCC 专利法实施细则第 6 条、第 7 条。

③ GCC 专利法实施细则第 6 条。

图 2－2－7　GCCPO 专利申请提交系统英文界面

GCCPO 相关工作人员联系方式如表 2－2－2 所示。

表 2－2－2　相关工作人员联系方式

职位	姓名	邮箱	电话
申请与授权部部长	Eng. Mousaab Alfadhala	malfadhala@ gcc－sg. org	+96611－2551497
申请与实质审查组主管	Norah Alajmi	nmalajmi@ gccsg. org	+96611－2551405
授予与公布组主管	Norah Alhokair	nalhokair@ gccsg. org	+96611－2551406
客户服务组主管	Mashael Alqabani	malqabani@ gccsg. org	+96611－2551409
客户服务专员	Sara Alhajjaj	salhajjaj@ gccsg. org	+96611－2551509
客户服务专员	Ghada Alotaibi	galotaibi@ gccsg. org	+96611－2551516

向 GCCPO 提出专利申请的流程大致如图 2－2－8 所示。

2. 撤回申请

除非已作出最终决定，否则申请人可随时撤回其申请。撤回申请的，无权要求退还申请文件或申请费用。①

3. 申请费用

专利申请过程中可能发生的相关官方费用如表 2－2－3 所示。

① GCC 专利法第 8 条。

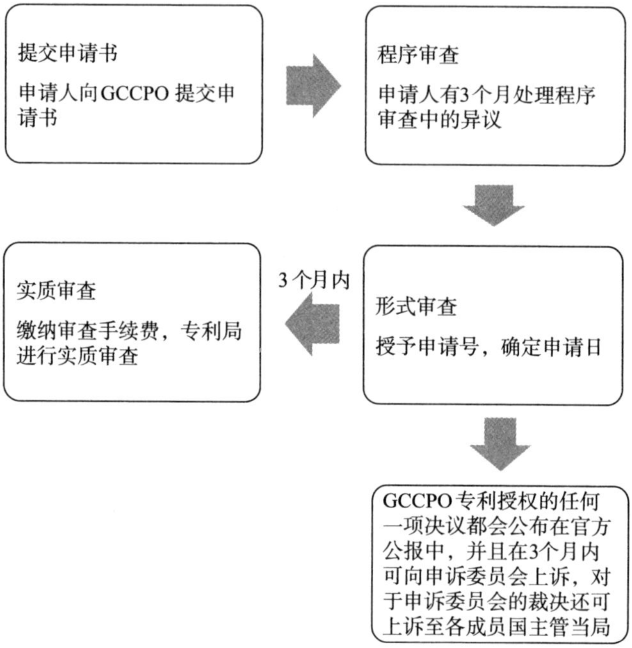

图 2-2-8　GCCPO 专利申请流程图

表 2-2-3　专利相关官费信息表

费用项目	个人		公司	
	金额（单位：SAR）	估算金额（人民币/元）	金额（单位：SAR）	估算金额（人民币/元）
专利申请的修改或者增补	500	940	1000	1881
申请权的转让或专利所有权的变更	500	940	1000	1881
获取专利申请副本、专利登记副本或专利的副本	100	188	200	376
申请强制许可	15000	28209	30000	56419
授予强制许可	5000	9403	10000	18806
申请强制许可登记	5000	9403	10000	18806
强制许可的登记	500	940	1000	1881
申请登记	3000	5642	6000	11284
续展申请	1000	1881	2000	3761

续表

费用项目	个人		公司	
	金额（单位：SAR）	估算金额（人民币/元）	金额（单位：SAR）	估算金额（人民币/元）
临时保护申请	500	940	5000	9403
请求提供微生物样本	500	940	5000	9403
检索结果	100	188	200	376
实质审查	实际产生费用		实际产生费用	
专利的授权和公布	2500	4702	5000	9403

注：SAR（Saudi Arabian Riyal，沙特里亚尔）为沙特货币单位。2019 年 10 月 31 日[①]：人民币 1 元 =0.53174 沙特里亚尔。该数据仅供参考，当日中间价请以实际交易汇率为准。表中估算的人民币金额依据 2019 年 10 月 31 日人民币与沙特里亚尔汇率计算获得，只保留整数。

对于已经向 GCCPO 提出的专利申请，也可以通过 GCCPO 官方网站查询费用，查询步骤如下：

首先，登录 GCC 官网（网址：https：//www. gccpo. org/DefaultEn. aspx），下拉页面到底部，具体如图 2 –2 –9 所示。

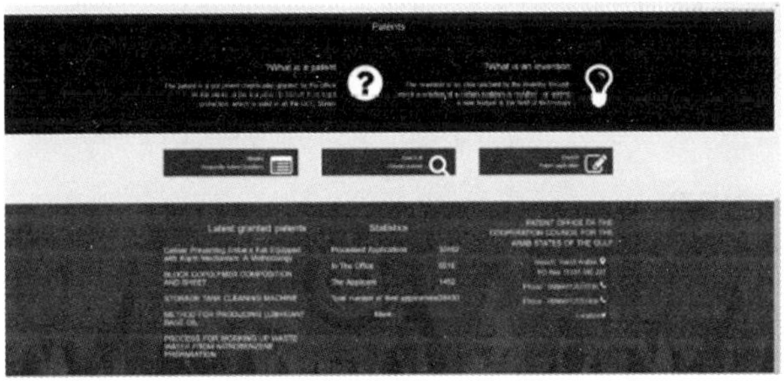

图 2 –2 –9　GCCPO 官网英文界面

然后，点击 Deposit Patent application，进入 GCCPO 专利申请提交系统查询相关费用，其界面如图 2 –2 –10 所示。需要注意的是，该专利申请提交系统需要先注册方可使用。

① http：//www. pbc. gov. cn/zhengcehuobisi/125207/125217/125925/3911805/index. html，最后访问日期 2019 年 10 月 31 日。

图 2-2-10　GCCPO 专利申请提交系统英文界面

通过《保护工业产权巴黎公约》进入 GCC，可能需要公证和认证的申请文件及费用如表 2-2-4 所示。

表 2-2-4　专利申请相关文件的公证或认证费用表

途径	文件列表	事项	费用（人民币/元）	总计（人民币/元）
《保护工业产权巴黎公约》	GPOA（General Power of Attorney）	公证+认证	555	2070
	营业执照	公证+认证	555	
	优先权副本	公证+认证	555	
	发明人转让协议	认证	405	

注：上表的公证和认证费用为国内具有此类事务公证资格的第三方机构提供。

2.2.5　申请的审查

2.2.5.1　审查流程

1. 形式审查

形式审查主要是由 GCCPO 审查申请文件是否符合专利法及实施细则的相关规定。经审查发现未达到要求的，GCCPO 可以要求申请人在收到通知之日起 3 个月内给予答复。在指定期限内未完成答复的，视为撤回申请。[①]

2. 申请的公开

形式审查通过后，GCCPO 会给专利申请分配申请号，并确定其申请日。但 GCCPO 没有申请公开制度，因此专利申请文本不进行公开。

① GCC 专利法第 9 条。

3. 实质审查

GCCPO 还应当估算实质审查产生的费用，通知申请人在收到通知之日起 3 个月内缴纳审查费。申请人在 3 个月内缴清费用的，申请将被转交实质审查程序，否则该申请将被视为无效。①

实质审查一般由 GCC 委托澳大利亚知识产权局、奥地利专利局和中国专利局开展。虽然 GCC 专利局有自己的审查员，但约 80% 的实质审查均委托奥地利专利局和澳大利亚专利局等进行。②

4. 审查意见通知及审查意见答复

实质审查的结果会通知给申请人，申请人应该自通知发出之日起 3 个月内答复审查，答复审查期限不能延长，未在规定期限内答复的，该申请将被拒绝受理。

根据规定，专利的实质审查不超过 3 次，也即最多发出 3 次 OA，如果第三次实质审查专利仍不符合授予专利条件，驳回该申请。

启动实审后，发出第一次 OA 的平均期间约为 3 年。自申请日至授权的平均期间为 42 个月。二次审查及三次审查的费用由申请人承担。③

2.2.5.2 主动修改与分案

1. 主动修改

申请人可对其申请提出他认为适当的修改，但此种修改不得构成对原申请内容的实质性修改。

缴纳规定的费用前，未经专利局同意，不得进行任何修改或者增加。专利授权前可进行主动修改，但缴纳审查费后就不能主动修改。

申请人可修改事项：

①更正申请书或说明书的文字或计算错误。

②修改或增加申请的任何细节，包括发明的描述或图纸。如果未对说明书或附图进行任何实质性更改，则应指明进行此类修改或增加的实质和理由。

2. 分案申请

专利申请授权之前可进行分案申请。

---

① GCC 专利法第 9 条。

②③ 一带一路框架下中资企业如何走进中东，http：//cafiec. mofcom. gov. cn/article/zjsj/201711/20171102668097. shtml，最后访问日期 2019 年 9 月 22 日。

2.2.6 权利的授予及终止

2.2.6.1 权利的授予

1. 授权

经实质审查认定申请符合 GCC 专利法及其实施细则规定的，专利局应当作出授予专利的决定。[①] 申请人应在准予授权的通知之日起 3 个月内交纳专利公开费和授权费。在申请人缴纳相关费用后，GCCPO 对授权决定予以公告，并向申请人颁发专利证书。[②]

2. 异议程序

在专利授权公告之日起 3 个月内，利害关系人对专利授权有异议的，可以向申诉委员会提出异议。[③] 如果自公告日起 3 个月内未有任何人向申诉委员会提出异议，则专利被登入专利登记簿，专利证书交送专利权人。[④] 申诉委员会会开庭审理，听取双方的意见，依出席委员的绝对多数意见作出决定。对申诉委员会的决定不满的，当事人可以向各成员国有管辖权的法院提起诉讼。

3. 驳回

经实质审查认定申请不符专利申请要件的，GCCPO 会作出驳回申请的决定，说明驳回理由，公告该决定并通知申请人。申请人可在决定公告之日起 3 个月内，就该决定向 GCCPO 委员会提出申诉。[⑤]

4. 保护期限

GCC 专利权的保护期限是自申请注册日起 20 年,[⑥] 专利权的效力自动延及 GCC 所有成员国。

GCC 专利法及其实施细则未规定保护期限的展期机制。

5. 费用

专利公开费和授权费应在收到通知之日起 3 个月内支付，超过 3 个月未缴费的，申请将被视为无效。

---

① GCC 专利法第 11 条。

② GCC 专利法第 20 条。

③ GCC 专利法第 11 条，GCC 专利法实施细则第 20 条。

④ GCC 专利法实施细则第 20 条。

⑤ GCC 专利法实施细则第 21 条。

⑥ GCC 专利法第 15 条。

专利权人应当自申请日起每年1—3月预付年费，逾期未缴的，还有3个月的宽限期，即可以在4—6月补缴，但需额外缴纳滞纳金。①

如果专利局发现专利申请与GCC成员国的安全有关，且已经通过正式和实质审查的，则应免除公开费。②

年费等具体费用详见本篇末2.2.10专利相关费用附表。

2.2.6.2 权利的保护范围

1. 保护范围

专利权人有权实施发明专利。制造、使用、进口、销售或许诺销售与产品有关的发明的，构成对发明的实施。

专利客体是产品的，专利权人有权阻止他人未经事先许可，制造、使用、销售、许诺销售或进口其专利产品。如果专利客体为工业方法，专利权人有权阻止他人实际使用该专利方法，也有权阻止他人未经事先许可，使用、许诺销售、销售或进口依照该专利方法直接获得的产品。③

2. 在先使用抗辩

在他人专利申请的申请日或者优先权日之前，已经善意制造相同产品、使用相同工业制造方法或者已经做好制造、使用必要准备的，在专利授权之后，仍然有权继续其原有行为。上述权利只能与其经营业务一起向第三方转让。④

3. 侵权例外

有下列情形之一的，不视为侵犯专利权：

①专门为试验目的而使用该专利的；

②在临时或意外进入理事会成员国领土的运输工具上使用有关专利，无论用于在其装置的主体、器械、装置、设备，或用于任何其他附件，但以有使用必要为限。⑤

2.2.7 权利的运用

根据GCC专利法第13的规定，专利权人应在授权之日起3年内在

① GCC专利法第16条，GCC专利法实施细则第24条第24/2款。

② GCC专利法实施细则第15条。

③ GCC专利法第12条第12/1、12/2款。

④ GCC专利法第12条第12/3款。

⑤ GCC专利法第14条。

GCC 成员国充分实施该专利。

2.2.7.1　许可

1. 强制许可

（1）申请强制许可的条件。

①自专利授予之日起已满 3 年，专利权人未实施或未充分实施其专利发明，或没有充分实施专利发明；

②申请人能够证明其已在足够长的期间内，试图以适当补偿及合理条件，请求专利权人许可其实施专利。[①]

（2）强制许可的特点。

①该许可为非独占许可；

②该强制许可的实施主要是为了满足当地市场的需求；

③强制许可的决定应当根据许可的目的规定其范围和条件；

④应当向专利权人支付适当的赔偿；

⑤专利的实施仅限于被许可人，强制许可不得转让给他人，但被许可人实施该专利的经营事业或部门发生所有权变更，并经董事会批准转让的除外；

⑥如果发明涉及“半导体”技术，其强制许可仅限于为公共利益的目的和非商业目的，或为纠正司法或行政部门认定的反竞争行为。[②]

（3）强制许可的撤销。

根据 GCC 专利法第 22 条的规定，有下列情形的，撤销强制许可：

①本强制许可的被许可人在颁发许可证之日起 2 年内未能在合作理事会各成员国充分实施该专利，迟延存在正当原因的，该期限可延长 2 年；

②强制许可的被许可人在到期日起 3 个月内未能支付到期费用和 GCC 专利法实施细则规定的费用；

③强制许可的被许可人未能满足授予许可的决定中规定的任何其他条款；

④发放许可证所依据的情况已经结束，而且不太可能再次发生，但须遵守被许可人的合法权利。

---

① GCC 专利法第 19 条。

② GCC 专利法第 19 条。

2. 协议许可

专利权人可以许可他人实施制造、使用、进口、销售或许诺销售的行为。

双方应当就许可行为签订书面合同，并由合作理事会成员国之一的官方机构认证。许可合同应当在 GCCPO 登记，缴纳注册申请费和许可合同注册费，否则视为无效。许可合同应当译成阿拉伯文。

除非许可合同另有规定，否则授予合同许可不剥夺专利权人自己实施专利，或就同一专利发放其他许可的权利。合同许可应当使被许可人有权执行合同中规定的所有实施行为。但是，被许可人不得将被许可的权利和特权让给他人，除非许可合同中有明文规定。

实施或者处分专利的许可合同应受专利局管控。专利局可要求缔约方对其进行修改，以排除滥用专利权的情况，以及合同可能对理事会成员国的竞争、技术的拥有和传播产生的负面影响。如果合同双方未作出答复，专利局有权拒绝批准合同和拒绝其注册。

2.2.7.2 转让

根据 GCC 专利法第 23 条规定，专利所有权及由所有权而产生的其他权利可以通过继承的方式转让。专利权也可以有偿或无偿的方式全部或部分转让。

任何与专利权有关的人都可以向专利局请求修改专利权或专利申请的任何具体项目，并提供必要的证据。修改不影响专利权的转让，但在登记修改项目并公告之前，不得对抗他人。

2.2.8 权利的保护

2.2.8.1 司法保护

对于专利侵权行为，GCC 各成员国可以依据 GCC 专利法以及其国内的法律法规，追究侵权行为人的法律责任。一般而言，如果被控侵权人通过主张专利无效进行侵权抗辩，则在无效问题解决之前，GCC 成员国的管辖法院要先中止相应的侵权诉讼。①

---

① 一带一路框架下中资企业如何走进中东，http：//cafiec. mofcom. gov. cn/article/zjsj/201711/20171102668097. shtml，最后访问日期 2019 年 9 月 22 日。

2.2.8.2 行政保护

申诉委员会负责审理 GCC 专利局就有关侵犯专利的纠纷或其发生的可能性作出的任何决定的申诉，应由各成员国的管辖法院处理。

表 2-2-5 申诉委员会的联系方式

邮政地址	Secretary of the Appeals Committee Patent Office of the Cooperation Council for the Arab Gulf States General Secretariat of the Cooperation Council for the Arab Gulf States P. Box：340227 Riyadh：11333 Saudi Arabia
电话	1026 # 114827777 966
传真	14809768 96611
电子邮箱	gccsg. org@ grievance
网址	www. gccpo. org

2.2.9 与中国专利制度的比较

GCC 专利制度与中国专利制度相比，主要存在以下区别：

在专利申请方面，卡塔尔与阿联酋和沙特规定相似，除了提交专利申请书，还需要提交一份经任何一个 GCC 成员国的领事馆有关机关认证的申请，这和中国存在较大的差异。

在专利类型方面，GCC 专利法仅保护发明，不保护实用新型和外观设计。因此，如果申请实用新型或外观设计专利，需要在 GCC 成员国单独提交申请。

在专利申请方面，GCCPO 没有申请类型变更制度。

在优先权方面，由于 PCT 申请不能指定 GCCPO，因此申请人不能通过 PCT 申请要求优先权。GCC 虽然没有签署《保护工业产权巴黎公约》，但是 GCCPO 接受以《保护工业产权巴黎公约》主张优先权，优先权申请期限为 12 个月，自第 1 次申请提交之日（不含当日）起计算。

在专利审查方面，GCCPO 没有优先审查制度；目前中国与 GCC 之间没有专利审查高速路（PPH）；无公众意见提交制度。

在专利授予范围方面，GCC 与中国在专利授予的排除范围上较为相似。但是，对涉及公共秩序、社会公德、保护环境、人类动植物生命健康等方面，GCCPO 可以根据需要将某些发明排除在专利授权范围之外。[①] 此外，专利申请还必须符合伊斯兰教法律。[②]

2.2.10 专利相关费用附表

表 2-2-6 专利相关费用表

费用项目	个人		公司	
	金额（单位：SAR）	估算金额（人民币/元）	金额（单位：SAR）	估算金额（人民币/元）
专利申请的修改或者增补	500	940	1000	1881
申请权的转让或专利所有权的变更	500	940	1000	1881
获取专利申请副本、专利登记副本或专利的副本	100	188	200	376
申请强制许可	15000	28209	30000	56419
授予强制许可	5000	9403	10000	18806
申请强制许可登记	5000	9403	10000	18806
强制许可的登记	500	940	1000	1881
申请登记	3000	5642	6000	11284
续展申请	1000	1881	2000	3761
临时保护申请	500	940	5000	9403
请求提供微生物样本	500	940	5000	9403
检索结果	100	188	200	376
实质审查	实际产生费用		实际产生费用	
专利的授权和公布	2500	4702	5000	9403
第 2 年	2000	3761	4000	7522
第 3 年	2100	3949	4200	7899
第 4 年	2200	4137	4400	8275
第 5 年	2300	4325	4600	8651
第 6 年	2400	4513	4800	9027
第 7 年	2500	4702	5000	9403
第 8 年	2600	4890	5200	9779

① GCC 专利法第 4 条。

② 一带一路框架下中资企业如何走进中东，http：//cafiec. mofcom. gov. cn/article/zjsj/201711/20171102668097. shtml，最后访问日期 2019 年 9 月 22 日。

续表

费用项目	个人		公司	
	金额（单位：SAR）	估算金额（人民币/元）	金额（单位：SAR）	估算金额（人民币/元）
第 9 年	2700	5078	5400	10155
第 10 年	2800	5266	5600	10531
第 11 年	2900	5454	5800	10908
第 12 年	3000	5642	6000	11284
第 13 年	3100	5830	6200	11660
第 14 年	3200	6018	6400	12036
第 15 年	3300	6206	6600	12412
第 16 年	3400	6394	6800	12788
第 17 年	3500	6582	7000	13164
第 18 年	3600	6770	7200	13540
第 19 年	3700	6958	7400	13917
第 20 年	3800	7146	7600	14293
延迟支付专利年费的额外费用	500	940	1000	1881

注：SAR（Saudi Arabian Riyal，沙特里亚尔）为沙特货币单位。2019 年 10 月 31 日[①]：人民币 1 元 =0. 53174 沙特里亚尔。该数据仅供参考，当日中间价请以实际交易汇率为准。表中估算的人民币金额依据 2019 年 10 月 31 日人民币与沙特里亚尔汇率计算获得，只保留整数。

2. 3　沙特篇

2. 3. 1　沙特专利制度概况

2. 3. 1. 1　专利制度发展历程

沙特 2004 年颁布了《专利、集成电路布图设计、植物新品种和工业外观设计保护法》（以下简称“沙特专利法”）和《专利、集成电路布图设计、植物新品种和工业外观设计保护法实施细则》（以下简称“沙特专利法实施细则”），规定了专利申请、审查、授权等内容。2015 年，沙特对其专利法实施细则进行了修订。

① GCC 专利法第 8 条。

在国际条约方面，沙特1982年加入世界知识产权组织（WIPO），2005年加入世界贸易组织（WTO），2004年加入《保护工业产权巴黎公约》，2005年加入《与贸易有关的知识产权协定》（TRIPs协定），2013年《专利法条约》（PLT）和《专利合作条约》（PCT）。

在区域合作方面，沙特是GCCPO的成员国之一，GCC专利法及实施细则对沙特有效，在GCC申请的专利，在沙特境内自动获得保护。

根据沙特专利法，沙特保护的专利类型包括发明、集成电路布图设计、植物新品种和工业外观设计。需要注意的是，沙特专利法规定的专利类型中没有与中国专利法中的实用新型相类似的权利类型。沙特不同专利类型对应的保护期限分别是：发明20年，集成电路布图设计10年，一般植物新品种20年，树木品种25年，工业品设计10年。需要注意的是，沙特遵循回历历法，其法律中关于时间或期限的规定默认为回历年①。

2.3.1.2 相关机构及职能

1. 沙特专利局

1982年，沙特加入世界知识产权组织（WIPO）后，沙特指定阿卜杜勒阿齐兹国王科技城（King Abdul Aziz City of Science and Technology，以下简称“KACST”）下设的沙特专利局（Saudi Patent Office，以下简称“SPO”）负责管理专利申请、审查和登记等工作。SPO联系方式如表2－3－1所示。

表2－3－1 SPO的联系方式

邮政地址	P. O Box 6086 Riyadh 11442
电话	+966114883344
传真	+966114813830
电子邮箱	patents@ kacst. edu. sa
申请管理部	电话：+9664813353　传真：+9664813376
法律支持部	电话：+966114883329　传真：+96614813863
官方网址	https：//www. kacst. edu. sa/eng/IndustInnov/SPO/Pages/spo. aspx

2. 专利纠纷委员会

沙特还设有一个专利纠纷委员会，专门负责裁决专利侵权案件。专利

① 百度百科：回历是伊斯兰教区采用的历法，纯粹按月亮圆缺周期来计月，也是12个月为一年。奇月30天，偶月29天，每年会比公历年少上11到12天；https：//baike. baidu. com/item/%E5%9B%9E%E5%8E%86%E5%B9%B4/739328？fr = aladdin，最后访问日期2019年10月29日。

纠纷委员会（Patent Dispute Committee）由部长会议（Council of Ministers）决议设立，每届任期 3 年。

向专利纠纷委员会提起案件，首先提交请求书。专利纠纷委员会有权在最终决定作出前，发布临时禁令，但实践中，几乎从未发出过临时禁令。对于 GCCPO 所授予专利的侵权纠纷，专利纠纷委员会也享有管辖权。

2.3.2 权利的主体

沙特采用“先申请原则”。专利权授予最先提出专利申请的发明人或申请人。

关于共同发明创造，除非另有约定，共同发明人对专利权享有同等的权利。只有对保护客体做出实质性的贡献的才是共同发明人，仅起辅助作用的，不属于共同发明人。①

关于职务发明创造，除合同另有明确规定外，符合下列条件时，用人单位享有专利的申请权：

①员工为履行合同或义务所作出的发明创造；

②用人单位能够证明，若没有通过劳动关系所获得的设施、方法和数据，雇员无法创造专利保护的客体。

发明人有权依与公司的约定获得报酬。报酬也可以由专利纠纷委员会考虑劳动合同的条款以及发明的经济价值来确定。任何剥夺员工获得报酬的权利的约定均属无效。②

2.3.3 权利的客体

根据沙特专利法，沙特保护的专利类型为发明、集成电路布图设计、植物新品种和工业外观设计。本文仅对发明和工业外观设计进行介绍。

2.3.3.1 授予的条件

1. 发明

（1）新颖性。

在沙特获得专利权要求绝对新颖性，即专利不属于在世界任何地点以

---

① 沙特专利法第 5 条。

② 沙特专利法第 6 条。

书面或口头方式公开的现有技术的一部分，无法以现有技术实现，则认为其具有新颖性。

新颖性规则有下列例外：

①优先权期间内的公开不会导致新颖性丧失。

②优先权期间自在《保护工业产权巴黎公约》的任一成员国提出申请之日起算，为期 12 个月。

③在申请日前 1 年内，发明由于在官方承认的在任一《保护工业产权巴黎公约》的成员国举办的国际展览会上展出而公开的。

（2）创造性。

一项发明如果根据现有相关技术对于一个在该领域内具有普通技术水平的人来说并非显而易见，则其具有创造性。评估显而易见性或创造性的法律标准为“本领域的普通技术人员”。若根据现有技术，一项发明对于本领域的普通技术人员并非显而易见，则该专利被认为具有创造性或非显著性。

（3）工业上的可利用性。

发明被定义为“产品、工业上的方法或任何与之相关的事物”（沙特专利法第 43 条）。换言之，发明包括一切新颖的事物、生产方法或产品或是生产方法的改良，医药发明也可获取专利。

若在包括手工艺、渔业及服务业在内的工业或农业上可生产或使用的话，将被视为具有工业上的可利用性。

2. 工业品外观设计

工业品外观设计应当具有新颖性，并且能与其他现有设计区别。如果在注册申请日或优先权日之前，一项外观设计未通过任何有形的方式发布、使用或以其他方法被披露，则该设计具有新颖性。

在优先权期间向公众披露并不影响其新颖性。

2.3.3.2 不授予的情形

1. 发明

（1）不视为发明的情形。

沙特专利法明确规定了不可申请专利的客体。下列各项无法获得专利保护：

①属于特有的事项。关于手术、治疗、诊断方法，即使以动物为对象

也将成为不授权的理由。关于植物品种则另制定有植物品种培养权。

②发现、科学理论及数学方法。

③商业活动，心理活动，或进行游戏的计划、规则及方法。

④动植物品种或以生产动植物为目的而使用的生物学方法。但微生物学方法及其所产生的物质除外。

⑤对人体或动物的身体的外科治疗或外科诊断方法，及对人体或动物的身体使用的诊断方法。但使用这些方法制造的产品除外。

（2）不授予发明的情形。

①在商业利用上违反伊斯兰教法。

②在商业利用上对生命、人类或动植物的健康有害的发明，或对环境相当有害的发明。

2. 工业品外观设计

工业品外观设计不得包括他人拥有的商标或旗帜或官方标志。

2.3.4 申请程序

2.3.4.1 专利信息检索

申请人可通过沙特专利局官网的专利检索系统对发明和工业品外观设计专利进行检索。需要注意的是，以申请日 2012 年 3 月 29 日为界，不同申请时间申请的专利，需要通过不同的专利检索系统查询。查询包括以下步骤：

首先，登录 SPO 官网，SPO 官网包括英文界面和阿拉伯语界面，其英文界面（网址：https：//www. kacst. edu. sa/eng/IndustInnov/SPO/Pages/spo. aspx）如图 2－3－1 所示。

图 2－3－1　SPO 官网英文界面

其次，将页面下拉至如图 2 –3 –2 所示位置，选择 Patents Search，可进入发明和工业品外观设计专利检索页面，如图 2 –3 –3 所示。

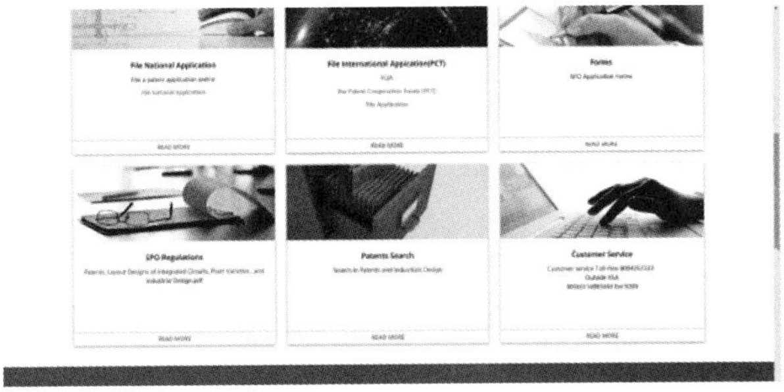

图 2 –3 –2　SPO 官网英文界面 Patents Search 检索入口

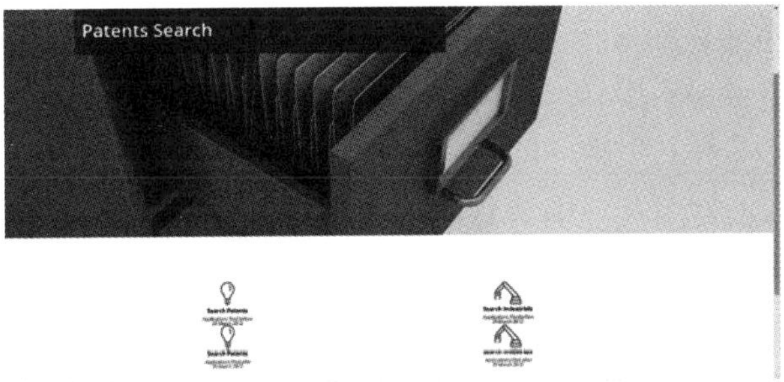

图 2 –3 –3　SPO 官网英文界面 Patents Search 检索页面

之后，根据专利类型（发明或工业品外观设计）和专利申请时间（2012 年 3 月 29 日之前或之后），选择相应的入口进行检索，其检索界面如图 2 –3 –4 和图 2 –3 –5 所示。

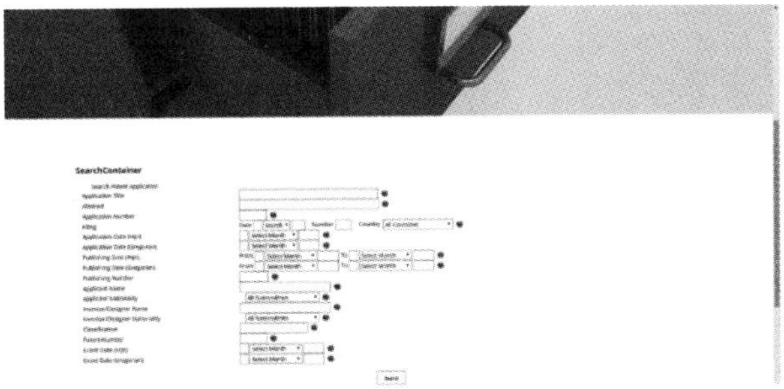

图 2 –3 –4　申请日在 2012 年 3 月 29 日之前发明和工业品外观设计专利检索界面

图 2-3-5　申请日在 2012 年 3 月 29 日之后发明和工业品外观设计专利检索界面

2.3.4.2　申请文件要求

1. 发明

（1）申请文件。

专利申请书须采用规定表格，并包含以下内容：

①发明的名称、申请人的姓名和详细信息；

②发明人的姓名和详细信息；

③申请人不是发明人的，应提交让与书；

④主张优先权的，应提交优先权文件；

⑤以代理人名义出具的、经沙特领事馆认证的授权书（若适用），注意，如果申请者不在沙特境内居住，应当提交沙特专利代理机构的名称和地址，以及有效的授权证明；

⑥完整清晰的描述，须足以使本领域技术人员实施该程序；

⑦披露最佳实施例（沙特专利法的要求）；

⑧关于现有技术以及申请人的发明拟解决的问题的概述；

⑨至少一项独立权利要求，以及相应从属权利要求。

（2）语言。

①专利申请用语为阿拉伯语和英语。

②科学术语在首次使用时应以其原始语言给出，并带有阿拉伯文同义词。随后，仅给出阿拉伯名称，但保护要素除外，在该保护要素中该术语应以两种语言重复。

③如果使用外语缩写名称，则在文本中首次使用时，应同时使用阿拉伯文和英文全名。随后，仅给出缩写。

④当文本中出现拉丁词时，应使用与拉丁词相同的阿拉伯词。

⑤应采用国际纯粹与应用物理学联合会（IUPAP）的 SUNAMCO 委员会批准的符号、单位、名称和基本物理常数。

⑥应根据国际纯粹与应用化学联合会（IUPAC）系统使用拉丁字母来写结构图和化学式、化学元素的符号、化合物和名称。如果化学名称出现在标题中，则应同时使用阿拉伯语和拉丁语。

⑦参考文献、研究论文、文章和科学书籍应以其原始语言编写。

2. 工业品外观设计

（1）申请文件。

申请书须采用规定表格，并包含以下内容：

①申请人的姓名；

②代理人名称；

③设计者姓名；

④技术资料：工业品外观设计说明、产品类型（洛迦诺分类）；

⑤优先和披露信息。

（2）其他要求。

申请可以包括多个工业品外观设计，但前提是所有这些工业品均按照国际工业品外观设计分类（洛迦诺分类）属于同一类别，或属于同一组或同一结构。

2.3.4.3 优先权

申请人可对在优先权期限内的任何保护客体主张优先权，优先权期限从上一次针对该保护客体专利申请之日起计算。申请人主张优先权的，必须提供上一次申请的日期、编号和地点，上一次申请的申请人可以是自己，也可以是他人。同时，主张优先权的申请人必须在提交申请90日内向理事会提交一份经主管机关批准的上一次专利申请文件的副本。如未在规定的宽限期内提交先前申请的核证副本及其译文，则其优先权将被没收，并将其记录在专利局的登记册上。①

优先权期限：发明专利和植物新品种专利的优先权期限为12个月，工业品外观设计优先权期限为6个月。优先权期限自提交第一份申请之日起，申请日不包括在该期限内。如果优先期限的最后一天是法定假日或沙特专

① 沙特专利法第10条。

利局不开放接受申请的日期，则期限应延长至下一个工作日。①

关于临时保护，如果申请人希望对与他希望在任何正式展览中展示的产品有关的发明或工业品外观设计具有临时保护，则应向理事会表明其展览意图，并附上简短的说明，包含要保护的主题、插图以及与之相关的产品清单。该局可要求申请人提交其认为必要的任何其他数据。对于在王国境外展示的产品，应提供由官方机构认证的证书，指明所展示的产品，其数据和展示日期。

2.3.4.4 申请流程及费用

1. 申请流程

如果外国人在沙特申请专利，需要委托沙特专利代理机构代为申请。

沙特是 GCC 的成员国，因此申请人也可以通过向 GCCPO 提交申请获得专利的授权与保护。

此外，沙特还是《专利合作条约》（PCT）的签约国，申请人还可以通过向我国国家知识产权局提交 PCT 申请的方式向沙特申请专利。

向 SPO 申请专利的大致流程如图 2－3－6 所示。

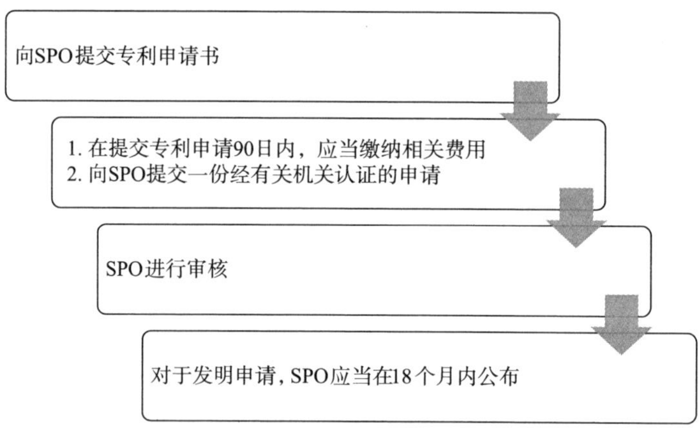

图 2－3－6　SPO 专利申请流程图

2. 申请费用

专利申请提交之日起 3 个月内应当缴齐相关费用。专利申请费用如表 2－3－2 所示。

① 沙特专利法第 10 条。

表 2－3－2 专利相关官费信息表

专利				
费用项目	个人		公司	
	金额（单位：SAR）	估算金额（人民币/元）	金额（单位：SAR）	估算金额（人民币/元）
申请注册	400	752	800	1504
变更或转让所有权	200	376	400	752
修改或补充申请	100	188	200	376
获取申请或证书的副本	50	94	100	188
许可合同的登记	400	752	800	1504
授予强制许可	4000	7522	8000	15045
授权与公告	500	940	1000	1881
工业设计				
费用项目	个人		公司	
	金额（单位：SAR）	估算金额（人民币/元）	金额（单位：SAR）	估算金额（人民币/元）
申请注册	150	282	300	564
变更或转让所有权	75	141	150	282
修改或补充申请	50	94	100	188
获取申请或证书的副本	50	94	100	188
许可合同的登记	150	282	300	564
授予强制许可	1500	2821	3000	5642
授权与公告	175	329	350	658

注：上表中费用单位为 SAR，SAR（Saudi Arabian Riyal，沙特里亚尔）为沙特货币单位。2019 年 10 月 31 日[①]：人民币 1 元＝0.53174 沙特里亚尔。该数据仅供参考，当日汇率请以柜台实际交易价格为准。表中估算的人民币金额依据 2019 年 10 月 31 日人民币与沙特里亚尔汇率计算获得，只保留整数。

自专利申请提交的第 2 年开始，每年年初应当缴纳专利申请的年费，如果申请人未在年费到期后 3 个月内缴清，则需双倍缴纳。

如果申请人连续 3 年缴纳专利申请的年费，但仍未被授权，有权推迟

① http：//www.pbc.gov.cn/zhengcehuobisi/125207/125217/125925/index.html，最后访问日期 2019 年 10 月 31 日。

支付此后的费用直到专利获得授权。①

年费情况等相关费用见本篇第 2. 3. 11 节专利相关费用附表。

通过《保护工业产权巴黎公约》或 PCT 进入沙特，可能需要公证和认证的申请文件及费用如表 2 –3 –3 所示。

表 2 –3 –3　专利申请相关文件的公证或认证费用表

途径	文件列表	事项	费用（人民币/元）	总计（人民币/元）
《保护工业产权巴黎公约》	GPOA（General Power of Attorney）	公证 + 认证	555	960
	发明人转让协议	认证	405	
PCT	GPOA（General Power of Attorney）	公证 + 认证	555	555

注：表中的公证和认证费用为国内具有此类事务公证资格的第三方机构提供。

3. 撤回申请

在专利被授权前，专利申请人可随时撤回申请，但撤回申请后，无权请求返还已缴纳的相关费用。如有多个申请人的，要求所有申请人在撤回申请书上签字。

4. 申请的公布

申请人缴纳相关费用后，对于发明专利，SPO 应当在 18 个月内公布。

2. 3. 5　申请的审查

2. 3. 5. 1　审查流程

1. 形式审查

对提交的专利申请，SPO 先进行形式审查，经形式审查认为申请符合要求的，SPO 会通知申请人，要求其在收到通知之日起 3 个月内支付申请公告费。如未在规定期限内付款，则申请无效，并将其记录在登记册中并予以公告。如经形式审查不符合要求，则通知申请人在收到通知后 3 个月内补正，未在规定期限内补正的，申请无效，并记录在册予以公告。

2. 实质审查

形式审查后，SPO 还需对发明专利进行实质审查。经实质审查符合规定的，则作出授予专利权的决定并予以公布。如不符合法定要件，则作出

① 沙特专利法第 18 条。

驳回申请的决定并通知申请人。

在实质审查期间，专利局可以要求申请人修改其申请，出具实质审查的报告，并通知申请人。申请人应针对审查报告作出答复，如果申请人作出的答复经专利局审查通过，则应授予专利权。

申请人应在自其发出之日起的 3 个月内，对理事会发给他的通知作出答复。如有必要，可以通过宽限期届满之前提交的合理申请将这一期限延长 1 个月。在规定期限内未答复的，该申请将被拒绝。

根据规定，实质审查不超过两次，申请经两次实质审查后仍不符合法定要件的，驳回申请。

3. 实质审查费用

审查费由专利审查员计算，并通知申请人。审查费依据审查员审查该申请预估的工作量确定。

2.3.5.2 主动修改与分案

1. 主动修改

根据沙特专利法第 9 条的规定，申请人可以对申请做出适当修正，但该修正不能超出原始申请请求保护的范围。根据专利法实施细则第 32 条的规定，专利的申请人可以取消或增加任何保护要素，但前提是这不会导致发明完整性概念的任何改变。

授予专利权的决定作出前，申请人可申请进行修改，对审查中的专利申请提出修改申请（增加或减少权利要求），并支付规定费用。但此等修改不得超过提出申请时申请书的公开范围。

如对工业品外观设计申请中所包含的任何数字进行修改，则修改日期视为申请日。

对拒绝授予专利的决定提出诉讼时，不得向法院提出修改专利申请的要求。

2. 分案申请

专利局就原始申请作出授权决定前，亦可提出分案申请，主张原始申请的优先权。

3. 现有技术披露义务

沙特专利法要求提供关于之前技术状况的信息，作为发明的背景。申请人应说明其发明拟解决的现有技术中存在的问题。申请书还应说明发明较之于现有技术的进步之处。上述要求必然需要申请人提供现有技术的背景信息。

2.3.6 权利的授予及终止

2.3.6.1 权利的授予

1. 保护期限

（1）发明专利的保护期为自提交申请之日起 20 年。PCT 专利的保护期为 20 年，自 PCT 专利提出国际申请之日起算。

（2）工业品外观设计专利保护期为提交申请之日起 10 年。

2. 费用

自 2013 年 8 月 3 日起，沙特成为《专利合作条约》（PCT）的成员。国家阶段获得专利授权的费用与沙特本国申请的费用相同，但国家阶段申请在 22 ~ 24 个月内作出专利授权决定。上述费用不包含专利年费及翻译费用。

如果申请人未在年费到期后 3 月内缴清，则需双倍缴纳；若在之后的 3 月内经警告仍未缴清，则专利申请归于无效，理事会将此信息予以备案并在公报上予以公布。

3. 异议机制

若经过形式与实质审查，专利局认为该专利符合授予专利权的条件的，专利将被授予并公告。对于授予专利权的决定，利益相关方可向委员会提出申诉。现行专利法未对异议程序作出具体规定，但委员会有权审理对专利局决定的申诉。该申诉程序依据专利权撤销程序的相关规定进行。

委员会的决定可向行政法院起诉。行政法院的裁判和进一步向上诉法院提起上诉。

2.3.6.2 权利的保护范围

1. 保护范围

（1）如果是产品：出于任何这些目的而制造、销售、出售、使用、储存或进口的产品。

（2）如果是方法：与使用该方法直接获得的产品有关的过程的使用，或执行前段所述的任何行为。但是，不应排除其他人在与科学研究有关的非商业活动中利用他的发明。

除此以外，他有权在专利上诉委员会对未经其同意而在王国内利用其发明而侵犯其发明的任何人提起诉讼。

2. 在先使用抗辩

依据沙特专利法，在专利申请日前优先权日前善意制造产品或使用方法的，虽有专利的授予，仍有权继续制造或使用行为。然而，法律禁止扩大制造或使用行为的范围。此规定不限于特定发明类型。

2.3.6.3 权利的终止

专利权人可以通过向 SPO 提交一项书面申请放弃该专利的所有权。放弃适用于专利权利的一部分或全部。

除强制许可的情形外，对专利权利的放弃应当经被许可人的书面同意，或者有其他合理的原因。该项放弃应当备案，同时在公报上予以公布，公布之前该项放弃不得对第三方生效。

2.3.7 权利的无效

委员会对专利权无效案件有管辖权。向委员会提交专利权无效请求后，专利权无效程序启动。专利权无效请求可基于下列理由提出：

（1）发明在申请时缺乏新颖性；

（2）发明缺乏创造性；

（3）发明不可工业实施；

（4）专利权客体属于专利权保护之例外；

（5）发明的商业实施违反伊斯兰原则；

（6）商业实施将威胁生命安全，损害人类或动植物健康，或对环境造成严重破坏。

在宣告专利权无效的申请中，法院有权部分或全部撤销专利权。

委员会关于专利权无效请求的决定可向行政法院上诉，最终可向上诉法院提起上诉。

2.3.8 权利的运用

2.3.8.1 专利许可

1. 强制许可

（1）授予强制许可的条件。

①强制许可的申请应当在专利申请提交 4 年后或专利授权 3 年后提出，

以较晚的时间为准，且专利权人没有合法理由未使用或未充分使用其发明。

②申请人必须证明其曾在合理期间内寻求与专利权人在合理的商业条件基础上、以合理的经济补偿为对价而缔结许可合同。但是，如果申请人是政府机构或由政府机构授权的人，且使用目的是为了公共安全、健康、国民经济的发展等公共利益，或者是为了国家紧急情况或其迫不得已的因素，以及为了非商业的公共福祉等，则本款及前款规定不适用。在后一种情形下，一旦得知使用客体受保护，应当及时告知专利权人。

（2）强制许可的特点。

①强制许可旨在使本国市场能够获得发明和设计产品，不适用于旨在那些最终被决定或判决宣布为排除或限制竞争之不正当行为的情形。

②批准强制许可的决定应当根据许可的目的对范围和期限做出限定。当强制许可获得批准所基于的情形消失且不可能再发生、同时不影响被许可人合法权益时，强制许可应当终止。

③强制许可不是独占许可。

④每一份强制许可的申请都应当单独做出决定。

⑤专利权人应当得到合理的补偿。委员会决定补偿的具体数额，由被许可人支付。

⑥如果强制许可是关于半导体专利技术，那么该许可的目的必须是为非商业的公共福祉，或者是为了制止最终被决定或判决宣布为非法竞争的行为。

⑦如果某一专利涉及重大的技术进步可产生巨大的经济效益，但该专利需使用另一专利，可以授予强制许可。在这种情形下，除非另一专利发生变更，否则强制许可不能变更。在合理的条件下，另一专利权人可以根据强制许可同时也享有对本专利的强制许可。

（3）强制许可的转让。

强制许可的受益人不得将其被许可实施权转让给他人，除非该权利随着企业整体或包含该强制许可客体的商誉部分共同转让。未经批准，转让无效。如转让得到批准，受让人将负担转让人所承担的义务。

（4）强制许可的修改。

如果有必要，可以修改关于强制许可的决定。专利权所有人或强制许可受益人如果认为修改条件具备，可以请求修改。

（5）强制许可的取消。

在下列情形下，应当取消强制许可：

①强制许可受益人在强制许可批准后 2 年内未按照要求实施专利，如果有法定原因，可延长 2 年。

②强制许可受益人在缴费日期到期后 90 日内未缴纳相关费用。该费用还包括根据批准的强制许可决定被许可人应当支付给专利权人的补偿。

③强制许可受益人未能遵守批准强制许可应当满足的任何一项前提条件。

（6）强制许可的放弃。

强制许可受益人可以通过书面方式提出放弃该许可，经批准后受益人的该项放弃生效。

2. 协议许可

专利许可须在专利局备案后方对第三方有效。除非许可协议有明确规定，专利许可并不当然禁止专利权人实施其专利。

依据专利法，专利局有权对许可协议进行审查。对于损害专利权或对竞争有不利影响的条款，专利局得要求当事人作出修改。专利法并未规定协议内容的限制，但不得约定损害专利权或对竞争有不利影响的条款。例如，在专利保护期届满后的许可使用费、要求被许可人不得经营未授予专利的类似产品、限制被许可人向市场中的特定实体供应含有专利产品的商品等，均可能构成损害专利权的条款。一般而言，许可协议不得在专利的实际保护范围外作出约定。

专利权人可以和他人缔结针对保护客体使用许可合同。许可合同必须在缴纳相关费用后在理事会备案才有对抗第三人的效力。该项许可并没有剥夺专利权所有人自己使用保护客体或授权他人使用的权利，除非该许可合同另有规定。

除非合同另有规定，专利保护期内在沙特全境被许可人根据专利权所有人的授权享有实施被许可专利的专有权利，被许可人不得将该项权利再转让给他人，除非许可合同另有约定。

2.3.8.2 专利转让

转让协议应当由双方签署书面协议并经主管机关批准。转让协议必须在主管机关办理变更并缴纳相关费用后才具有对抗第三人的效力。

存在多个申请人的，任何一方都有权将其权利转让给其他任何一方或多方，或者第三人。

转让人应当告知被转让人专利是否存在法律纠纷。

2.3.9 权利的保护

2.3.9.1 司法保护

1. 司法系统

依据沙特专利法，沙特设有一个准司法委员会，专门负责裁决专利侵权案件。专利纠纷委员会（Patent Dispute Committee，下称“委员会”）由部长会议（Council of Ministers）决议设立，每届任期三年。向委员会提起案件，首先提交请求书。委员会有权在最终决定作出前，发布临时禁令，但实践中，几乎从未发出过临时禁令。对于 GCC 专利局所授予专利的侵权纠纷，委员会也享有管辖权。

委员会程序主要审理双方互相提出的书面意见。委员会的决定可向行政法院上诉，并最终可向上诉法院提出上诉。

理论上，基于特定理由，上诉法院的裁决可再行向最高行政法院上诉。然而，目前最高行政法院尚未启用。

2. 审理形式和时间

委员会对案件的处理十分直接，并无审前程序。专利权人应向委员会提交请求书。证据可在后阶段提交，但案由须在最初请求书中明确列出。委员会并无在审理过程中，就部分问题作出决定的惯例。依据现行实践，专利侵权案件的裁决以双方互相提出的文件为依据。纠纷各方均有 1 个月期限提交答辩书，该期限可延长 1 个月。

专利法有关于指派技术专家的相关规定，委员会可自行决定指派专家。指派决定由委员会成员多数决。当专利法未就具体问题作出规定时，委员会可适用沙特的一般法律。例如，对于损害赔偿请求，委员会将依据伊斯兰教法规定的标准，要求提交实际损害的相关证据。

根据所提出问题的复杂程度，委员会审理程序可能为时 18 ~24 个月。

3. 起诉资格

专利权人或独占许可人可向委员会提起侵权案件。建议在许可协议中，明确规定被许可人有权采取法律行动。实践中，大部分侵权案件由专利权人提起，被许可人可作为共同原告。

依据沙特专利法，未经授权实施专利的行为构成专利侵权，专利权人得以此为由提起诉讼。未经专利权人许可，制造、销售、许诺销售、使用、储存或进口受保护的产品，构成未经授权的实施。

4. 举证要求

原告负有证明侵权的举证责任。为证明侵权，原告须举出法律及技术理由。技术理由亦须有证据支持。例如，对于医药专利侵权，原告须提交化学分析，以证明被告的产品侵犯其专利受保护的特征。

被告可提出专利权无效作为抗辩，此时主张专利权无效的被告承担举证责任。委员会有权审理专利无效请求，无论该请求是作为抗辩还是单独提出。前者情形下，无效抗辩须在程序初始阶段提出。

若系争专利是制造特定产品的工业方法，则举证责任将从原告转移至被告。此时，被告须证明相同产品并非未经专利权人同意，以专利方法制造。举证责任的倒置还须符合其他条件。

5. 引诱侵权、帮助侵权和多主体侵权

沙特整体上不承认引诱侵权和帮助侵权行为。但对于帮助侵权而言，对侵权的帮助程度有决定性作用。例如，若事前明知专利存在，且使用专利的一部分将构成侵权，仍通过实施专利的某一部分的方式提供帮助，则帮助侵权人可能会因此行为承担责任。

法律并不禁止追究多个侵权人的责任，但以其对侵权的帮助范围为限。

6. 合并起诉多个被告

若专利权在沙特被违法实施，则可以合并起诉多个侵权人。多个侵权人间可能存在或不存在商业关系。各被告的责任以其侵权行为为限。不要求各侵权人均已实施专利的全部权利要求。

7. 境外行为侵权

此种情形下，在沙特境外发生的行为构成在境内起诉的案由。在沙特管辖领域外未经授权实施专利的，若相应侵权产品进口至境内，则该行为将构成起诉的案由。此时，产品在沙特境外制造的事实不构成有效抗辩。若产品的小型部件进口至沙特境内，且能够用于侵权目的，此种行为是否构成侵权尚不明确。明知小型部件会被组装入侵权产品内，而仍予以进口的行为，似乎构成专利权人的起诉案由。然而，目前并无此方面的案例，沙特专利法亦未对此作出明确规定。

8. 审理周期

诉讼的审理周期存在个案差异。初审阶段可能耗时 18 ~24 个月。委员会作出决定后 60 日内，可向行政法院上诉，上诉程序可能耗时14 ~18 个月。向上诉法院提起的进一步上诉通常在 6 个月内审结。

9. 诉讼费用

侵权诉讼的费用通常为 25000 ~40000 美元。沙特法院不收取诉讼费。律师代理费的收取方式由律师和客户协议确定。

10. 上诉法院

委员会对侵权案件和专利权无效案件作出决定后，不服一方可在决定作出后 60 日内，向行政法院提起上诉。上诉法院可采纳新证据和新理由。诉讼法允许上诉法院采纳额外证据和理由。行政法院裁决作出后 1 个月内，可向上诉法院提起进一步上诉。

程序方面，上诉法院或驳回上诉，或对案件提出意见并发回行政法院重审。若上诉被驳回，上诉法院将作出书面判决，该判决为终局判决且有执行力。若案件被发回重审，行政法院得变更或维持其原本判决。案件发回重审期间，当事人得向行政法院提出新理由。若行政法院维持其原本判决，针对该判决可再次向上诉法院提起上诉。此时，上诉法院将作出终局判决。

除非上诉期满或最高司法机构作出裁判，沙特司法机构或准司法机构的裁判不具有终局效力且不可执行。理论上设有最高行政法院，但目前尚未启用。

11. 侵权损害赔偿

依据沙特专利法，委员会有权判令向专利权人作出必要损害赔偿。沙特的司法及准司法机构遵守关于损害赔偿的伊斯兰教法原则。依据伊斯兰教法原则，损害赔偿应真实可计算，不得基于猜测得出。由于举证责任较高，原告很难向法院有效证明损害赔偿，因此实践中并无判令损害赔偿的案例。

除向侵权人主张损害赔偿外，法律亦规定了最高可达 100000 沙特里亚尔的罚款。多次侵权的，可加倍罚款。委员会对于损害赔偿或罚款案件有管辖权。

12. 停止侵权的禁令

法律规定了临时禁令制度，但实践中委员会或各级法院几乎从未发布临时禁令。下列条件下，可获得临时禁令：

（1）已向委员会提出请求或向法院起诉；

（2）专利权人的商业利益可能受到难以弥补的损害；

（3）存在侵权成立的表面证据；

（4）已向委员会提交担保，若败诉将赔偿被告的损失。

13. 禁止侵权产品的进口

依据沙特专利法，未经专利权人授权，将受专利保护的产品进口至沙特境内的行为构成侵权。委员会有权迅速采取任何必要措施，防范损害发生。专利权人得向委员会提出临时命令申请。申请须以禁止侵权产品进口请求书的形式提出。委员会依法有权就停止专利侵权发出任何命令。就我们目前所知，尚无委员会发布临时命令、禁止侵权产品进口的案例。

14. 诉讼时效

专利侵权案件并无具体时效。专利有效期间均可提起侵权诉讼。

2.3.9.2 其他保护途径

伊斯兰教法原则十分鼓励替代性争端解决（Alternate dispute resolution，ADR）。争端当事人间的调解和仲裁广受各类诉讼的鼓励，且深深植根于伊斯兰教法和伊斯兰传统。

沙特的仲裁适用新《仲裁法》，该法由第M/34号皇家命令颁布，以贸易法委员会国际商事仲裁示范法为基础，但并非将示范法全文采纳。依据该法，当事人得排除沙特法院对双方间争议的管辖。仲裁可以节约当事人的争端解决时间，且可以选任（具有相关知识技能的）专门性仲裁员解决纠纷。当事人可选择仲裁程序的语言及仲裁地。值得注意的是，无论是单独签署或作为主仲裁协议的一部分，关于仲裁的约定不得排除沙特法院宣告仲裁裁决无效的管辖权。该法还对提起仲裁裁决无效诉讼作出了一系列规定，因此，须注意在沙特法律制度下，仲裁裁决的执行存在不确定因素，在沙特境外进行的仲裁或未适用沙特法律的仲裁尤为如此。

2.3.10 与中国专利制度的比较

沙特专利制度与中国专利制度相比，主要存在以下区别：

在专利申请方面，除了向沙特专利局SPO提交专利申请书，还需要提交一份经有关机关认证的申请，这和国内存在较大的差异。

在专利授权范围方面，沙特专利法保护发明、集成电路布图设计、植物新品种和工业外观设计，而植物新品种和集成电路布图设计在中国不属于专利权的授权范围。此外，沙特专利法也没有规定实用新型的相关内容。

在专利审查方面，沙特没有专利快速审查程序。

在专利侵权判定方面，沙特专利法并未规定同等原则，此方面尚无案例，目前专利侵权案例仅限于字面侵权。

在强制许可方面，沙特专利法规定的强制许可对象是发明和集成电路布图设计，而我国专利法规定的强制许可对象是发明和实用新型。

对侵权行为的惩罚方面，沙特对累犯的惩罚比较严重，专利委员会可以加倍罚款。①

2.3.11 专利相关费用附表

专利相关费用如表 2－3－4 所示。

表 2－3－4 专利相关费用表

专利				
费用项目	个人		公司	
	金额（单位：SAR）	估算金额（人民币/元）	金额（单位：SAR）	估算金额（人民币/元）
申请注册	400	752	800	1504
变更或转让所有权	200	376	400	752
修改或补充申请	100	188	200	376
获取申请或证书的副本	50	94	100	188
许可合同的登记	400	752	800	1504
授予强制许可	4000	7522	8000	15045
授权与公告	500	940	1000	1881
年费第 1 年	250	470	500	940
第 2 年	500	940	1000	1881
第 3 年	750	1410	1500	2821
第 4 年	1000	1881	2000	3761

① 一带一路框架下中资企业如何走进中东，http：//cafiec. mofcom. gov. cn/article/zjsj/201711/20171102668097. shtml，最后访问日期 2019 年 9 月 22 日。

续表

费用项目	个人		公司	
	金额（单位：SAR）	估算金额（人民币/元）	金额（单位：SAR）	估算金额（人民币/元）
第 5 年	1250	2351	2500	4702
第 6 年	1500	2821	3000	5642
第 7 年	1750	3291	3500	6582
第 8 年	2000	3761	4000	7522
第 9 年	2250	4231	4500	8463
第 10 年	2500	4702	5000	9403
第 11 年	2750	5172	5500	10343
第 12 年	3000	5642	6000	11284
第 13 年	3250	6112	6500	12224
第 14 年	3500	6582	7000	13164
第 15 年	3750	7052	7500	14105
第 16 年	4000	7522	8000	15045
第 17 年	4250	7993	8500	15985
第 18 年	4500	8463	9000	16926
第 19 年	4750	8933	9500	17866
第 20 年	5000	9403	10000	18806

工业外观设计

费用项目	个人		公司	
	金额（单位：SAR）	估算金额（人民币/元）	金额（单位：SAR）	估算金额（人民币/元）
申请注册	150	282	300	564
变更或转让所有权	75	141	150	282
修改或补充申请	50	94	100	188
获取申请或证书的副本	50	94	100	188
许可合同的登记	150	282	300	564
授予强制许可	1500	2821	3000	5642
授权与公告	175	329	350	658
年费第 1 年	150	282	300	564
第 2 年	150	282	300	564
第 3 年	300	564	600	1128

续表

费用项目	个人		公司	
	金额（单位：SAR）	估算金额（人民币/元）	金额（单位：SAR）	估算金额（人民币/元）
第 4 年	300	564	600	1128
第 5 年	450	846	900	1693
第 6 年	450	846	900	1693
第 7 年	600	1128	1200	2257
第 8 年	600	1128	1200	2257
第 9 年	750	1410	1500	2821
第 10 年	750	1410	1500	2821

注：SAR（Saudi Arabian Riyal，沙特里亚尔）为沙特货币单位。2019 年 10 月 31 日[①]：人民币 1 元 =0. 53174 沙特里亚尔。该数据仅供参考，当日汇率请以柜台实际交易价格为准。表中估算的人民币金额依据 2019 年 10 月 31 日人民币与沙特里亚尔汇率计算获得，只保留整数。

2. 4 阿联酋篇

2. 4. 1 阿联酋专利制度概况

2. 4. 1. 1 专利制度发展历程

阿联酋于 1992 年颁布了《专利、工业图纸和设计管理和保护法》（以下简称“阿联酋专利法”），并先后于 2002 年和 2006 年对该法进行了修改。

在国际条约方面，阿联酋 1974 加入世界知识产权组织（WIPO），1995 年加入世界贸易组织（WTO），1996 年加入《保护工业产权巴黎公约》和《与贸易有关的知识产权协定》（TRIPs 协定），1999 年加入《专利合作条约》（PCT）。

在区域合作方面，阿联酋是 GCCPO 的成员国之一，GCC 专利法及实施细则对沙特有效，在 GCC 申请的专利，在阿联酋境内自动获得保护。

① GCC 专利法第 8 条。

根据阿联酋专利法的规定，其保护的四种权利类型包括专利、实用新型、工业图纸和外观设计，其保护期限分别是：专利 20 年，实用新型 10 年，工业图纸和外观设计 10 年。

关于本篇下述内容，需要说明以下三点，提请读者注意：

（1）关于“专利”：“专利”为阿联酋专利法中的“patent”的直译，实际上类似于中国专利法中的“发明”。因此本篇中所述的“专利”一词，其含义仅包括“发明”，不包括实用新型、工业图纸和外观设计。为避免概念混淆，特此说明。

（2）关于实用新型的规定：根据阿联酋专利法的规定，对于不足以授予专利的智力成果，通过实用新型保护，除保护期限和授权条件不同外，专利的其他一般规定同样适用于实用新型。因此在本篇 2.4.2 ~ 2.4.9 小节中除授权条件和保护期限外，实用新型的相关内容请参照专利对应规定，不再赘述。

（3）关于工业图纸和外观设计的规定：根据阿联酋专利法的规定，关于专利的权利主体、在先使用、转让、许可以及放弃和无效的相关规定适用于工业图纸或外观设计。①

2.4.1.2 相关机构及职能

1. 工业产权局

阿联酋未设专门的专利局，而是由经济部下设的知识产权局，内设工业产权、商标、版权三个主要部门，其中工业产权局负责管理专利事项。

表 2-4-1 工业产权局的联系方式

地址	Department of Industrial Property, Ministry of Economy
邮政地址	P. O. Box 3625 Sheikh Khalifa Bin Saeed Street, Dhabi, United Arab Emirates
电话	(971) 43141555 (分机号 6); (971) 26131402
传真	(971) 26263634; (971) 43581313; (971) 43851077
电子邮箱	indpro@ economy. ae; kalsuwaidi@ economy. ae; raalmoalla@ economy. ae
网址	https: //government. ae/en/information - and - services/business/intellectual - property

① 阿联酋专利法第 53 条。

2. 申诉委员会

阿联酋还设有一个申诉委员会，属于工业产权局的一个部门。委员会由 3 名委员组成，主席是由司法部部长提名的法官担任，其余两名委员由工业产权领域的专家担任。委员会的主要负责审核专利申请人或其他利害关系人针对工业产权局的决定所提出的复审或异议请求。[①]

2.4.2 权利主体

专利权的主体，即专利权人。根据阿联酋专利法，发明人及其合法继承人可以成为专利权的主体。[②]

阿联酋专利权主体采用“先申请原则”，即专利权授予最先提交申请的或者优先权最早的申请人。[③]

关于共同发明创造，如果两人或两人以上共同完成发明的，属于共同发明人，发明的相关权利由共同发明人享有。如果没有对发明创造作出创造性贡献的，则不能认定其为发明人。[④]

关于职务发明创造，除双方另有约定外，如果发明创造为员工履行职务或合同期间产生，则发明创造的相关权利由用人单位所有。但是如果发明创造的经济价值超过双方签订合同时的预估，除双方另有约定外，发明人有权依照法院的判决请求用人单位给与额外补偿。[⑤]

阿联酋专利法还规定了职务发明创造的例外情形，即如果员工和用人单位的合同中不包含创造性活动，发明创造是员工为履行职务创造且使用了用人单位的经验、文件和其他基本的设施的，自发明人书面通知用人单位发明创造或用人单位以任何方式获知发明创造之日起 4 个月内，用人单位未书面通知员工有获得发明创造意图的，专利的相关权利由发明人或员工享有。但若用人单位在规定期限内表明其有意获得发明创造的，则自发明创造产生之日起，用人单位享有发明创造的相关权利。同时，发明人或员工有权获得合理补偿，补偿应该综合考虑工资、发明创造的经济价值和

---

① 一带一路框架下中资企业如何走进中东，http://cafiec.mofcom.gov.cn/article/zjsj/201711/20171102668097.shtml，最后访问日期 2019 年 9 月 22 日。

② 阿联酋专利法第 7 条第 1 款。

③ 阿联酋专利法第 7 条第 2 款。

④ 阿联酋专利法第 7 条第 1 款。

⑤ 阿联酋专利法第 9 条。

用人单位通过发明创造可以获得的利益来确定，如果双方当事人对补偿不能达成一致的，由法院确定补偿金额。为了保护员工的利益，阿联酋专利法还规定，如果依照双方协议员工所获得的利益低于以上规定的水平的，则协议无效。①

2.4.3 权利客体

2.4.3.1 授予条件

1. 发明

发明是指与产品、制造方法或已知制造方法的应用有关，能够形成解决技术问题的实际方案的创新方法。②

根据阿联酋专利法的规定，所有技术领域中的创新想法或创造性步骤产生的任何新发明均可被授予专利，但以其具有科学依据并且能够用于工业应用为限。③

发明获得授权的条件需要满足新颖性、创造性和工业适用性。关于新颖性和创造性，阿联酋专利法并未作出详细规定。关于工业适用性，根据阿联酋专利法规定，其应做广泛解释，涵盖在农业、渔业、工艺和服务等领域的使用或应用。④

2. 实用新型

具有工业适用性但创新程度不足以授予发明专利的智力成果可以获得实用新型的授权。根据发明人或法定代表人的请求，符合发明专利授权条件的智力成果也可以授予实用新型。⑤

3. 工业图纸和外观设计

工业图纸是指可在工业或工艺中用于生产产品的，线条或颜色的新创作。外观设计是指可被用于工业或工艺的任何创新的三维形状。⑥

工业图纸和外观设计需要满足以下条件：

（1）具有新颖性；

---

① 阿联酋专利法第9条。
② 阿联酋专利法第1条。
③ 阿联酋专利法第4条第1款。
④ 阿联酋专利法第4条。
⑤ 阿联酋专利法第5条。
⑥ 阿联酋专利法第1条。

（2）具有创造性；

（3）可以应用于工业或工艺；

（4）不得违反公共秩序和社会公德。[①]

2.4.3.2　不授予的情形

1. 下列情形不得授予发明或实用新型

（1）植物品种、动物品种或生产植物或动物的生物方法，但不包括微生物方法及其产品。

（2）人类和动物的诊断方法、治疗和外科手术。

（3）科学和数学原理、发现和方法。

（4）进行商业、智力活动或游戏的指南、规则或方法。

（5）可能导致违反公共秩序或道德的发明。[②]

2. 其他特殊情形

（1）计算机程序。

依据阿联酋专利法，计算机程序自身不具有可专利性。但是，若计算机程序与硬件存在适当关联，且构成对技术问题的技术解决方案，则在符合其他可专利性标准的前提下，可申请专利。

（2）自然物质。

依据阿联酋专利法，自然物质不具有可专利性，但分离自然物质的方法可申请专利。

2.4.4　申请程序

2.4.4.1　专利信息检索

申请人可通过阿联酋知识产权局官网的专利检索系统对发明、实用新型、工业图纸和外观设计专利进行检索。检索查询包括以下步骤：

首先，登录阿联酋知识产权局官网，知识产权局官网包括英文界面和阿拉伯语界面，其英文界面（网址：https：//government. ae/en/information - and - services/business/intellectual - property#）如图 2 - 4 - 1 所示。

① 阿联酋专利法第 47 条。

② 阿联酋专利法第 6 条第 1 款。

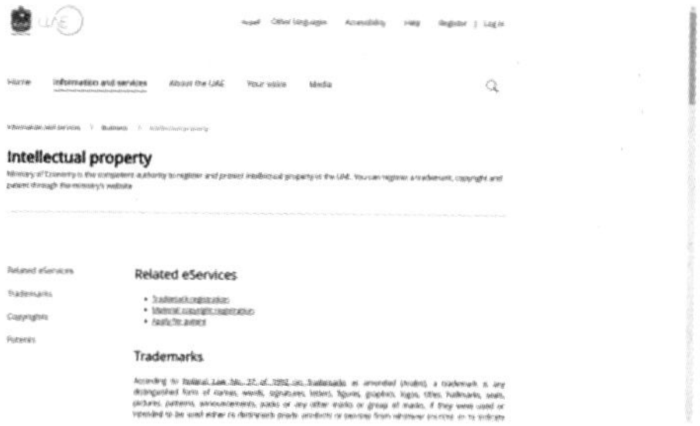

图 2－4－1　知识产权局官网英文界面（1）

其次，选择 Patents，通过“submit online application”进入如图2－4－2所示界面。

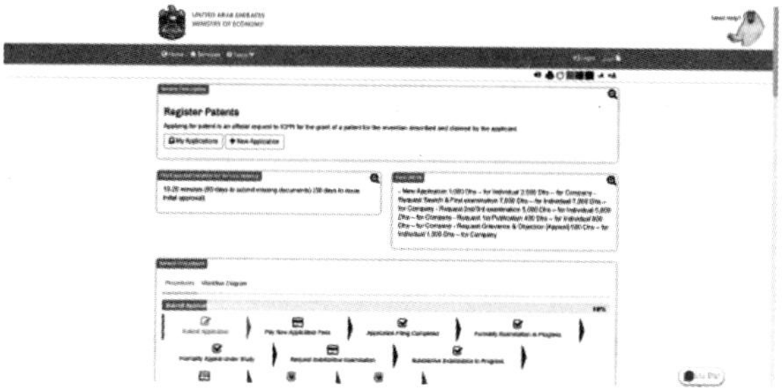

图 2－4－2　知识产权局官网英文界面（2）

之后，点击 Services，进入如图 2－4－3 所示界面。

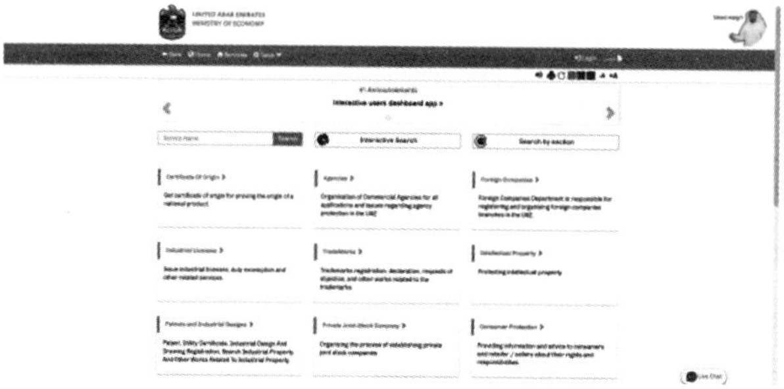

图 2－4－3　知识产权局官网英文界面（3）

选择 Patents and Industrial Designs，进入专利和工业品外观设计管理系统，具体如图 2－4－4 所示，该系统可进行发明、实用新型、外观设计以及工业图纸新申请管理。

图 2 -4 -4　知识产权局专利和工业品外观设计管理系统英文界面

如果想进行专利检索，则需要在图 2 -4 -3 中选择 IP Information Services 进入 Industrial Property Digital Library 界面进行检索，检索界面如图 2 -4 -5所示。

图 2 -4 -5　知识产权局检索系统英文界面

该检索系统可对在阿联酋注册的发明、实用新型、工业图纸和外观设计进行检索。

2. 4. 4. 2　申请文件要求

1. 发明或实用新型

（1）申请文件。

①经阿联酋领事馆认证的授权委托书；

②如果申请人是公司或法人团体，则应提交公司注册证，即从申请人所在国家或地区的主管当局签发的登记簿的合法摘录，用于证明公司或法人团体合法存在；

③一份英文说明书及权利要求，并附上阿拉伯语译文；

④与本发明有关的一组附图（如有）；

⑤不超过两百字的摘要以及最佳附图；

⑥如果申请人不是发明人，则需发明人签署的合法的转让合同（转让合同需经外交部认证）；

⑦如果要以优先权提出申请，则需经公证认证的包含申请日期、申请号和申请国家名称的专利申请文本的副本；

⑧对于进入阿联酋国家阶段的PCT申请，必须与该申请一起提交PCT国际公开检索报告和审查报告的副本。①

注意：第③④⑤项的文件应在申请当日提交，第①②⑥⑦项的文件应在申请日起90日（不可延长）内提交。

（2）语言要求。

申请文件必须要以英文和阿拉伯文两种形式提交。

2. 外观设计

申请文件：

①如果设计是二维的，则该设计的图纸一式两份。如果是三维图，则除了倾斜图外，还需提交两份每一侧视图（外观设计图不可以是照片）；

②经阿联酋领事馆认证的授权委托书；

③如果申请人不是发明人，则需发明人签署的合法的转让合同（转让合同需经外交部认证）；

④如果申请人是公司或法人团体，则应提交公司注册证，即从申请人所在国家或地区的主管当局签发的登记簿的合法摘录，用于证明公司或法人团体合法存在；

⑤如果要以优先权提出申请，则需经公证认证的包含申请日期、申请号和申请国家名称的专利申请文本的副本。②

注意：上述第①项的文件应在申请当日提交，第②③④⑤项的文件应在申请日起90日（不可延长）内提交；如果与外观设计相关并且图纸数量不超过20份，可以在一个申请中提交多个外观设计。③

2.4.4.3 优先权

提交的申请可以提出优先权的请求，优先权以在其他国家已提出的专利申请为基础，该国家须为与阿联酋定有协议或条约。此时须说明在先申

① http：//jahcoip. com/uae－patents/，最后访问时间2019年10月14日。

② http：//jahcoip. com/uae－patents/，最后访问时间2019年10月14日。

③ http：//jahcoip. com/uae－patents/，最后访问时间2019年10月14日。

请的申请日期、申请号，以及提出申请的国家名称。该规定适用于发明、工业图纸和外观设计。①

发明专利优先权期限应为首次提交之日起 12 个月；工业图纸和外观设计优先权期限为首次提交之日起 6 个月。②

2.4.4.4　申请流程及费用

1. 申请流程

阿联酋是 GCC 的成员国，因此申请人也可以通过向 GCCPO 提交申请的方式获得专利的授权与保护。

此外，阿联酋还是《专利合作条约》（PCT）的签约国，申请人还可以通过向自己国家主管专利事项的部门提交 PCT 申请的方式向阿联酋申请专利。

向阿联酋工业产权局申请专利的大致流程如图 2－4－6 所示。

2. 申请费用

向阿联酋工业产权局申请发明和实用新型的相关费用如表 2－4－2 所示。

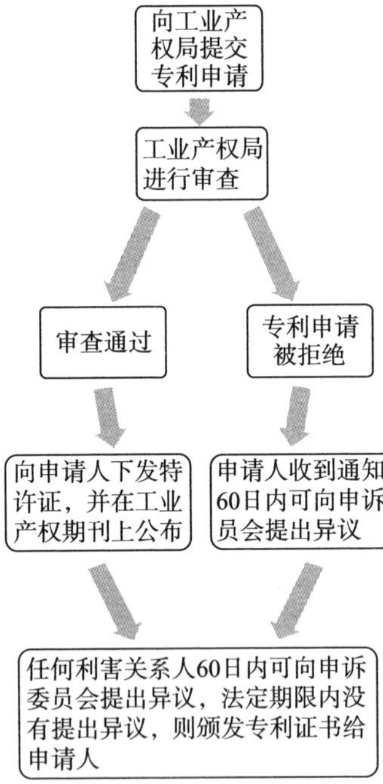

图 2－4－6　阿联酋工业产权局专利申请流程图

① 阿联酋专利法第 11 条第 1 款，第 46 条第 1 款。

② 阿联酋专利法第 11 条第 2 款，第 46 条第 2 款。

表 2-4-2 专利相关官费信息表

发明费用项目	个人		公司	
	金额（单位：AED）	估算金额（人民币/元）	金额（单位：AED）	估算金额（人民币/元）
申请费	1000	1920	2000	3841
申诉费	500	960	1000	1920
公告费	400	768	800	1536
修改费	200	384	400	768
实用新型申请费	1000	1920	2000	3841

注：AED（United Arab Emirates dirham，阿联酋迪拉姆）为阿联酋货币单位。2019 年 10 月 31 日①：人民币 1 元 = 0.52075 阿联酋迪拉姆。该数据仅供参考，当日汇率请以柜台实际交易价格为准。表中估算的人民币金额依据 2019 年 10 月 31 日人民币与阿联酋迪拉姆汇率计算获得，只保留整数。

自申请提交的第 2 年开始，每年应当缴纳专利申请的年费，如果申请人未在年费到期后缴清，则需缴纳年费滞纳金。

年费情况等相关费用见本篇第 2.4.11 节专利相关费用附表。

通过《保护工业产权巴黎公约》或 PCT 进入阿联酋，可能需要公证和认证的申请文件及费用如表 2-4-3 所示。

表 2-4-3 专利申请相关文件的公证或认证费用表

途径	文件列表	事项	费用（人民币）	总计（人民币）
《保护工业产权巴黎公约》	GPOA（General Power of Attorney）	公证 + 认证	8480	25290
	营业执照	公证 + 认证	8330	
	发明人转让协议	认证	8330	
PCT	GPOA（General Power of Attorney）	公证 + 认证	8480	25290
	营业执照	公证 + 认证	8330	
	发明人转让协议	认证	8330	

注：表中的公证和认证费用为国内具有此类事务公证资格的第三方机构提供。

① http：//www.pbc.gov.cn/zhengcehuobisi/125207/125217/125925/index.html，最后访问日期 2019 年 10 月 31 日。

2.4.5 申请的审查

阿联酋专利法规定，申请人提交专利申请后，工业产权局对申请提交的文件进行审查，如不符合规定，可以要求申请人提供相关文件。如果申请被拒绝，申请人可以在接到通知之日起60日内向主管部门提出申诉。[①]其对于专利申请的审查程序，和我国初步审查加实质审查的审查程序有较大区别。

值得注意的是，阿联酋工业产权局和奥地利专利局以及韩国专利局之间签署有关于专利实质审查方面的协议，阿联酋委托奥地利专利局和韩国专利局对向阿联酋工业产权局提交的专利申请进行实质审查，这有可能涉及 PCT 指定阿联酋的相关申请。[②]

2.4.6 权利的授予及终止

2.4.6.1 权利的授予

1. 授权

专利申请通过审查后，工业产权局颁发专利证书，并在工业产权公报中公布并出版。[③]

2. 异议程序

任何利害关系人均可在公布之日起60日内向主管部门提出申诉，规定期限内没有异议的，则应向有关申请人颁发专利证书。[④]

异议理由须以下列为限：

①不符程序要求；

②标的不具有可专利性；

③缺乏新颖性；

④显而易见性；

⑤缺乏工业实用性；

---

① 阿联酋专利法第12条。

② http：//www.alhiba.com/countries/UAE/，访问日期2019年10月14日；https：//www.ip-coster.com/IPGuides/patent-uae，访问日期2019年10月14日。

③ 阿联酋专利法第13条。

④ 阿联酋专利法第13条。

⑥发明缺乏单一性。

3. 保护期限

专利的保护期限为20年，工业制图或工业品外观设计的保护期限为10年，实用新型的保护期限为10年，自提交申请之日起算。[①]

4. 费用

专利权人应自提交申请日的次年起每年年初支付专利年费。如果3个月内专利权人尚未足额支付年费，还有3个月的宽限期，在此期间须支付到期费用，并加收延迟支付的滞纳金。如果专利权人未在规定期限内足额支付费用（即自到期日起6个月内），专利应当失效。[②]

根据阿联酋专利法的规定，专利权人还可以提前支付全部或部分年费。

2.4.6.2 权利的保护范围

1. 发明和实用新型的保护范围

根据阿联酋专利法专利权人享有以下权利：

（1）以生产、使用或者销售产品之方式实施发明的权利。发明涉及工业产品或者制造某种产品的方法的，持有者享有使用该产品或方法的权利。

发明是产品的，则持有者有权阻止他人在未经其许可，制造、使用、持有、销售或进口该产品。发明是工业方法的，则持有者有权阻止他人使用该方法和该方法直接生成的产品，以及未经许可使用、保留或进口该产品。

上述权利仅限于为工业/商业目的而采取的这些活动，而不包括产品售后保护的其他相关活动。

（2）新方法或已知工业技术的应用获得专利证书或实用新型证书后，使用该方法，以及对从该方法直接获得的产品实施①所述行为的权利。[③]

2. 工业制图和工业品外观设计的保护范围

根据阿联酋专利法，享有工业图纸或外观设计保护的申请人有权阻止他人从事下列活动：

---

① 阿联酋专利法第14条第1款，第49条。

② 阿联酋专利法第14条第2款。

③ 阿联酋专利法第15条，第51条。

（1）使用工业图纸或外观设计制造任何产品。

（2）为使用或销售目的，进口或获得与工业图纸或外观设计有关的任何产品。

上述活动不能仅仅因为其范围不同于受法律保护的工业图纸或外观设计，或者涉及与图纸或保护证书中载明的设计不同的产品，而视为合法。

3. 在先使用抗辩

在他人提交专利申请之日或之前，善意在阿拉伯联合酋长国生产该产品、使用该方法，或为生产或使用进行实质准备的，虽有专利、实用新型、工业图纸或外观设计的授予，在先一方有权进行此类行为以及第 15 条或 51 条中就所获得的产品规定的其他行为。但此为个人权利，除与使用该权利的经营机构相关外，在任何情况下均不得以任何形式转让或转让给他人。

2.4.7 权利的无效

1. 无效宣告

所有利害关系人均可向主管法院申请宣告发明或实用新型专利无效。若宣告无效申请仅限于专利的一部分，则判决书应当视为对已授予权利的限制。

2. 无效宣告的效果

发明或实用新型全部或者部分无效的决定，自专利、实用新型授权之日起生效。

若提出专利权无效申请作为抗辩，法院可能中止侵权审理，等待专利权无效程序的结果。

2.4.8 权利的运用

2.4.8.1 许可

1. 强制许可（仅限发明和实用新型）

（1）强制许可的条件。

①自专利授权之日起满 3 年，专利权人未实施专利；

②被许可人应证明其已尽力以合理的价格及商业条件从专利权人处获

得许可。[①]

关于例外情形，如果强制许可的申请是基于一般紧急情况或非常紧急的公共需要，或出于非商业目的，强制许可不受上述两个条件的限制。[②]

关于强制许可的抗辩，如果专利权人提供合理的理由，则不得授予强制许可，但产品进口不能被视为合理的理由。[③]

（2）强制许可的特点。

①该许可非独占许可；

②强制许可的实施应该旨在满足当地市场的基本要求；

③被许可人需要提供必要的担保；

④专利权人应该获得合理补偿；

⑤专利的使用应仅限于被许可人；

⑥强制许可不得转让给第三方，但被许可人的经营机构或使用该专利的部分发生所有权让与时，并经主管法院批准的除外；

⑦对于半导体技术，强制许可仅用于公共、非商业用途，或用于纠正司法或行政程序确定为反竞争行为。[④]

（3）被许可人的权利。

①强制许可应当赋予被许可人依许可条件实施专利权人享有的部分或者全部的权利，但产品进口除外；

②专利权人不当利用其发明或被许可人了解到其他与之相关的非法行为的情况下，被许可人有权对专利权人采取民事和刑事法律行动。[⑤]

（4）申请强制许可的程序。

①提起诉讼：应向有权管辖的法院对专利权人提起诉讼；

②双方谈判：双方应在法院确定的期限内进行谈判，以求达成协议；

③申请延长谈判期限：如果向法庭提出充分理由，谈判期限可以延长；

④法院决定：规定的期限结束，法院决定是否颁发强制许可，如果颁发强制许可，则法院应确定许可的条件和范围，以及对专利权人的补偿。

---

① 阿联酋专利法第 24 条第 1 款。

② 阿联酋专利法第 27 条。

③ 阿联酋专利法第 24 条第 2 款。

④ 阿联酋专利法第 24 条第 1 款。

⑤ 阿联酋专利法第 25 条。

⑤决定的公布与生效：法院的决定在工业产权公报中公布，并自公布之日起生效。[①]

（5）强制许可的撤销。

有下列情形之一的，颁发强制许可的部门可以根据专利权人的申请决定撤销强制许可：

①被许可人不遵守强制许可的要求；

②强制许可的理由不再存在。

如果立即停止强制许可将损害被许可人利益的，应当给其停止使用本发明合理的期限。[②]

2. 协议许可（适用于所有专利）

专利权人可以许可任何自然人或法人使用或实施专利的权利，但许可期限不得超过专利权的保护期限。双方应当订立书面许可合同。[③]

共同专利权人不可以单独许可他人使用专利。[④]

（1）许可合同的生效与注销登记。

许可合同应该申请登记，并经核准公布后生效。经许可协议当事人请求，或者许可协议被撤销、注销或者期满的，应当注销登记。[⑤]

（2）许可方的权利。

除非许可合同另有规定，合同不能妨碍专利权人自行实施或使用其权利，或向第三方授予许可。[⑥]

（3）被许可方的权利。

除非许可合同另有规定，被许可人有权在整个合法保护期内在所有地域内以各种方式实施或使用许可标的。[⑦]

此外，被许可人有权享有专利权人的以下权利：有权防止侵权、预防潜在侵权或防范对保护标的其他损害，被许可人应当将侵权、潜在侵权或损害通知专利权人。专利权人自收到通知之日起 30 日内疏忽、迟延、不采取适当行动的，被许可人可以使用法律程序，针对因专利权人的过失或者

① 阿联酋专利法第 28 条。
② 阿联酋专利法第 31 条。
③ 阿联酋专利法第 54 条。
④ 阿联酋专利法第 20 条。
⑤ 阿联酋专利法第 55 条。
⑥ 阿联酋专利法第 56 条。
⑦ 阿联酋专利法第 57 条第 1 款。

延误，或者因第三人的行为所造成的损害，主张损害赔偿。[①]

被许可方除让与或转让其全部财产或其实施许可的部分财产外，不得将许可让与第三方或转让许可，但许可合同另有规定的除外。[②]

2.4.8.2 转让

1. 共同专利权人

发明或实用新型的共同专利权人可以单独将其享有的份额或可实施的权利转让给他人。

2. 转让登记

转让协议必须以书面形式订立并登记，未经登记，转让协议不能成为对抗任何一方的证据。[③]

2.4.8.3 质押

发明或实用新型可以单独或与相关设施共同设定债务质押，质押应登记（视情况而定）并公布。[④] 未经登记，质押协议不能成为对抗任何一方的证据。[⑤]

依据第三方申请扣押的适当程序，债权人得扣押其债务人所拥有的专利证书或者实用新型证书。主管部门不得要求债权人申报其所持有的被扣押人的一切财产。债权人必须将扣押和裁决决定通知主管部门，以便在适当的记录中登记。这些应在工业产权通报中公布，并按照实施条例收取相应的费用。扣押和裁决决定自公布之日起生效。[⑥]

2.4.9 权利的保护

2.4.9.1 司法保护

1. 司法系统

阿拉伯联合酋长国并无执行专利权的行政部门。阿拉伯联合酋长国为联邦国家，七个酋长国中阿布扎比、迪拜和哈伊马角有独立的法院系统。

---

① 阿联酋专利法第 57 条第 2 款。

② 阿联酋专利法第 58 条。

③ 阿联酋专利法第 22 条。

④ 阿联酋专利法第 21 条。

⑤ 阿联酋专利法第 22 条。

⑥ 阿联酋专利法第 23 条。

在上述三地发生的专利侵权应向相应酋长国的法院起诉。在其他四个酋长国发生的专利侵权应向阿联酋联邦法院起诉。

迪拜还有另一个法院系统，即迪拜国际金融中心（DIFC）使用英语的普通法法院。迪拜国际金融中心有权审理当事人同意受其管辖的任何案件。虽然侵权者同意接受迪拜国际金融中心管辖的情形不太可能发生，但两个大型跨国公司涉及专利侵权纠纷时，双方有可能同意由该法院审理。

2. 法院审理程序

无预审程序。诉讼请求提出后，法院将确定首次庭审日期，并传唤双方当事人。这通常于诉讼请求提出后 1 个月内完成。

民事案件基于书面意见及书面证据进行审理。特殊情形下，法院可能传唤证人口头做证。法院也会指派专家，专家将对所提出的主张及证据进行评估，并与双方当事人会面。此后，专家将作成报告，提交给法院。法院不受专家结论的约束，双方均可以针对专家的结论提交进一步意见，当事人也可以申请法院许可，选任己方专家。

一审程序中可随时提出新主张。针对新主张，另一方将有机会作出回应。

执行诉讼的一审程序通常耗时 12 ~ 18 个月，但特别是当专家迟延提交报告或当事人要求另行选任专家时，可能耗时更长。

判决以口头作出，书面判决书可在口头宣判后 1 ~ 2 周获得。上诉期间自口头宣判之日起算。

一审法院和上诉法院均实施事实审和法律审，因此其判决可被上诉。上诉案件处理时长往往比一审案件更短，为 8 ~ 12 个月。

3. 强制措施

（1）预防性扣押令。

对发明、图纸或外观设计的部分或全部，实施的违反专利法的侵权行为，专利权人有权请求有管辖权的法院发布预防性扣押令。①

法院根据申请人的申请确定保证金，申请缴纳保证金后，法院发布预防性扣押令。申请人应当自法院预防性扣押令发出之日起 8 日内提起相关诉讼，否则该事由视为无效。②

---

① 阿联酋专利法第 60 条。

② 阿联酋专利法第 61 条。

自上一个扣押期结束之日起，或从扣押申请人提起的相关诉讼被驳回的最终裁定之日起60日内，被扣押人可以提起要求赔偿的诉讼。①

此外，自上一个扣押期结束之日起，或从扣押人的诉讼被驳回之日起，被扣押人可60日内提起诉讼要求赔偿。②

此外，除非在扣押申请人提起的诉讼或被扣押人提出要求赔偿的请求作出最终裁决，扣押申请人不得将所缴保金兑现。③

（2）没收、销毁。

法院可以在民事或刑事诉讼中，判令没收被扣物品或可被扣押的物品。法院还可判令销毁非法行为的产物，包括用于侵权的机器和工具。法院可责令败诉方在工业产权通报或日报中公布该决定。被告被判无罪时，法院亦可作出此类判令。④

（3）永久禁令。

法院可能命令停止“违法行为之效果”，即永久禁令。然而，有些研究者认为，这仅适用于争议侵权行为，而不适用于未来的侵权行为。

对法律的解释应与阿联酋国际条约下的义务相一致，并允许有效永久禁令。

4. 虚假申请

任何提交虚假文件或提供不正确信息以获得发明或实用新型授权的当事人，均应判处3个月以上2年以下有期徒刑，并处（或处）5000阿联酋迪拉姆以上100000阿联酋迪拉姆以下的罚金。仿冒发明、制造方法、技术秘密、工业图纸或外观设计的，亦同。⑤

5. 赔偿

常见补救为损害赔偿或利润计算赔偿。

损害赔偿或利润计算赔偿是基于向法院提交的证据计算。法院可能要求专家协助计算。由于没有证据开示程序，证明损害或利润的证据可能难以提交。

因为法院深入审理争议的经验并不充分，损害赔偿往往数额较低（主

① 阿联酋专利法第61条。
② 阿联酋专利法第61条。
③ 阿联酋专利法第61条。
④ 阿联酋专利法第63条。
⑤ 阿联酋专利法第62条。

要由于专利诉讼案件较少)。

无法获得惩罚性赔偿，无法获得律师费补偿，败诉方通常须承担审理及专家费用。

2.4.9.2 行政保护

1. 海关

阿联酋的海关事务不在联邦一级管理，每个酋长国负责管理各自的海关程序，但是要遵守海湾地区阿拉伯国家共同海关法。海关总署的管辖权基本上集中于海关总署所属酋长国内的港口和自由贸易区，通常在这些地区以外没有管辖权。

阿联酋有海关备案制度，即相关权利人可以向海关总署申请备案登记，备案登记后，海关总署有义务对涉嫌侵权的货物进行检查。①

2. 经济发展部

经济发展部有在自己酋长国内（不包括自由区或在海关控制下的区域）采取行政行为以实施知识产权的权力。如果涉嫌侵权人在多个酋长国经营业务，则可以通过联邦经济部协调行政投诉。

2.4.10 与中国专利制度的比较

阿联酋专利制度与中国专利制度相比，主要存在以下区别：

在专利申请方面，阿联酋与沙特规定相似，除了提交专利申请书，都还需要提交一份经有关机关认证的申请，这和国内存在较大的差异。

在专利授权范围方面，生产动植物的生物方法在阿联酋不能授予专利，而国内专利法规定动植物品种的生产方法在一定条件下是可以授予专利权的。此外，国内专利法规定用原子核变换方法获得的物质、对平面印刷品的图案、色彩或者二者的结合作出的主要起标识作用的设计不授予专利，而阿联酋专利法中并没有相应的限制。

在专利的审查方面，中国专利审查程序包括初步审查和实质审查程序，而阿联酋专利审查程序并未做上述区分。值得注意的是，阿联酋工业产权局和奥地利专利局以及韩国专利局之间签署有关专利实质审查方面的

---

① 一带一路框架下中资企业如何走进中东，http：//cafiec. mofcom. gov. cn/article/zjsj/201711/20171102668097. shtml，最后访问日期 2019 年 9 月 22 日。

协议，阿联酋委托奥地利专利局和韩国专利局对向阿联酋工业产权局提交的专利申请进行实质审查，这有可能涉及 PCT 指定阿联酋的相关申请。

在强制许可方面，阿联酋授予强制许可的条件与国内存在区别，阿联酋授予强制许可的条件是专利授权 3 年以上，并强制许可且申请人为获得相应专利许可已作出了努力。而国内除了上述要求外，还要求专利权人行使专利权的行为被依法认定为垄断行为，为消除或者减少该行为对竞争产生的不利影响。另外，国内对药品专利的强制许可也作出了例外规定。

对于职务发明，阿联酋专利法规定雇员具有通知义务，对于职务发明需要以书面报告形式及时通知雇主，而国内并未规定发明人有相似的义务。

对于国际申请，国内有事先进行保密审查的步骤，而阿联酋未规定类似程序。

2.4.11 专利相关费用附表

专利相关费用如表 2－4－4 所示。

表 2－4－4 专利相关费用表①

发明费用项目	个人		公司	
	金额（单位：AED）	估算金额（人民币/元）	金额（单位：AED）	估算金额（人民币/元）
申请费	1000	1920	2000	3841
申诉费	500	960	1000	1920
公告费	400	768	800	1536
修改费	200	384	400	768
年费第 2 年	400	768	800	1536
第 3 年	420	807	840	1613
第 4 年	440	845	880	1690
第 5 年	460	883	920	1767
第 6 年	480	922	960	1843
第 7 年	500	960	1000	1920
第 8 年	520	999	1040	1997

① https：//www. wipo. int/export/sites/www/pct/guide/en/gdvol2/annexes/ae. pdf，最后访问日期 2019 年 10 月 14 日。

续表

发明费用项目	个人		公司	
	金额（单位：AED）	估算金额（人民币/元）	金额（单位：AED）	估算金额（人民币/元）
第9年	540	1037	1080	2074
第10年	560	1075	1120	2151
第11年	580	1114	1160	2228
第12年	600	1152	1200	2304
第13年	620	1191	1240	2381
第14年	640	1229	1280	2458
第15年	660	1267	1320	2535
第16年	680	1306	1360	2612
第17年	700	1344	1400	2688
第18年	720	1383	1440	2765
第19年	740	1421	1480	2842
第20年	760	1459	1520	2919
年费滞纳金	200	384	400	768
实用新型申请费	1000	1920	2000	3841

注：AED（United Arab Emirates dirham，阿联酋迪拉姆）为阿联酋货币单位。2019 年 10 月 31 日①：人民币 1 元 = 0.52075 阿联酋迪拉姆。该数据仅供参考，当日汇率请以柜台实际交易价格为准。表中估算的人民币金额依据 2019 年 10 月 31 日人民币与阿联酋迪拉姆汇率计算获得，只保留整数。

2.5 卡塔尔篇

2.5.1 卡塔尔专利制度概况

2.5.1.1 专利制度发展历程

卡塔尔于 2002 年颁布了《商标、商业说明、字号、地理标志、工业设计和外观设计法》（以下称“卡塔尔工业设计和外观设计法”），保护工业设计和外观设计。2006 年颁布了《专利法》（以下称“卡塔尔专利

① GCC 专利法第 8 条。

法”），2018 年颁布了《专利法实施细则》（以下称“卡塔尔专利法实施细则”），保护发明专利。

在国际条约方面，卡塔尔 1976 年加入世界知识产权组织（WIPO），1995 年加入世界贸易组织（WTO），1996 年加入《与贸易有关的知识产权协定》（TRIPs 协定），2000 年加入《保护工业产权巴黎公约》，2011 年加入《专利合作条约》（PCT）（但对 59 条作了保留声明），2014 年加入《国际承认用于专利程序的微生物保存布达佩斯条约》。

在区域合作方面，卡塔尔是 GCCPO 的成员国之一，GCC 专利法及实施细则对卡塔尔有效，在 GCC 申请的专利，在卡塔尔境内自动获得保护。

根据卡塔尔专利法，其保护的专利权客体仅“patent”一种，保护期限为 20 年，相当于中国专利法中的“发明”，因此本篇中提到的“专利”一词，其含义仅包括“发明”。为避免概念混淆，特此说明。卡塔尔工业设计和外观设计法还规定了工业设计或外观设计 2 种权利客体，保护期限均为 5 年，可以续展 2 次，每次续展期为 5 年。

2.5.1.2 相关机构及职能

卡塔尔专利、工业设计和外观设计都是由经济商业部下属的知识产权部（以下简称“知识产权部”）管理。

表 2－5－1 知识产权部联系方式

名称	Intellectual Property Rights Protection Department, Ministry of Commerce and Industry
邮政地址	Lussail City P. O. Box 1968 Doha Qatar
网址	https://www.moci.gov.qa/en/about-the-ministry/departments/departments-under-the-assistant-deputy-of-commerce-affairs/intellectual-property-rights-protection-department/
专利	
电话	(974) 4012 27 96; (974) 4012 28 66; (974) 4012 28 63; (974) 4012 26 23; (974) 4012 28 68
传真	(974) 4429 43 38; (974) 4429 43 39 (Director)
电子邮箱	ajaalkuwari@moci.gov.qa; amalsaadi@moci.gov.qa
负责人的职务和姓名	Head of the Patent Office: Mr. Ahmed al saady
工业设计和外观设计	
电话	(974) 4012 27 96; (974) 4012 26 54; (974) 4012 26 23

续表

传真	(974) 4012 25 88；(974) 4429 43 38
电子邮箱	ajaalkuwari@ moci. gov. qa；malmoadhadi@ moci. gov. qa
负责人的职务和姓名	Head of Trademarks, Industrial Designs and Geographical Indications：Mrs. Mashael M al – moadhadi

2.5.2 权利的主体

发明人、发明人的授权代理人或受让人需要向主管局提出专利申请。除另有遗赠外，专利的所有权及其他权利由合法继承人继承。

卡塔尔专利权利主体采用“先申请原则”，就同一发明提出多项专利申请的，申请日较早者优先。

同一发明有多个发明人的，除另有约定外，各发明人对于专利享有同等权利。仅负责实施工作，未参与创造之人，不是发明人。

有下列情形的，发明属于用人单位：发明是履行委托创造之合同或约定的结果，或用人单位证明员工的发明活动主要利用了因工作所获得的设施、协助或数据。然而，员工获得适当报酬的权利不受影响。

2.5.3 权利的客体

2.5.3.1 授予的条件

1. 专利

根据卡塔尔无论是新的工业产品、现代工业技术和设备，或通用的工业方法，任何发明均可授予专利，但以该发明具备新颖性、创造性和工业实用性为限。

此外，该发明不得抵触伊斯兰教法规范，亦不得违反公共秩序、道德或国家安全。①

2. 工业设计和外观设计

关于工业设计和外观设计授权，卡塔尔专利法第 42 条仅规定“任何自然人或法人可申请注册具有创新性的工业设计或外观设计”，并未对工

① 卡塔尔专利法第 2 条。

业设计和外观设计的定义和特点作出任何规定。

2.5.3.2 不授予的条件

依据卡塔尔专利法，下列各项不具有可专利性：

①科学理论，数学方法，计算机程序，纯粹的智力活动，或游戏；

②动植物研究，生产动植物的实质生物学方法，但微生物方法及其产物除外；

③人类、动物及其产物的诊断、治疗及手术方法。

2.5.4 申请程序

2.5.4.1 专利信息检索

卡塔尔并没有官方专利信息检索系统，仅有专利电子申请系统（https://services.mec.gov.qa/landing/），其界面如图2-5-1所示。

图2-5-1 卡塔尔专利电子申请系统界面截图

2.5.4.2 申请文件要求

申请专利需提交的文件：[①]

①卡塔尔驻外领事馆认证的授权委托书；

②如果申请人是公司或法人团体，则需要商业登记簿或公司章程或公司注册证的合法摘录，并经卡塔尔驻外领事馆认证。

③三份说明书和权利要求书，英文及阿拉伯语译文；

④三份发明摘要，英文及阿拉伯语译文；

---

① http://jahcoip.com/qatar-patents/，最后访问日期2019年10月28日。

⑤与本发明有关的一组附图（如有）；

⑥不超过两百字的摘要以及最佳附图；

⑦如果申请人不是发明人，则需提交发明人签署的转让协议，且通过卡塔尔驻外领事馆的认证。

⑧如果要求优先权，则需提交经过公证认证的申请文件副本，包含申请日期、申请号和申请国家名称。

需要注意的是，第③④⑤⑥项文件需要在申请日当日提交，第①②⑦⑧项文件可以在申请之日起6个月（不可延长）内提交。

2.5.4.3 优先权

先在外国提出申请，且该国是卡塔尔所参加的协定或公约的成员国的，在卡塔尔提交的专利申请可以主张优先权。

2.5.4.4 申请流程及费用

1. 申请流程

卡塔尔是 GCC 的成员国，因此申请人也可以通过向 GCCPO 提交申请的方式获得专利的授权与保护。

此外，卡塔尔还是《专利合作条约》（PCT）的签约国，申请人还可以通过向自己国家主管专利事项的部门提交 PCT 申请的方式向卡塔尔申请专利。

向卡塔尔知识产权部申请专利的大致流程如图 2－5－2 所示。

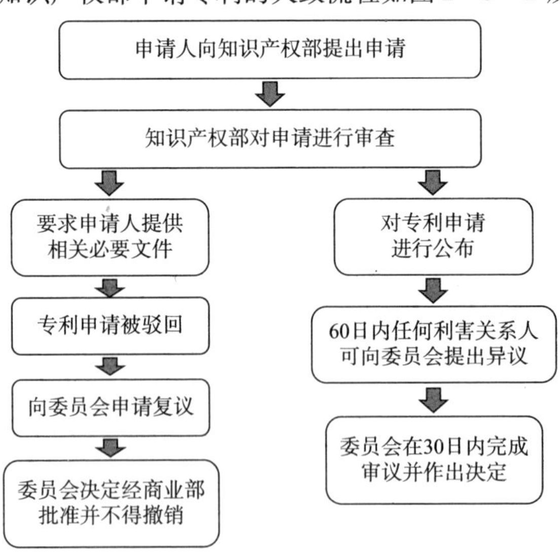

图 2－5－2 卡塔尔知识产权部专利申请流程图

2. 申请费用

向卡塔尔知识产权部申请专利的相关费用如表2－5－2所示。

表2－5－2 专利相关官费信息表①

发明费用项目	个人		公司		学生	
	金额（单位：QAR）	估算金额（人民币/元）	金额（单位：QAR）	估算金额（人民币/元）	金额（单位：QAR）	估算金额（人民币/元）
申请费	1000	1935	2000	3869	0	0
技术审查费	2500	4836	5000	9673	100	193
修改费	100	193	200	387	50	97
授权费	1000	1935	2000	3869	100	193
公告费	200	387	400	774	50	97

注：QAR（Qatar Riyal，卡塔尔里亚尔）为卡塔尔货币单位。2019年10月31日②：1卡塔尔里亚尔＝人民币1.9345元。该数据仅供参考，当日汇率请以柜台实际交易价格为准。表中估算的人民币金额依据2019年10月31日人民币与卡塔尔里亚尔汇率计算获得，只保留整数。

年费情况等相关费用见本篇第2.5.10节专利相关费用附表。

通过《保护工业产权巴黎公约》或PCT进入卡塔尔，可能需要公证和认证的申请文件及费用如表2－5－3所示。

表2－5－3 专利申请相关文件的公证或认证费用表

途径	文件列表	事项	费用（人民币）	总计（人民币）
《保护工业产权巴黎公约》	GPOA（General Power of Attorney）	公证＋认证	855	2415
	营业执照	公证＋认证	855	
	发明人转让协议	认证	705	
PCT	GPOA（General Power of Attorney）	公证＋认证	855	855

注：表中的公证和认证费用为国内具有此类事务公证资格的第三方机构提供。

2.5.5 申请的审查

卡塔尔知识产权部对申请进行审查，通过后予以公布，如果认为不符合其法律规定，则会要求申请人提供相关的必要文件，若审查未通过，申

① https：//www.wipo.int/export/sites/www/pct/guide/en/gdvol2/annexes/qa.pdf，最后访问日期2019年10月28日。

② https：//cn.exchange－rates.org/converter/QAR/CNY/1，最后访问日期2019年11月1日。

请将被驳回，申请人可自收到通知后15日内，向委员会申请复议。需要说明的是，委员会作出的决定需要经经济商业部批准，一旦批准，则不能撤销。

2.5.6 权利的授予及终止

2.5.6.1 权利的授予

1. 授权

审查通过后，专利申请将予以公布。决定授予专利权的，主管局应进行专利登记，并以本法的实施条例规定的方式进行公告。

任何相关人员或利害关系人均可于60日内，向主管局提出书面申诉；主管局应于30日内就申诉作出决定。在此期间达成和解的，申诉不视为被驳回。

2. 保护期限

发明专利的保护期为自申请提交之日起20年，自申请日起算。提出申请至专利授权的期间内，发明应受到与已授权专利同等之保护。

2.5.6.2 权利的保护范围

1. 保护范围

专利权人有权实施其专利，包括制造、使用、许诺销售、销售或进口合法利用的必要部件。未经专利权人的书面明示许可，任何人不得实施该专利。①

除另有遗赠外，专利权及其他权利可以由合法继承人继承。相关人员需向主管部门提出请求修改专利的申请，但须提供必要文件。在主管部门对修改决定进行登记之日前，专利权不发生移转。②

2. 在先使用抗辩

在登记日或优先权日前，已在本国境内制造专利产品、使用专利技术，或已经为制造、使用作出实质安排的，可以继续善意实施此等行为。此等权利不能让与或转让，但同一企业的各部门间转让的除外。

---

① 卡塔尔专利法第9条第2款。

② 卡塔尔专利法第12条。

2.5.7 权利的运用

1. 强制许可

(1) 申请强制许可的条件。

专利授权之日起满3年后，有关人员在下列情形下，可申请授予实施专利之强制许可：

①专利授权后3年内，未充分有效实施该专利；

②专利权人连续两年停止实施其专利发明，而未向主管局说明正当理由；

③专利权人拒绝授予实施其发明的合意许可，因此阻碍国家工商业活动的建立或发展。

专利权人提供正当理由的，不得授予强制许可。然而，产品进口不构成正当理由。对于强制许可的决定，专利权人向委员会提出申诉。

(2) 对被许可人的限制。

强制许可的被许可人不得向他人授予实施或处置该专利之许可。被许可人违反许可条件或授予许可之理由已不存在的，部长需要撤销许可。对于该决定，被许可人可以向委员会提出申诉。

强制许可不得转让，但同一企业获得许可之部门与其他部门间转让的除外。此等转让须经部长批准，未经批准的，转让无效。

(3) 强制许可的撤销。

专利或强制许可的授予有下列情形的，相关人员需向有权管辖之法院请求撤销专利或强制许可：

①违反本法或其实施条例之规定；

②侵害在先申请的优先权。

案件审理期间，应传唤专利权人、被许可人或其他有关人员出庭。裁判撤销的，此等裁判应在专门登记簿中予以注明。公告事宜由实施条例规定。

2. 协议许可

专利权人应以书面方式，全部或部分让与专利实施权。未经登记，让与不构成受让方拥有权利的证据。

除非许可合同另有规定，合同许可之授予并不剥夺专利权人自身实施其专利，或就同一专利向他人授予许可之权利。

2.5.8 权利的保护

1. 扣押

专利权受到侵害时，专利权人或全部或部分受让专利权人有权向法院申请对侵权行为实施扣押。

发出扣押令前，申请扣押人应依法院确定的金额，缴存保证金。申请扣押人应于扣押令作出后 8 日内提起诉讼，否则扣押失效。

前述期间结束后、申请扣押人诉讼之驳回判决确定后，或被扣押人提起解除扣押之诉讼驳回判决确定后，被扣押人需要在 6 日内提起解除扣押之诉讼。扣押诉讼或被扣押人提起之解除扣押之诉讼判决确定前，前款规定的保证金不退还。

2. 刑事处罚

在不影响其他法律规定的更为严厉的处罚的前提下，为获得专利授权而提供不实或虚假信息的，仿冒发明或制造技术的，或故意侵犯本法保护的权利的，单处或并处以下处罚：2 年以下监禁或 10000 卡塔尔里亚尔以下罚金。

法院判决没收或销毁扣押物，以及用于仿冒的工具与设备。

2.5.9 与中国专利制度的比较

卡塔尔专利制度与中国专利制度的相比，主要存在以下区别：

在专利申请方面，卡塔尔与阿联酋和沙特规定相似，除了提交专利申请书，都还需要提交一份经有关机关认证的申请，这和国内存在较大的差异。

在专利授权范围方面，卡塔尔专利法限制比国内小，仅仅排除了以下几个方面：

（1）科学理论、数学方法，电脑程序，纯粹智力活动方法或一项具体的游戏规则；

（2）植物和动物研究，植物和动物产品的生物生产方法，不包括微生物学方法及由此而生产的产品；

（3）针对人体和动物的诊断、治疗和手术方法及其产品。

在强制许可方面，卡塔尔授予强制许可的条件与国内存在区别，卡塔尔要求强制许可且申请人证明其曾向专利权人寻求过订立许可合同，这与国内专利法中明确要求申请人需以合理条件寻求专利权人的许可有所不同，国内除了上述要求外，还要求专利权人行使专利权的行为被依法认定为垄断行为，为消除或者减少该行为对竞争产生的不利影响。另外，国内对药品专利的强制许可也作出了例外规定。

另外，据新华社报道，2017 年 6 月，沙特、阿联酋、巴林和埃及四国以卡塔尔"支持恐怖主义"和"破坏地区安全"为由，对卡塔尔实施禁运封锁①，截至目前未有缓和的情况出现，卡塔尔的断交风波，势必会对增加该地区的动荡，影响商贸活动，对于专利申请，也可能会产生一些影响。

2.5.10 专利相关费用附表

专利相关费用如表 2 -5 -4 所示。

表 2 -5 -4 专利相关费用表

发明费用项目	个人		公司		学生	
	金额（单位：QAR）	估算金额（人民币/元）	金额（单位：QAR）	估算金额（人民币/元）	金额（单位：QAR）	估算金额（人民币/元）
申请费	1000	1935	2000	3869	0	0
技术审查费	2500	4836	5000	9673	100	193
修改费	100	193	200	387	50	97
授权费	1000	1935	2000	3869	100	193
公告费	200	387	400	774	50	97
年费第 2 年	200	387	400	774	100	193
第 3 年	250	484	500	967	100	193
第 4 年	300	580	600	1161	100	193
第 5 年	350	677	700	1354	100	193
第 6 年	400	774	800	1548	100	193
第 7 年	450	871	900	1741	100	193

① 卡塔尔断交危机难破僵局，http：//www. xinhuanet. com/world/2018 - 02/07/c_129807296. htm，最后访问日期 2019 年 10 月 10 日。

续表

发明费用项目	个人		公司		学生	
	金额（单位：QAR）	估算金额（人民币/元）	金额（单位：QAR）	估算金额（人民币/元）	金额（单位：QAR）	估算金额（人民币/元）
第 8 年	500	967	1000	1935	100	193
第 9 年	550	1064	1100	2128	100	193
第 10 年	600	1161	1200	2321	100	193
第 11 年	650	1257	1300	2515	100	193
第 12 年	700	1354	1400	2708	100	193
第 13 年	750	1451	1500	2902	100	193
第 14 年	800	1548	1600	3095	100	193
第 15 年	850	1644	1700	3289	100	193
第 16 年	900	1741	1800	3482	100	193
第 17 年	950	1838	1900	3676	100	193
第 18 ~ 20 年	1000	1935	2000	3869	100	193

注：QAR（Qatar Riyal，卡塔尔里亚尔）为卡塔尔货币单位。2019 年 10 月 31 日[①]：1 卡塔尔里亚尔 = 人民币 1.9345 元。该数据仅供参考，当日汇率请以柜台实际交易价格为准。表中估算的人民币金额依据 2019 年 10 月 31 日人民币与卡塔尔里亚尔汇率计算获得，只保留整数。

2.6 巴林篇

2.6.1 巴林专利制度概况

2.6.1.1 专利制度发展历程

巴林于 2004 年颁布了《专利和实用新型法》（以下简称“巴林专利法”），于 2006 年对该法进行了修订。2018 年颁布了关于《专利和实用新型法》的三个实施细则，分别是：2018 第 58 号公告（关于工业产权代理人的规定）、2018 第 101 号公告和 2018 第 102 号公告（关于专利和实用新型的注册费用的规定）。2006 年还颁布了《集成电路布图设计法》和《工业图纸和模型法》（以下简称“巴林工业图纸和模型法”）。

① http：//jahcoip. com/qatar-patents/，最后访问日期 2019 年 10 月 28 日。

在国际条约方面，巴林1995年加入世界知识产权组织（WIPO），1995年加入世界贸易组织（WTO）和《与贸易有关的知识产权协定》（TRIPs协定），1997年加入《保护工业产权巴黎公约》，2005年加入《专利法条约》（PLT），2007年加入《专利合作条约》（PCT）。

在区域合作方面，巴林是GCCPO的成员国之一，GCC专利法及实施细则对巴林有效，在GCC申请的专利，在巴林境内自动获得保护。

根据巴林专利法，巴林保护的专利类型包括专利和实用新型专利，需要注意的是“专利”为“patent”一词的直译，其含义类似于中国专利法中的“发明”，因此，为避免混淆，本篇在表达上用“发明专利”替代“专利”。巴林工业图纸和模型法中规定了工业图纸和模型，该种权利类型类似于我国专利法中的外观设计。鉴于我国的专利类型包括发明、实用新型和外观设计三种，因此，本指引将介绍巴林的发明专利、实用新型专利和工业图纸或模型三种权利客体。巴林三种权利客体的保护期限分别是：发明专利20年，实用新型专利10年，工业图纸或模型10年。

2.6.1.2 相关机构及职能

巴林的知识产权事项由工业、工商和旅游部（Ministry of Industry, Commerce and Tourism）下设的贸易部[①]管理，其中专利和实用新型的相关事项由国家专利局（National Patents Office，NPO）管理。

表2-6-1 贸易部的联系方式

地址	National Patents Office, Industrial Property Directorate, Ministry of Industry & Commerce
邮政地址	P. O. Box: 5479 Manama – Kingdom of Bahrain
电话	(+973) 17574896; (+973) 17574923; (+973) 17574725
传真	+973 17 536479
电子邮箱	ip@moic.gov.bh
网址	http://www.moic.gov.bh/en/OurServices/Pages/Industrial-Property-Services.aspx
工作时间	周日–周四，7:00 AM – 2:00 PM

2.6.2 权利的主体

专利权的主体，即专利权人。根据巴林专利法，任何自然人或法人都

① 2004年时工业产权部，2006年修改为贸易部。

有权申请专利。[①] 专利权应当授予发明人或者已经取得专利申请权的人。[②]

巴林专利权主体采用“先申请原则”，即专利权授予最早提交申请的人。[③]

关于共同发明，如果是两人或两人以上共同完成的，属于共同发明人，除另有协议外，相关权利应平均分配。仅发挥实施发明的人，不应认定其为共同发明人。[④]

关于职务发明，如果发明是履行合同或义务的成果，则发明的专利权应归用人单位所有，但是专利中应提及发明人的姓名。[⑤]

如果员工的发明成果与雇用合同无关，但其使用了由用人单位所有且由其支配的专业知识、文件、工具或原材料，他应当在决定申请该发明成果后立即以书面形式通知用人单位。用人单位在接到通知后 3 个月内，可以选择实施该发明或者购买员工已经获得的权利，且都需要给予员工合理的报酬。若用人单位无意取得该发明成果，也需以书面形式通知员工。[⑥]

发明人在离职 1 年内提出发明专利申请的，该发明视为职务发明，适用前述职务发明的相关规定。[⑦]

2.6.3 权利的客体

2.6.3.1 授予的条件

1. 发明

根据巴林专利法的规定，发明应该具备新颖性、创造性和工业适用性，满足前述三个特征，以及不违反巴林专利法关于不授予发明的[⑧]规定，无论是进口的或当地生产的工业产品、工业方法或现有工业方法的新应用，都应该授予发明专利。[⑨]

---

① 巴林专利法第 5 条。

② 巴林专利法第 7 条第 1 款。

③ 巴林专利法第 7 条第 2 款。

④ 巴林专利法第 7 条。

⑤ 巴林专利法第 8 条。

⑥ 巴林专利法第 9 条。

⑦ 巴林专利法第 10 条。

⑧ 巴林专利法第 3 条：不授予发明专利的情形：a. 对保护公共秩序或道德原则必要的发明，或保护人类生命或健康，或动植物的生命或健康，或避免对环境造成严重危害的发明，在巴林禁止商业使用；b. 动物；c. 用于治疗人和动物的诊断、治疗和外科方法。但本规定不适用于使用上述任何一种方法的产品。

⑨ 巴林专利法第 1 条。

根据巴林专利法的规定，关于新颖性，不属于现有技术的发明具备新颖性；关于创造性，发明对本领域普通技术人员来说不是显而易见的，则具备创造性；关于工业适用性，发明可以广泛地应用于农业、渔业、服务业、手工业或其他任何种类的工业中，则具备工业适用性。[①]

下列情形不属于对发明的披露，不破坏其新颖性[②]：

①依照巴林专利法第34条[③]的规定，在正式的国际展览或者官方承认的展览中向公众披露的，但是在专利申请中披露的与该披露有关的所有细节除外。

②如果一项发明是由申请人披露的，或者是经申请人许可披露的，或者是通过申请人在专利申请日或优先权申请日前12个月内披露的。

2. 实用新型

根据巴林专利法的规定，对方法、工具、设备及其部件、产品、组合物或者其生产方法以及其他贸易中使用的物品的新形式或组合物，应当授予实用新型专利权。[④]

对于发明和实用新型专利申请的转换，巴林专利法规定，符合条件的，可以将实用新型专利申请转为发明专利申请，专利申请人也可以将其申请转为实用新型专利申请。[⑤]

3. 工业图纸或模型

根据巴林工业图纸和模型法的规定，任何线条和颜色的排列以及任何彩色或非彩色的三维形状应视为工业图纸或模型。[⑥]

工业图纸或模型应该满足以下条件：

①单独提交并且具有新颖性；

②可用于工业或手工业，并且作为工业品或手工艺品具有独特性；

③在巴林或国外未以任何方式向公众披露，包括在提交申请日或优先权日（如有）之前使用或发表。[⑦]

---

① 巴林专利法第2条。

② 巴林专利法第2条。

③ 巴林专利法第34条：符合本法注册要求的专利和实用新型，在国内正式举办的全国性展览或者官方认可的展览中展出的，应给予临时保护。保护规则、条件和程序由执行细则规定。

④ 巴林专利法第30条第1款。

⑤ 巴林专利法第30条第2款。

⑥ 巴林工业图纸和模型法第1条。

⑦ 巴林工业图纸和模型法第2条。

2.6.3.2 不授予的情形

（1）不授予发明专利的情形[1]：

①对保护公共秩序或道德原则必要的发明，或保护人类生命或健康，或动植物的生命或健康，或避免对环境造成严重危害的发明，在巴林禁止商业使用；

②动物；

③用于治疗人和动物的诊断、治疗和外科方法。

（2）不授予实用新型专利的情形适用发明的上述规定。[2]

（3）不得注册工业图纸或模型的情形[3]：

①通常需要考虑产品的技术或专业的工业图纸或模型；

②违反公法或行为准则的工业图纸或模型；

③包括王国或其他国家的宗教符号，印章或旗帜的图形或模型；

④与注册商标或驰名商标相同或相似的图纸或模型。

2.6.4 申请程序

2.6.4.1 专利信息检索

巴林工业产权局并没有官方专利信息检索系统，仅有面向 GCC 居民的专利电子申请系统（https://www.moic.gov.bh/ipd/login），其界面如图 2-6-1所示。

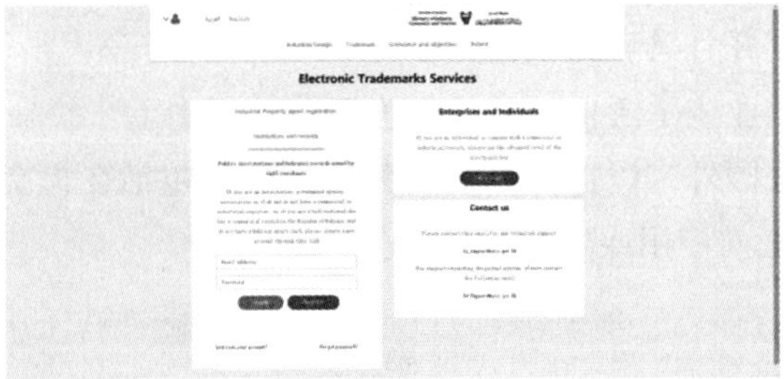

图 2-6-1 巴林工业产权局专利电子申请系统界面截图

① 巴林专利法第 3 条。
② 巴林专利法第 33 条。
③ 巴林工业图纸和模型法第 3 条。

GCC 居民可通过该系统提交发明、实用新型和工业图纸或模型的申请。

2.6.4.2 申请文件要求

1. 发明和实用新型[①]

①经 APOSTILLE 认证[②]的授权委托书；

②如果申请人是公司，需要提供经 APOSTILLE 认证的商业登记簿或组织备忘录登记簿的摘录；

③一份英文及阿拉伯文的权利要求和说明书；

④与发明有关的一组附图（如有）；

⑤不超过 200 字的发明摘要及最佳附图；

⑥如果申请人不是发明人，则由发明人和申请人签署转让协议并经阿拉伯领事馆认证；

⑦如申请优先权的，还需一份含有申请日、申请号和国家的认证副本。

注意：

①提交申请时，可以先提交一个盖有公司印章的授权委托书副本，但是合法认证的授权委托书需要在提交专利申请之日起 3 个月内提交；

②上述第③⑤项中的文件应在申请日当天提交；第②⑥⑦项中的文件可以在申请日起 90 日（期限不可延长）内提交。

2. 工业图纸和模型[③]

①设计每个部分两份副本，必须覆盖所有视图；

②如果申请人是巴林人或在巴林的居民，则应提供自然实体的公民身份证（CPR）副本或法人实体的最新商业登记续期；

③非居民的本地 IP 代理的代理授权（必须在提交之日起 3 个月内提交代理授权的认证）；

---

① http：//jahcoip. com/bahrain－patents/，最后访问日期 2019 年 10 月 17 日。

② 百度百科："apostille" 来源于法语，即 "认证"，但与国内所指的 "使领馆认证" 不同。"apostille" 特指 1961 年《海牙关于取消外国公文认证要求的公约》签约国之间相互承认的，特定的官方机构对公文上其主管部门所做签字、盖章的真实性予以确认的行为过程和结果，是一种特定的 "认证"。https：//baike. baidu. com/item/APOSTILLE/9380216，最后访问日期 2019 年 10 月 17 日。

③ https：//www. moic. gov. bh/en/tiles/trademarksandpatents/pages/industrialdesign. aspx，最后访问日期 2019 年 10 月 17 日。

④外观设计的所有权文件或权利转移文件（如果申请人不是唯一的发明人）；

⑤经认证的优先权文件（提交之日起 3 个月内）；

⑥工业设计临时保护证书（如有）；

⑦工业设计包含工业设计图纸以及所有设计信息和尺寸。

注意：提交申请时，可以先提交一个盖有公司印章的授权委托书副本，但是合法认证的授权委托书需要在提交专利申请之日起 3 个月内提交。

2.6.4.3 优先权

如专利申请是在《保护工业产权巴黎公约》的任何成员国提出的，或在其国民根据巴林所遵守的双边或国际公约享受国民待遇的任何其他国家提出的；申请人或其拥有权利的人享有 6 个月的优先权。[①]

2.6.4.4 申请流程及费用

1. 申请流程

巴林是 GCC 的成员国，因此申请人也可以通过向 GCCPO 提交申请的方式获得专利的授权与保护。

此外，巴林还是《专利合作条约》（PCT）的签约国，申请人还可以通过向自己国家主管专利申请的部门提交 PCT 申请的方式向巴林申请专利。专利申请人可以在公布其申请被批准前的任何时候撤回其申请，也可以对说明书或者附图进行其认为适当的修改，但修改不得影响发明的技术特征。[②]

PCT 申请可以向工业产权（现称贸易部）行政主管部门提出国际申请。申请书应该用阿拉伯文，如果用英文书写，则需附上阿拉伯语译文。

向巴林工业产权局（现称贸易部）申请专利的大致流程如图 2－6－2 所示。

① 巴林专利法（修订版）第 6 条。

② 巴林专利法第 18 条。

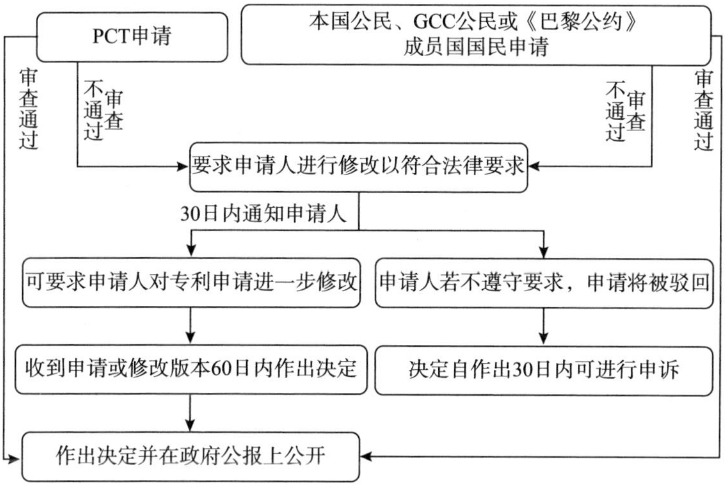

图 2－6－2　巴林工业产权局专利申请流程图

2. 费用

向巴林工业产权局申请发明和实用新型的相关费用如表 2－6－2 所示。

表 2－6－2　专利相关官费信息表

费用项目	个人		公司	
	金额（单位：BHD）	估算金额（人民币/元）	金额（单位：BHD）	估算金额（人民币/元）
发明				
申请注册费	270	5048	540	10096
审查费	280	5235	560	10470
实质审查	实际成本		实际成本	
专利授权费	160	2992	320	5983
实用新型				
授权和公开	80	1496	160	2992
工业图纸和模型登记费	40	748	40	748

注：BHD（Bahrain Dinar，巴林第纳尔）为巴林货币单位。2019 年 10 月 31 日[①]：1 巴林第纳尔 = 人民币 18.6971 元。该数据仅供参考，当日汇率请以柜台实际交易价格为准。表中估算的人民币金额依据 2019 年 10 月 31 日人民币与卡塔尔里亚尔汇率计算获得，只保留整数。

提交专利申请应当依规定缴纳费用，且自提交申请的第二年起，至专

① https：//cn. exchange－rates. org/converter/BHD/CNY/1，最后访问日期 2019 年 11 月1 日。

利保护期期满之日止，每年年初缴纳年费；如果专利权人自年初起 6 个月内没有缴纳年费，还需要支付额外的滞纳金。

年费情况等相关费用见本篇第 2. 6. 10 节专利相关费用附表。

通过《保护工业产权巴黎公约》或 PCT 进入巴林，可能需要公证和认证的申请文件及费用如表 2 –6 –3 所示。

表 2 –6 –3　专利申请相关文件的公证或认证费用表

途径	文件列表	事项	费用（人民币）	总计（人民币）
《保护工业产权巴黎公约》	GPOA（General Power of Attorney）	公证 + 认证	980	2790
	营业执照	公证 + 认证	980	
	发明人转让协议	认证	830	
PCT	GPOA（General Power of Attorney）	公证 + 认证	980	2790
	营业执照	公证 + 认证	980	
	发明人转让协议	认证	830	

注：表中的公证和认证费用为国内具有此类事务公证资格的第三方机构提供。

2. 6. 5　申请的审查

根据巴林专利法，申请提交后，由主管部门对申请文件进行审查，如果不满足要求，可以要求申请人在收到通知之日起 30 日内作出修改，未在规定期限内修改的，申请视为无效。主管部门应自收到完整申请书之日起 60 日内，或者自作出修改并收取费用之日起作出决定。①

巴林专利申请审查程序包括形式审查和实质审查两个阶段。形式审查阶段，专利局审核专利申请书和附件，核实申请文件是否符合要求，如果认为不违反法律适合申请专利的，可以自申请之日起 30 日内通知申请人并与之沟通，要求申请人对专利申请进行修改，申请人不遵守该要求的，申请将被驳回。申请被驳回后，申请人有权自决定作出之日起 30 日内向专利办公室提起申诉。

专利局应当自收到完备的申请或修改版本并收到必要费用之日起 60 日内对专利申请作出决定，关于专利申请的决定一经作出必须在政府的公报上公开。

实质审查阶段，专利授权前，申请人可以对说明书进行主动修改，但

① 巴林专利法 19. a 和 19. b（修正案）。

修改不能超过原始申请书记载的范围。

2.6.6 权利的授予及终止

2.6.6.1 权利的授予

1. 授权与公告

专利授权决定必须在官方公报上公告。如果专利申请被驳回，必须以明面形式通知申请人并告知理由。①

2. 异议程序

自受理公告之日起，任何人都可以对专利申请、所附证明文件以及登记在专利登记簿上的有关事项进行查阅。②

3. 保护期限

发明专利的保护期限为20年，实用新型专利10年，工业图纸和模型10年。

4. 续展

由于专利权人无法控制的原因造成专利授权的时间产生不合理延误的，应专利权人的请求，可以延长专利保护期作为对其的补偿。不合理的延误时间为自提交申请之日起超过4年或从请求审查之日起超过2年（以较晚者为准）。③

关于新上市药品保护期的延长④：

①如果因该产品首次在巴林使用所需的相关审批流程造成专利权人实际保护期被不合理地减少的，应该予以延长。实际保护期是指从产品批准之日起至原始保护期日期为止的时间。

②应基于与该产品本身或另一个国家的类似产品的安全性或有效性有关的数据（包括获得销售许可的证据）来确定药品保护期延长的时间。

5. 费用

从专利申请日期之后的一年开始，到专利保护的有效期结束为止的每一年年初，应缴纳年费。如果专利权人自年初起超过6个月未支付年费，

---

① 巴林专利法19. c。

② 巴林专利法19. d。

③ 巴林专利法14. b。

④ 巴林专利法14. c和14. d。

应支付额外的滞纳金，具体详见本篇第 2. 6. 10 节专利相关费用附表。[①]

2. 6. 6. 2 权利的保护范围

1. 发明专利的保护范围

（1）专利权人有权禁止他人未经其允许从事下列行为[②]：

①如果专利的技术主题是产品，则制造、开发、使用、许诺销售、销售专利产品或基于前述目的进口该产品的；

②如果专利的技术主题是制造产品的方法，则直接使用所述制造方法生产的产品，许诺销售、销售或基于前述目的进口该产品的。

（2）下列行为不应视为对专利权人权利的侵犯（适用于实用新型）[③]：

①基于个人、非商业、非工业或非科研目的使用发明的；

②在先使用：虽然专利已获授权，但他人在专利申请日前善意地制造、使用产品的工业制造流程或在申请日前已经做好充分准备的，第三方仍有权为满足其设施的需要在原有范围内继续利用该发明。该权利的转让只允许与其设立的其他要件同时进行；

③临时过境：

临时或偶然进入巴林领水的船舶，在《保护工业产权巴黎公约》的任何成员国注册的，因为船舶自身需要而在船舶的船体、机械、设备、工具或船舶上的任何其他附加部件上使用专利的；

临时或偶然进入巴林领土或领空的航空器或陆地运输工具，在《保护工业产权巴黎公约》的任何成员国注册的，为制造、操作航空器或运输工具或在制造航空器或运输工具的部件过程中使用专利方法的；

④如果该产品不在巴林制造、使用或销售的，为获得药品上市批准而使用专利的，但是，在专利保护期满后，仅为满足批准销售该产品的条件而销售的除外。在这种情况下，禁止将产品出口到巴林之外，除非是为了满足巴林对产品销售的批准条款。

2. 工业图纸和模型

根据巴林工业图纸和模型法的规定，不得为商业目的而使用的已经注册或与其没有本质不同的工业图纸或模型；不得出售、展示出售、从国外

---

① 巴林专利法第 15 条。

② 巴林专利法 11. b。

③ 巴林专利法第 13 条。

进口或为商业目的购买采用已注册或与其没有本质不同的工业图纸或模型的产品。[①]

2.6.6.3 权利的终止

发明和实用新型专利、工业图纸或模型应终止的情形[②]：

①已过专利保护期限的；

②专利权人放弃其权利，但这种放弃不能影响他人的权利的；

③尽管收到通知，但仍然超过一年不支付应付费用的；

④发布废止专利的最终裁定的。

2.6.7 权利的运用

2.6.7.1 许可

1. 发明强制许可

（1）强制许可的情形。

有下列情况的，未经财产所有人的同意，为利用发明主题，主管部门可以颁发非独占强制许可[③]：

①国家出现紧急情况，长期需要或者出于非商业公共利用的目的，在可能的情况下，应当在许可后通知专利权人；

②专利权人自专利注册之日起 3 年内或提交申请之日起 4 年内，未按照当时市场的需要以合理的价格（考虑其他国家普遍存在的对应价格）对专利进行充分利用的。在上述情况下，如果专利权人表示未利用专利是因为超出其可控制的因素，主管部门可以给专利权人不超过 2 年的宽限期以利用专利。如果专利权人拒绝许可他人使用或以不公平的商业条款捆绑许可的，主管部门可以颁发强制许可。

③如果通过利用另一项专利而获得涉及具有重大工业价值的重要技术进步的专利，则可以授予第一项专利的专利权人强制使用第二项专利的许可。可以对第一项专利的专利权人实施其他专利强制许可，未放弃第一项专利的，不得放弃许可实施。

---

① 巴林工业图纸和模型法第 30 条。

② 巴林专利法第 28 条，巴林工业图纸和模型法第 22 条。

③ 巴林专利法第 24 条。

其他专利的专利权人也有权以合理的条件获得实施第一项专利的强制许可。

④专利权人行使权利妨碍他人公平竞争的。

（2）授予强制许可应考虑的内容[①]。

①每一项强制许可的申请应在缴纳相应费用后，根据具体情况另行决定；

②仅在满足当地市场需求的情况下颁发许可证；

③许可申请人应当能够通过在巴林设立的公司认真实施专利；

④在国家出现紧急情况的情形下，申请人应当在合理的商业报酬和条件下向专利权人申请许可，但在合理的期限内未达成协议；

⑤强制许可的申请人应当承诺，许可的范围和期限限于许可决定授予的目的；

⑥如果本发明涉及“半导体”技术，则许可仅允许用于公共、一般和非商业目的，或纠正限制纠正行为而使用；

⑦被许可人不得转让实施专利发明的许可，但经主管部门事先批准的公司和与实施专利有关的部分除外；

⑧专利权人应当根据许可的经济价值，获得公平的报酬。在估算报酬价值时，还应考虑纠正限制反竞争行为（如果存在）的必要性；

⑨第②④项的规定不适用于为纠正限制公平竞争行为而授予的许可；

⑩在许可条件发生改变的情况下，主管部门可以根据自己的意向或者依请求对许可条款作出修改。

（3）终止强制许可的情形[②]。

①导致被许可人取得许可的理由已失效，但该理由很可能不再发生，在这种情况下，应根据实施条例规定的条件和程序，对被许可人的合法权益给予适当保护。

②被许可人在许可之日起 2 年内未利用许可。

③被许可人违反获得许可所依据的任何条件，或在实施许可时不履行本法及许可决定中规定的义务。

---

① 巴林专利法第 25 条。

② 巴林专利法第 27 条。

2. 协议许可

根据巴林专利法的规定，专利可以许可他人使用，但在登记并公开前，不得对抗第三人。[①]

2.6.7.2 转让

根据巴林专利法的规定，专利可以部分或全部以无偿或有偿的方式转让，但在登记并公开前，不得对抗第三人。[②]

2.6.7.3 质押

根据巴林专利法的规定，专利可以抵押，但在登记并公开前，不得对抗第三人。[③]

对专利权的扣押，可以根据扣押债务人动产或者动产的规则（视情况而定）进行。对于债务人认收其欠债权人的债务，主管部门应予豁免。[④]

2.6.8 权利的保护

2.6.8.1 司法保护

1. 预防措施

（1）法院采取预防措施的情形。

当发生侵权行为或为防止侵权行为，专利或实用新型的专利权人可以请求有管辖权的法院采取以下一种或多种预防措施[⑤]：

①对侵权行为中使用的或者已经使用的材料、机械和设备等作详细说明，并保存有关证据；

②对上述物品实施预防性扣押，并查封侵权行为所产生的收入；

③禁止被主张侵权的产品进入商业渠道，禁止其出口，包括海关放行的进口产品；

④停止或防止侵权。

（2）举证。

法院可以要求申请人提供合理的证据，表明侵权行为已经发生，或者即将发生。法院也可要求申请人提供足够的资料，使其能够对有关货物实

①②③ 巴林专利法第22条。

④ 巴林专利法第23条。

⑤ 巴林专利法第40条。

施预防措施。[1]

（3）其他。

除例外情况外，法院应该在预防措施申请之日起 10 日内紧急作出裁决。

必要情况下，可以根据申请人的请求，由审判长发布裁决，不传唤对方当事人；若该裁决的任何延误有可能导致申请人不可避免的损失，或导致证据的毁灭，则在发出该命令时应将该决定通知被申请人。

如果法院在未召集另一方的情况下采取预防措施，则被告可以在裁决发布后的十天内请求主管法院作出裁决，在这种情况下，法院可以支持该裁决或废除裁决全部或部分内容。

为保护被申请人以及防止权力滥用，法院可以要求申请人提供合理的保险或等价的担保，或要求原告冻结足够的银行存款或等效的货币担保。

2. 举证

如果未经专利权人许可制造相同产品，且专利权人已尽了合理的努力，仍未确定实际使用的方法，而法院认为有争议的相同产品有使用专利方法制造的可能性，民事法院可以将与使用受专利保护的方法制造产品有关的举证责任转移给被告。[2]

法院可以强令被证明有罪的被告向法院或专利权人出示他可能拥有的有关导致侵权结果的个人或实体的任何信息以及产品或服务的生产或分销渠道，包括产品或服务的生产或分销中每个贡献者的身份，并具体说明每个分销渠道。[3]

3. 损害赔偿

因侵权行为造成直接损害的，可以向有管辖权的法院提起诉讼，主张侵权损害赔偿。损害赔偿的确定应遵循以下规定[4]：

①赔偿因侵权行为造成的损失；

②侵权行为人从侵权行为中获得收入，在计算赔偿时不将其考虑在内；

③在考虑产品或服务的价值时，法院应根据《民法》第 161 条和第

---

① 巴林专利法第 40 条。

② 巴林专利法第 12 条。

③ 巴林专利法第 40bis。

④ 巴林专利法第 40 bis。

162 条（A）的规定，估算因损害而产生的适当赔偿。被侵权产品或服务的价值可以由原告对其零售价格、实施时需要的其他标准等相关内容进行说明，也可以听从专家意见。

4. 刑事处罚[①]

在不损害巴林任何法律中其他更严重的处罚规定的情况下，任何故意非法实施下列行为的人应当被判处 3 个月以上 1 年以下监禁，和/或处 500 ~ 2000 巴林第纳尔的罚款：

①生产、销售、许诺销售进口专利产品，或为商业目的对违反本法规定的产品实施上述行为；

②在产品、广告、商标、容器、包装材料或其他方面放置能够使其他人相信该产品属于专利或经登记的实用新型的说明；

③为商业目的，利用已根据本法规定进行登记注册的，或与已注册的无实质差别的工业品外观设计或模型；

④为商业目的销售、为销售而进行展出、从外国进口或持有采用已根据法律规定进行注册的工业品外观设计或模型的产品，或采用与之无实质差别外观或模型的产品。

法院也可以命令将裁判一次或多次发布在一家当地日报上，费用由违法者支付。如果重复侵权，监禁最短期限和最大期限都应当翻倍，同时关闭商店或停止工程项目 15 天以上 6 个月以下，然后由侵权人付费将裁判结果一次或多次公布在当地报纸上。

在不损害巴林任何法律中其他更严重的处罚规定的情况下：

1）任何人违反法院对其发布的命令的，应当被判处不超过 1 个月的监禁或不超过 300 巴林第纳尔的罚款；

2）诉讼各方当事人、法律助理或专家违反法院关于保护机密信息的命令、在法院诉讼过程中披露或交换机密信息的，应当被判处 1000 巴林第纳尔以下的罚款。

侵权有罪判决作出后，法庭可以命令没收或销毁侵权所得和为从事侵权行为而准备的工具和设备。已经造成损失或已被用于侵权的，同样被没收或销毁。

---

① 巴林专利法第 41 条，41bis。

2.6.8.2 行政保护

根据巴林专利法的规定，对主管部门所作的相关决定不满的，可以在接到通知之日起30日内，向主管部门提出书面申诉。申诉应自提出申诉之日起30日内作出裁决。如果申诉被驳回，申诉人可以在收到申诉被驳回通知的60日内，向民事最高法院申请撤销驳回决定。①

2.6.9 与中国专利制度的比较

巴林专利制度与中国专利制度的相比，主要存在以下区别：

在专利申请方面，巴林与之前几个国家规定相似，除了提交专利申请书，都还需要提交一份经有关机关认证的申请，这和国内存在较大的差异。

在专利授权范围方面，相比国内，巴林的排除范围更小，仅排除了动物品种和为人和动物治疗所必需的诊断、治疗和外科手术方法。另外，对保护公共秩序或道德原则必要的发明，或保护人类生命或健康，或动植物的生命或健康，或避免对环境造成严重危害的发明，在巴林禁止商业使用。在强制许可方面，关于强制许可申请人的条件，巴林和国内存在区别，巴林规定强制许可申请人只能是能对专利进行实施的本国公司，而国内的要求是具备实施条件的单位或个人。另外在强制许可后对专利权人的补偿，巴林也和国内存在区别，在巴林如果专利权人存在限制竞争的行为，其受到的补偿将会被相应减少甚至是没有，而国内不存在类似规定。

2.6.10 专利相关费用附表

专利相关费用如表2－6－4所示。

表2－6－4 专利相关费用表②

费用项目	个人		公司	
	金额（单位：BHD）	估算金额（人民币/元）	金额（单位：BHD）	估算金额（人民币/元）
发明				
申请注册费	270	5048	540	10096

① 巴林专利法第36条。

② https：//wipolex. wipo. int/zh/text/505954，最后访问日期2019年10月15日。

续表

费用项目	个人		公司	
	金额（单位：BHD）	估算金额（人民币/元）	金额（单位：BHD）	估算金额（人民币/元）
审查费	280	5235	560	10470
实质审查	实际成本		实际成本	
专利授权费	160	2992	320	5983
年费第 2 年	100	1870	200	3739
第 3 年	110	2057	220	4113
第 4 年	130	2431	260	4861
第 5 年	150	2805	300	5609
第 6 年	180	3365	360	6731
第 7 年	240	4487	480	8975
第 8 年	260	4861	520	9722
第 9 年	280	5235	560	10470
第 10 年	300	5609	600	11218
第 11 年	350	6544	699	13069
第 12 年	360	6731	720	13462
第 13 年	380	7105	760	14210
第 14 年	400	7479	800	14958
第 15 年	450	8414	900	16827
第 16 年	500	9349	1000	18697
第 17 年	550	10283	1100	20567
第 18 年	590	11031	1180	22063
第 19 年	630	11779	1260	23558
第 20 年	670	12527	1340	25054
延迟支付年费的滞纳金	80	1496	160	2992
申请发明专利的强制许可	1240	23184	2480	46369
授予专利强制许可	450	8414	900	16827
对驳回决定的申诉	100	1870	200	3739
检索申请	20	374	40	748
专利权抵押或转让的公开	20	374	39	729
抵押或转让的登记	20	374	40	748
许可合同的登记（可选）	210	3926	420	7853

续表

费用项目	个人		公司	
	金额（单位：BHD）	估算金额（人民币/元）	金额（单位：BHD）	估算金额（人民币/元）
登记簿中专利或代理信息的修改	50	935	100	1870
申请专利临时保护	50	935	101	1888
实用新型				
授权和公开	80	1496	160	2992
年费第 2 年	50	935	100	1870
第 3 年	55	1028	110	2057
第 4 年	65	1215	130	2431
第 5 年	75	1402	150	2805
第 6 年	90	1683	180	3365
第 7 年	120	2244	240	4487
第 8 年	130	2431	260	4861
第 9 年	140	2618	280	5235
第 10 年	150	2805	300	5609
实用新型强制许可申请	620	11592	1240	23184
实用新型强制许可授予	225	4207	450	8414
对许可决定的申诉	50	935	100	1870
检索申请	10	187	20	374
转让、强制许可、许可的公告	10	187	20	374
登记簿中实用新型或代理信息的修改	25	467	50	935
许可合同的注册（可选）	105	1963	210	3926
申请临时保护	25	467	50	935
撤销实用新型	135	2524	270	5048
工业图纸和模型登记费	40	748	40	748

注：BHD（Bahrain Dinar，巴林第纳尔）为巴林货币单位。2019 年 10 月 31 日[①]：1 巴林第纳尔 = 人民币 18.6971 元。该数据仅供参考，当日汇率请以柜台实际交易价格为准。表中估算的人民币金额依据 2019 年 10 月 31 日人民币与卡塔尔里亚尔汇率计算获得，只保留整数。

① 巴林专利法（修订版）第 6 条。

2.7 科威特篇

2.7.1 科威特专利制度概况

2.7.1.1 专利法律制度发展历程

科威特1962年颁布了《发明、工业品外观设计和实用新型法》，规定了发明专利、实用新型、工业品外观设计的相关内容，2001年对该法进行了修订。

2013年，科威特颁布了2013年第71号法律，即《专利法》（以下简称“科威特专利法”）。该法的效力为：

①废除科威特《发明、工业品外观设计和实用新型法》；和

②在科威特实施GCC专利法以及GCC专利法实施细则。

根据科威特专利法，2016年4月4日起，科威特专利局停止接受新的专利申请。2016年7月科威特加入《专利合作条约》（PCT），该条约于2016年9月9日生效。2018年3月28日，科威特专利局发布正式通知，自2018年3月27日起，开始受理指定科威特并进入国家阶段的PCT申请，但是传统专利申请仍建议向GCC申请。因此，本文对科威特专利制度做一个概况介绍，以供读者对科威特的专利保护现状有一定的了解。

在国际条约方面，科威特1998年加入世界知识产权组织（WIPO），1995年加入世界贸易组织（WTO）和《与贸易有关的知识产权协定》（TRIPs协定），2014年加入《保护工业产权巴黎公约》，2016年加入《专利合作条约》（PCT）。

在区域合作方面，科威特是GCCPO的成员国之一，GCC专利法及实施细则对科威特有效，在GCC申请的专利，在科威特境内自动获得保护。

根据科威特专利法，科威特保护的专利类型为发明和工业品外观设计。专利的保护期限分别是：发明15年、工业品外观设计5年。

2.7.1.2 相关机构及职能

科威特专利局隶属于工商业部的商标管理部门，负责专利相关事宜。

表 2-7-1　专利局的联系方式

地址	Patents Office, Trademark Control Department, Ministry of Commerce and Industry
邮政地址	P. O. Box 2944 Safat 13030 Kuwait
电话	(965) 22 42 4426; (965) 22 48 3758
传真	(965) 22 46 6975; (965) 22 41 5578
电子邮箱	eng - afhm@ yahoo. com; fahadbager@ hotmail. com
网址	www. moci. gov. kw/

2.7.2　权利的主体

根据科威特专利法的规定，下列主体有权申请专利①：

①本国国民；

②居住在本国或在本国拥有工业或商业组织的外国人；

③属于科威特互惠待遇国的国民，或者前述国家居住或拥有真实住所的他国人；

④在科威特或享有科威特最惠国待遇的国家或地区建立的具备法人资格的公司、协会、机构或制造商、生产商、贸易商或工人的团体；

⑤公益机构。

科威特专利权主体采用“先申请原则”，即如果多人各自独立完成发明的，专利权应授予先提出申请的人。

关于共同发明，如果发明是多人共同完成的，除另有约定外，对专利享有平等的权利。

关于职务发明，当发明属于合同或劳动关系范围内，对员工在工作中作出的发明创造，用人单位对发明创造享有权利。发明人有权获得报酬，如果双方未就此达成协议，则有权请求用人单位给予一定的赔偿。② 发明是在合同或劳动关系范围之外，但属于发明人所属的公共或私人机构活动范围的，被授予专利权的应通知用人单位。用人单位可以在收到通知之日起 3 个月内，选择实施或购买该专利，并向发明人支付一定数额的报酬。③

① 科威特专利法第 2 条。

② 科威特专利法第 7 条。

③ 科威特专利法第 8 条。

发明人离职之日起一年内所作的发明成果获得专利权的，应视为工作期间的成果。

2.7.3 权利的客体

1. 发明

根据科威特专利法的规定，与新工业产品、新工业方法或手段有关，或者与已知工业方法和手段的新应用有关，且具有工业适用性的新发明，应该被授予专利权。

下列情形不应授予专利权①：

①违反道德或者公共政策的发明创造；

②与食品、药品或药物组合有关的化学发现，专利权只能授予制造方法，不能授予产品，除非此类产品是通过特殊的化学方法或工艺生产的。

2. 工业品外观设计

根据科威特专利法规定，通过机械、人工或化学手段在工业生产中使用的任何形式的线条或每种形状的物体，无论是否有颜色，均应被视为是工业品外观设计。

2.7.4 权利的授予及终止

1. 发明

专利权的保护期限是自申请之日起 15 年。专利权人有权申请一次续展，续展需在保护期限的最后一年内提出，期限不超过 5 年。

专利法第 2 条第 2 款②规定，与食品、药品或药物组合有关的化学发现，专利权只能授予制造过程，不能授予产品，除非此类产品是通过特殊的化学方法或工艺生产的，这种类型的专利的保护期限为 10 年，且不得续展。

2. 工业品外观设计

工业品外观设计的保护期限是自申请日起 5 年。权利人有权两次续展的机会，续展需要在每一个保护期限的最后一年提出。在保护期满后的 3

---

① 科威特专利法第 2 条。

② 科威特专利法第 2 条第 2 款：与食品、药品或药物组合有关的化学发现，专利权只能授予制造过程，不能授予产品，除非此类产品是通过特殊的化学方法或工艺生产的。

个月内，未提出续展申请的，工业品外观设计将被注销。

2.7.5 权利的运用

根据科威特专利法的规定，专利权可以继承、转让、许可或抵押。专利权的转让或抵押未经登记不得对抗第三人。

若专利权人自专利授权之日起 3 年内未在科威特利用该发明，或专利权人的利用不能满足本国的需要，或者停止利用本发明连续两年以上的，主管部门可以就本专利授予强制许可。

2.7.6 权利的无效

根据科威特专利法的规定，有下列情形的专利权失效：

①发明专利保护期限届满；

②专利权人放弃其权利；

③法院判决撤销专利权。

2.7.7 权利的保护

科威特常设法院审理所有类型的案件，设有“专家委员会”，属于法院辅助机构；1000 科威特第纳尔（科威特货币，2019 年 10 月 31 日查询，1 科威特第纳尔约为 3.296 美元）以下争议标的案件由一名法官主审，判决不可上诉；5000 科威特第纳尔以下案件，判决可以上诉到上诉法院；5000 科威特第纳尔以上案件可上诉至最高法院。

1. 临时措施

权利人可以在民事或刑事诉讼期间请求法院对侵权产品采取临时措施，如扣押。法院认为有必要采取临时措施时，会请求专家协助判定执行。

2. 刑事处罚

根据科威特专利法的规定，下列情形将被并处或单处 2 年监禁或一定罚款（10 ~ 225 科威特第纳尔①）：

①制造与专利保护内容相同的产品的；

---

① 科威特第纳尔（Kuwait Dinar，货币编号：KWD）。

②制造与外观设计或工业模型相同的产品的；

③故意销售、许诺销售或流通、进口或有意买卖仿造外观设计或工业模型的产品或材料的；

④在产品、公告、商标或包装品等贴有导致公众相信其已获得发明专利或外观设计或工业模型的。

2.7.8 与中国专利制度的比较

科威特专利制度与中国专利制度相比，主要存在以下区别：

在专利授权范围方面，与国内相比，科威特的专利授予范围比较广泛，只要发明创造具有新颖性且可被工业应用，无论是新产品、新工艺或是新方法，都可以被授予专利。科威特授予专利的例外只有两种情况：第一，损害道德或公共政策；第二，与食品、医药或者药剂构成相关的化学发现。而国内不授予专利的情况则比较多。

在强制许可方面，科威特与国内存在较大的差异，科威特强制许可既可以是拒绝许可使用专利权的人，也可以是附加苛刻条件许可使用的专利权人。同时，科威特强制许可的申请者必须有实施相关专利的能力，否则不得对其进行强制许可。另外，科威特还规定了对专利的征用，工商业部为公共利益或国防利益，可以命令征用发明，征用可以包括专利的或申请的所有权利，或仅限于为国家需要使用发明。

需要注意的是，科威特专利局目前只受理外观设计和工业模型申请，暂停受理发明和实用新型专利，申请人可以向 GCCPO 提出申请，申请 GCC 专利，从而在科威特获得相应的保护。

2.8 阿曼篇

2.8.1 阿曼专利制度概况

2.8.1.1 专利法律制度发展历程

阿曼 2000 年先后颁布了《工业品外观设计保护法》《集成电路布图设计保护法》和《专利法》，规定了工业品外观设计、集成电路布图设计和专利的申请、注册、授权和保护等内容。2008 年颁布了《工业产权法》

（以下简称“阿曼工业产权法”），该法的颁布宣布了《工业品外观设计保护法》、《集成电路布图设计保护法》和《专利法》的废除，同时还规定了专利、实用新型、工业品外观设计的申请、注册、授权和保护等内容。2008 年还颁布了《工业产权法实施条例》，规定了与阿曼工业产权法相配套的涉及具体程序、费用等内容。

在国际条约方面，阿曼 1997 年加入世界知识产权组织（WIPO），1995 年加入世界贸易组织（WTO），1999 年加入《保护工业产权巴黎公约》，2001 年加入《专利合作条约》（PCT），2007 年《国际承认用于专利程序的微生物保存布达佩斯条约》和《专利法条约》（PLT），并在 2009 年加入了《工业品外观设计国际注册海牙协定》。

在区域合作方面，阿曼是 GCCPO 的成员国之一，GCC 专利法及实施细则对阿曼有效，在 GCC 申请的专利，在阿曼境内自动获得保护。

阿曼工业产权法中规定了专利（Patent）、实用新型（Utility Model）、工业设计（Industrial Design）的相关内容。需要注意的是，根据阿曼工业产权法的规定，专利是授予保护发明的称号。① 因此，本篇中提到的“专利”一词，其含义仅包括“发明”。避免概念混淆，特此说明。阿曼三种权利客体的保护期限分别是：专利 20 年，实用新型 10 年，工业设计 5 年。

2.8.1.2 相关机构及职能

阿曼主管专利行政事务的部门是工商业部下设的工业产权局负责。

表 2－8－1 工业产权局的联系方式

名称	Intellectual Property Department Ministry of Commerce and Industry
邮政地址	P. O. Box 550 Code No. 113 Muscat Sultanat of Oman
电话	(968) 248 28 124 (968) 248 28 122
传真	(968) 248 154 00 (968) 248 17 412
电子邮箱	info@ mocioman. gov. comshuaibi777@ hotmail. com saidy3916@ yahoo. com
官网	www. moci. gov. om

2.8.2 权利主体

阿曼专利法仅规定了发明的权利主体，根据法律规定，发明专利权应

① 巴林工业产权法 Article（1）The Patent：The title granted to protect an invention.

该属于发明人。

阿曼专利权利主体采用“先申请原则”，即如果两个或两个以上的人彼此独立地完成相同的发明，则其申请的申请日期最早的人，或者，如果要求优先权，则最早要求优先权的人享有专利权，只要该申请没有被撤回，被放弃或拒绝为他人确立优先权。①

关于共同发明，如果两个或两个以上的人共同完成了一项发明，则专利权应归他们所有。

关于职务发明，在劳动合同中没有相反条款约定的情况下，专利权应归雇主所有。如果用人单位取得的经济收益与用人单位雇用员工时的工资相比过高，则该员工有权获得公平的报酬。②

如果员工并非因执行劳动合同所做得发明，但在进行发明时，员工使用了用人单位的材料、数据和/或专有技术时，在没有相反条款约定的情况下，专利权应归用人单位所有。员工有权获得至少等于用人单位利用本发明获得的直接和间接净收益三分之一的报酬。③

用人单位可以在收到关于发明创造的通知后60日内通知员工其对发明不感兴趣。在这种情况下，员工可单独取得专利权。这种情况下，员工对专利权进行商业利用的，用人单位有权获得与员工在发明中使用的材料、数据和/或专有技术的经济价值呈比例的报酬。④

如果用人单位在员工通知发明之日起一年内未提出专利申请，则员工有权获得专利权，包括转让、许可（如果已授予）的权利。员工对发明专利的工业或商业利用不构成未经授权使用或传播用人单位的商业秘密的行为的，不构成不正当竞争行为。⑤

员工在劳动合同期满后一年内提交专利申请的，属于前用人单位主营业务范围内的任何发明，除非员工提出相反的证据，应被推定为职务发明。⑥

发明人对用人单位作出任何关于放弃上述任何报酬的承诺均属无效。⑦

---

① 阿曼工业产权法 Article（4）．2。
② 阿曼工业产权法 Article（4）．3。
③ 阿曼工业产权法 Article（4）．4。
④ 阿曼工业产权法 Article（4）．6。
⑤ 阿曼工业产权法 Article（4）．7。
⑥ 阿曼工业产权法 Article（4）．8。
⑦ 阿曼工业产权法 Article（4）．9。

2.8.3 权利客体

2.8.3.1 授权的条件

1. 发明

根据阿曼工业产权法，发明是指创新者的想法为技术问题的实用提供解决方案，无论是创新的产品、与产品有关的或工业加工方法。

发明获得授权的条件需要满足新颖性、显而易见性和工业适用性。

关于新颖性，现有未公开的技术就具备新颖性。现有技术应包括在申请之前，或在适当情况下，在要求发明的申请的优先日期之前，通过有形形式或口头披露、使用或任何其他方式向世界任何地方的公众披露的一切信息。向公众披露不包括该情形：如果是在提交日期或申请的优先权日之前的 12 个月内发生的，并且是由于申请人或其前任申请人的所有权行为或由于第三方对申请人或其前身的滥用而造成的。①

关于显而易见性，本发明在申请日或优先权日前对于本领域技术人员而言不是显而易见的。②

关于工业适用性，如果一项发明可以在任何类型的工业中制造或使用，或者在所有经济、农业、手工业、渔业和服务领域具体的、实质性的和可信的用途，就应被认为具有工业上的适用性。③

2. 实用新型

根据阿曼工业产权法，实用新型是指一种技术创新，包括增加其功能或实用性的对象或对象组件的形状或配置。

实用新型应该具备新颖性、包含一个有足够创造性的步骤和工业适用性。④

关于包含一个有足够创造性的步骤，考虑到实用新型与现有技术之间的差异和相似性，实用新型没有以与现有技术相同的方式产生，则应认为该实用新型具备一个有足够创造性的步骤。⑤

---

① 阿曼工业产权法 Article (3). 1。

② 阿曼工业产权法 Article (3). 2。

③ 阿曼工业产权法 Article (3). 3。

④ 阿曼工业产权法 Article (15). 1。

⑤ 阿曼工业产权法 Article (15). 2。

3. 工业品外观设计

根据阿曼工业产权法规定，工业设计是指线条或颜色的任何组成或任何三维形式，无论是否与线条或颜色相关联，只要这种组合物或形式为工业或手工艺品的产品赋予特殊的外观，并且可以作为工业或手工艺品的产品的图案，并能引起人们的注意和判断。

2.8.3.2 不授予的情形

1. 发明

以下内容排除在专利保护范围之外①：

①发现、科学理论和数学方法；

②经营业务、纯粹心理活动或游戏的计划、规则或方法；

③天然物质；本规定不适用于将天然物质从其原始环境中分离出来的过程；

④发现新用途的已知物质；该规定不适用于构成发明的使用本身；

⑤除微生物以外的动物，以及生产动物及其器官的生物过程（非生物过程和微生物过程除外）；

⑥为保护公共秩序和道德所必须禁止的在阿曼境内对某发明进行的商业利用。

但前款规定不适用以下发明②：

（1）全部或部分由计算机执行并由计算机程序控制的步骤组成的工业过程；

（2）产品发明包括计算机实施的发明的要素，尤其包括：

①存储在有形介质（如软盘，计算机硬盘驱动器或计算机内存）上的机器可读计算机程序代码；

②一种通用计算机，其对现有技术的新颖性主要是由于其与特定计算机程序的结合而出现的。

2. 工业品外观设计

以下情况不授予工业品外观设计③：

①仅用于获得技术成果或改善实用功能的工业品外观设计；

②违反公共秩序或道德的工业品外观设计。

---

① 阿曼工业产权法 Article（2）. 1。

② 阿曼工业产权法 Article（2）. 2。

③ 阿曼工业产权法 Article（19）和 Article（20）。

2.8.4 申请程序

2.8.4.1 申请文件要求

1. 发明

（1）申请文件[①]。

①经 APOSTILLE 认证[②]的授权委托书；

②如果申请人是公司，需要提供经 APOSTILLE 认证的商业登记簿或组织备忘录登记簿的摘录；

③由发明人和申请人签署转让协议并经 APOSTILLE 认证；

④优先权文件的副本，如果文件不是英文，则需要提交英文翻译；

⑤发明的摘要；

⑥不超过 200 字的公报，包含发明人的姓名、地址和国籍，对发明内容、权利要求、技术领域和附图的简要说明。

注意：可以在没有上述文件的情况提交专利申请，但是上述文件需要在提交之日起 3 个月内提交，授权委托书除外，授权委托书应该在提交之日起 2 个月内提交，否则申请程序失效。

（2）语言。

文件需要提交英文和阿拉伯文的版本。

（3）其他要求。

根据阿曼工业产权法的规定，提交专利申请应该遵守以下规定[③]：

①专利申请文件应该包括一个申请文本、一份说明书、一项或多项权利要求、一个或多个附图（如有需要）和一份摘要；

②请求中应该包含授予专利权的请求书、申请人姓名和其他规定的资料、发明人、代理人（如有）、本发明的名称。申请人不是发明人的，请求中还应该附有能够证明申请人享有专利权的说明；

③说明书应该以一种足够清晰和完整的方式披露发明，提供的信息应

---

① http：//jahcoip. com/oman – patents/，最后访问日期 2019 年 10 月 22 日。

② 百度百科："apostille" 来源于法语，即 "认证"，但与国内所指的 "使领馆认证" 不同。"apostille" 特指 1961 年《海牙关于取消外国公文认证要求的公约》签约国之间相互承认的，特定的官方机构对公文上其主管部门所做签字、盖章的真实性予以确认的行为过程和结果，是一种特定的 "认证"。https：//baike. baidu. com/item/APOSTILLE/9380216，最后访问日期 2019 年 10 月 17 日。

③ 阿曼工业产权法 Article（5）。

该使本领域具有一般技术水平的人无须进行不必要的试验就能够实施和使用该发明；

④根据布达佩斯条约及其规定，如果申请人提供了微生物交国际寄存机构寄存的收据副本，关于该微生物的申请应当提交书面说明；

⑤植物品种的描述要尽可能的完整；

⑥为了使本领域技术人员合理地理解本发明申请人自申请日起就拥有所要求保护的发明，应该以清晰准确的方式甚至通过使用说明书或附图定义要求保护的一项或多项权利要求；

⑦摘要需要简介，只能用于技术信息；

⑧申请人可以申请被处理之前撤回申请；

⑨如果第一次撤回的申请从未经过审查，也从未提出过优先权利要求，或阿曼的权利尚未决定，则可以就同一发明在阿曼提出后续申请。这种后续申请应被视为该发明在阿曼的第一次申请。第二次申请后撤回的，不得再要求优先权。

2. 工业品外观设计

根据阿曼工业产权法的规定，提交工业品外观设计的注册申请应该遵守以下规定①：

①工业设计的申请注册应当向注册处提交，申请应包括一个请求、图纸、照片或其他充分体现工业设计的图形表示，以及使用工业设计的产品种类的说明。如果工业是二维的，可以随附一件体现工业设计的样品。

②申请人不是设计人的，应当在申请文件中说明其有权申请工业设计注册的权利。

③同一工业品外观设计可以涉及两个或更多个（不超过 100 个）工业品外观设计，只要它们与国际分类的同一类别或商品的相同集合或组成相关即可。

④提出申请时，可以申请在工业品外观设计登记后，自提出申请之日起或者优先权之日起，不超过 12 个月内公开。

⑤申请人可以在未决期间随时撤回申请。

2.8.4.2 优先权

在申请发明专利时可以提出优先权的请求，优先权期限为 12 个月。优

① 阿曼工业产权法 Article（22）。

先权不应因在此期间内完成的任何行为而失效，尤其是由于另一项申请，发明的公开或利用，并且这种行为不会引起任何第三方权利或任何个人拥有权。①

在申请工业品外观设计时可以提出优先权的请求，优先权期限为 12 个月。

2.8.4.3 申请流程及费用

1. 申请流程

阿曼是 GCC 的成员国，因此申请人也可以通过向 GCCPO 提交申请的方式获得专利的授权与保护。

此外，阿曼还是《专利合作条约》（PCT）的签约国，申请人还可以通过向自己国家主管专利申请的部门提交 PCT 申请的方式向阿曼申请专利。

向阿曼工业产权局申请专利的大致流程如图 2－8－1 所示。

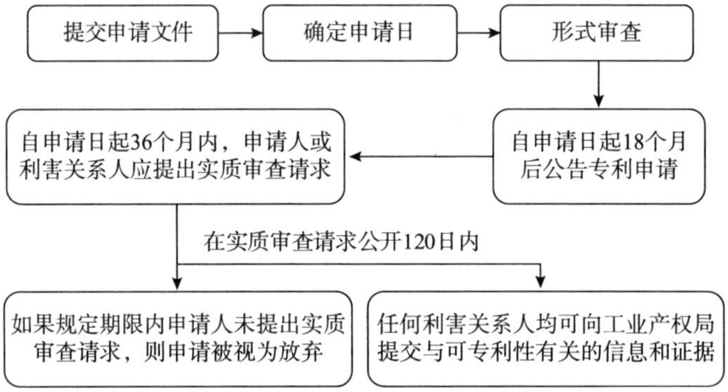

图 2－8－1　阿曼工业产权局专利申请流程图

2. 费用

向阿曼工业产权局申请专利的相关费用如表 2－8－2 所示。

表 2－8－2　专利相关官费信息表

费用项目	个人		公司	
	金额（单位：美元）	估算金额（人民币/元）	金额（单位：美元）	估算金额（人民币/元）
专利申请费	520	3668	780	5502
专利申请的实质（技术）审查	780	5502	780	5502

① 阿曼工业产权法 Article（7）。

续表

费用项目	个人		公司	
	金额（单位：美元）	估算金额（人民币/元）	金额（单位：美元）	估算金额（人民币/元）
授权前的公开费（每页）	260	1834	260	1834
授权后的公开费	1560	11003	2860	20172
专利权的转让	780	5502	1300	9169
专利转让的公开费	130	917	130	917
申诉	260	1834	520	3668
申请查阅专利文件	130	917	130	917
获取或发行专利或其他相关文件的副本	260	1834	260	1834
强制许可的备案	2600	18339	5200	36677
许可的公告	65	458	104	734
说明书的修改或增加	260	1834	260	1834
修改姓名备案	260	1834	260	1834
修改地址备案	260	1834	260	1834
官方专利检索	130	917	130	917
撤销申请	52	367	104	734
本地服务代理人的变更	260	1834	260	1834

注：2019 年 10 月 31 日[①]：1 美元 = 人民币 7.0533 元。该数据仅供参考，当日汇率请以柜台实际交易价格为准。表中估算的人民币金额依据 2019 年 10 月 31 日人民币与美元汇率计算获得，只保留整数。

通过《保护工业产权巴黎公约》或 PCT 进入阿曼，可能需要公证和认证的申请文件及费用如表 2－8－3 所示。

表 2－8－3　专利申请相关文件的公证或认证费用表

途径	文件列表	事项	费用（人民币）	总计（人民币）
《保护工业产权巴黎公约》	GPOA（General Power of Attorney）	公证 + 认证	2280	6690
	营业执照	公证 + 认证	2280	
	发明人转让协议	认证	2130	

① GCC 专利法第 8 条。

续表

途径	文件列表	事项	费用（人民币）	总计（人民币）
PCT	GPOA（General Power of Attorney）	公证＋认证	2280	6690
	营业执照	公证＋认证	2280	
	发明人转让协议	认证	2130	

注：表中的公证和认证费用为国内具有此类事务公证资格的第三方机构提供。

2.8.5 申请的审查

根据阿曼工业产权法的规定，阿曼对发明专利的审查分为形式审查和实质审查。

1. 形式审查

申请人提交申请后，主管部门会对申请文件进行形式审查，包括申请文件是否符合要求、图纸或说明书是否缺失等。若不符合要求，则要求申请人修正或补充提交，未更正或补充提交的，视为未申请。提交更正之日或补充提交之日将被确定为申请日。[①]

2. 申请的公告

提交申请之日起 18 个月后公告专利申请，包括以下信息[②]：

①申请号和提交日期；

②发明名称；

③申请人和发明人的姓名；

④优先权日期；

⑤国际分类；

⑥一张描述本发明主要要素的附图（如有）；

⑦摘要。

3. 实质审查

自申请之日起 36 个月内，申请人或任何其他相关人员都可以请求主管部门对专利申请是否符合法律规定进行实质审查。审查需支付规定的费用，费用与权利要求的数量有关。

实质审查请求会在官方公报上公告。公告之日起 120 日内，任何有关

① 阿曼工业产权法 Article（9）。

② 阿曼工业产权法 Article（9）。

方都可以提交与可专利性有关的信息以及相关证据。

阿曼工业产权法规定，在审查专利申请时应该考虑[①]：

①依据 PCT 建立的有关该申请的任何国际检索报告和任何国际初步审查报告的结果；

②依据阿曼工业产权法 Article (8). 2[②] 和 Article (8). 4[③] 提交的有关拒绝授予专利的相关外国申请的任何检索和审查报告或最终决定；

③依据请求由有权进行外部检索和审查的机构或阿曼政府的特殊代理机构作出的检索审查报告。

2.8.6 权利的授予及终止

2.8.6.1 权利的授予

对于发明专利申请，主管部门经审查认为符合专利授予条件的，应授予专利权。若驳回申请，则应通知申请人。[④]

授予专利权时，应当[⑤]：

①公告专利授权声明；

②向申请人颁发专利证书及其副本；

③对专利进行登记；

④收取规定费用后向公众公开专利的副本。

2.8.6.2 权利的保护范围

1. 发明

(1) 保护范围。

专利权人享有的权利如下[⑥]：

①产品专利：

· 产品的制造、进口、许诺销售、销售和使用；

---

① 阿曼工业产权法 Article (9)。

② 阿曼工业产权法 Article (8). 2：有关外国申请进行的任何检索或审查的日期的任何通信的副本。

③ 阿曼工业产权法 Article (8). 4：拒绝外国申请或拒绝外国申请中要求的任何最终决定的副本。

④ 阿曼工业产权法 Article (10). 1。

⑤ 阿曼工业产权法 Article (10). 2。

⑥ 阿曼工业产权法 Article (11)。

· 处于许诺销售、销售或使用的目的储存此类产品。

②方法专利：

· 使用该方法；

· 对于通过该方法直接获得的产品，进行①中所述的任何行为。

③植物或植物新品种专利：

· 生产或再生（繁殖）；

· 为繁殖设置条件；

· 许诺销售；

· 销售或其他市场营销；

· 出口；

· 进口；

· 为上述任何用途而储存的。

④前述规定还适用于：

· 从受保护品种衍生而来的品种，而受保护品种本身并不是从受保护品种衍生而来的品种；

· 与受保护品种难以明显区分的品种；

· 需要重复使用受保护品种的品种。

专利权不包括如下情形[①]：

①就专利权人或者经其同意投放市场的物品所作的行为，应视为专利权人的权利用尽；

②在外国航空器、陆上车辆或船舶上使用专利物品，该交通工具临时或偶然进入阿曼领空、领土或领水的；

③仅为实验目的而实施的与发明专利有关的行为；

④任何人（“先前使用者”）在申请日前或优先权日前，善意地使用了发明或者为在阿曼使用发明做了有效和认真的准备的；除此之外，此例不适用；

⑤仅处于合理利用阿曼或其他国家法律规定的开发和提交的信息而制造、建设、使用或销售发明专利，条件是这种产品不应为其他目的而在阿曼被生产、使用或销售，且该产品只能为满足阿曼市场需要的目的。

⑥在维护专利权人合法权益的前提下，农民为繁殖目的实施专利的任

① 阿曼工业产权法 Article（11）。

何行为，他们通过种植专利品种或主要衍生品种而获得的产品。

（2）保护期限。

发明专利的保护期限为自申请之日起20年。

由于申请人无法控制原因而导致专利在申请之日起超过4年或申请审查之日起超过2年（以较晚者为准）才被授权的，该专利的保护期限应该延长。但是补偿时间应自标准保护期期满之日起不超过5年。①

2. 实用新型

实用新型的保护期限为自提交申请之日起10年。②

3. 工业品外观设计

（1）保护范围。

工业品外观设计所有权人可以阻止第三人未经其同意实施以下行为：制造、销售或进口载有或体现为受保护设计的复制品（或实质上是复制品）的物品，而该等行为是出于商业目的。③

（2）保护期限。

工业品外观设计的保护为自提交申请之日起5年。权利人可以申请续展两次，每次5年。延迟缴纳规定的续展费的，有6个月的宽限期，否则该工业品外观设计的注册将失效，且失效后不得恢复。④

2.8.7 权利的无效

根据阿曼工业产权法的规定，任何人可以请求主管法院宣告专利的无效，并可以针对部分权利要求提起部分无效。

1. 无效的情形

阿曼工业产权法中规定了如下可以宣告专利无效的情形⑤：

①如果无效请求人能够证明发明专利不满足阿曼工业产权法的相关规定或者专利权人不是发明人或其继承人的，法院有权宣告专利无效；

②如果发现专利权人在获得专利证书的过程中实施了不正当行为，比如在申请书上省略或遮掩对授予或驳回专利申请有重要影响的信息的，法

① 阿曼工业产权法 Article（12）。
② 阿曼工业产权法 Article（17）。
③ 阿曼工业产权法 Article（24）. 1。
④ 阿曼工业产权法 Article（24）. 1。
⑤ 阿曼工业产权法 Article（14）. 2。

院也有权判定专利无效。

阿曼工业产权法还规定，不符合形式要件不能作为专利无效的理由，除非该不满足形式要件的情况因欺诈行为产生。①

2. 无效的效力

自专利授予之日起，任何无效的专利或权利要求应被视为无效，并且应视为自始无效。

3. 无效的公告

法院应当公布最终判决并通知主管部门，以便其向公众公开。②

2.8.8 权利的运用

1. 强制许可

阿曼工业产权法对发明专利的强制许可做了相关规定，并规定工业品外观设计的强制许可比照适用发明专利的相关规定。

（1）授予强制许可的情形。

根据阿曼工业产权保护法的规定，下列情形下授予发明专利的强制许可③：

①公共利益需要；

②司法或行政机构确定专利权人或被许可人实施专利的方式是违反竞争原则的，并且认为强制许可的方式利用发明可以纠正这种做法。在作出授予决定前，应听取专利权人和利害关系人的意见。

③如果专利权人滥用其专有权或忽略采取措施以防止其被许可人滥用其被许可的专有权；

④在本国不能通过制造或进口的方式获得足够的数量或质量，或者按照预定的合理价格提供的专利产品；

⑤如果存在另一项专利申请（“第二项专利”）要求保护的发明，该专利涉及一项相对于第一项专利要求保护的发明具有相当大的经济意义的重要技术进步，而不会侵犯第二项专利不能被利用的权利。

但是，在自专利申请提交之日起 4 年或自专利授权之日起 3 年期满之

---

① 阿曼工业产权法 Article（14）. 3。

② 阿曼工业产权法 Article（14）. 7。

③ 阿曼工业产权法 Article（13）。

前（以后期满者为准），不得以第④项专利产品或采用专利工艺制造的产品的可用性不足为由申请强制许可。

（2）强制许可的特点。

强制许可是非排他的，因此不排除以下情形：[①]

①专利权人对其发明的实施，可以是制造或进口，或者制造和进口；

②专利权人订立许可合同；

③专利权人继续行使其权利。

2. 协议许可

虽然阿曼工业产权法中并未对协议许可作出相关的规定，但是在其法律释义部分解释了“排他许可”（Exclusive License）的含义，即一种授予被许可人的许可合同，授权被许可人利用所许可的工业产权的权利，而将其他人排除在外。[②]

2.8.9 权利的保护

2.8.9.1 司法保护

1. 民事

（1）临时禁令。

关于专利和实用新型，排他许可、非排他许可或强制许可的被许可人请求权利人对侵权行为提起诉讼，但权利人在90日内未起诉的，前述被许可人可以请求法院发布临时禁令阻止已发生或即将发生的侵权行为。[③]

关于工业品外观设计，排他许可、非排他许可的被许可人请求权利人对侵权行为提起诉讼，但权利人在90日内未起诉的，前述被许可人可以请求法院发布临时禁令阻止已发生或即将发生的侵权行为。[④]

在不影响支付损害赔偿金的情况下，在下列情形下，法院可拒绝签发临时或永久禁令[⑤]：

①自专利申请之日起4年内或专利授予之日起3年内，原告或被许可

① 阿曼工业产权法 Article (13)。

② 阿曼工业产权法 Article (1) Exclusive License。

③ 阿曼工业产权法 Article (66). 2。

④ 阿曼工业产权法 Article (68). 2。

⑤ 阿曼工业产权法 Article (66). 5。

人没有或没有做好充分准备或没有意愿开始对本发明以符合市场需求的数量进行商业利用的，或在任何时候以不满足市场质量要求的方式利用本发明的；

②禁令严重损害公共利益的；

③考虑到消费者的平均购买力和产品目标需求的特定性质，原告或经原告同意的第三方销售的专利产品或通过专利方法制造的产品售价过高且市场上没有竞品的；

④法院或主管行政机关认定专利权人实施了违反正当竞争的行为的；

⑤专利权人在获取专利授权的过程中有不正当行为的。

（2）举证。

如果当事人提供了足以支持该请求的合理可用的证据，并且指出与证明请求有关的特定证据由对方当事人控制，法院可命令对方当事人出示该证据，但在适当的情况下，应确保机密信息受到保护。①

如果诉讼当事方在没有合理理由的情况下自愿无故拒绝查阅或在合理期限内不提供必要的资料，或严重妨碍与执行行动有关的程序，法院在听取各方意见后，可根据提交的资料作出裁决。②

就侵犯专利权的民事诉讼而言，如果专利的标的物是取得产品的程序，法院可以责令被告证明取得相同产品的程序与取得专利的程序不同。

未经专利权人同意而生产的相同产品，在没有相反证据的情况下，有下列情形之一时，视为通过专利方法获得③：

①通过专利方法获得的产品是新产品；

②相同的产品很有可能是使用该方法制造的，并且专利权人无法通过合理的努力确定实际使用的过程。

（3）损害赔偿。

法院可以判令侵权行为作出如下赔偿④：

①赔偿金额足以弥补因侵权而对权利人造成的损害；

②侵权人因侵权而获得的未计入损害赔偿金的利润数额。

---

① 阿曼工业产权法 Article (74). 1。

② 阿曼工业产权法 Article (74). 2。

③ 阿曼工业产权法 Article (74). 3。

④ 阿曼工业产权法 Article (75). 1。

关于赔偿金额的确定①：

①法院在估计本条所列赔偿数额时，应当考虑权利人所支付的诉讼费用和要求支付的律师费用，但法院认为权利人要求赔偿的特殊情况除外。

②在确定对本法规定的权利的侵权损害赔偿时，法院应特别考虑被侵权商品或服务的价值，以建议零售价或权利人提交的其他合法价值衡量。

③在涉及专利侵权的民事诉讼中，法院有权将损害赔偿金提高至所发现或评估的损害赔偿金的3倍之多。

2. 刑事

任何人故意实施侵权行为进行商业销售的，将被判处3个月以上3年以下监禁，并处最低2000阿曼里亚尔最高10000阿曼里亚尔②罚金。重复侵权的，最低或最高罚金应该翻倍。③

2.8.9.2 行政保护

阿曼海关总署隶属于阿曼皇家警察，总部位于阿曼首都马斯喀特。阿曼海关的主要职能有：一是在货物进出口过程中执行海关监管和安全检查工作，并根据相关法律法规收取关税；二是打击走私及防止违禁物品入境；三是开展进出口贸易统计分析，公布进出口贸易相关数据等。④

根据阿曼工业产权法的规定，对于侵犯知识产权的货物可以采取边境措施。权利人有正当理由怀疑进口的货物可能侵犯其权利的，可以向法院申请，要求海关暂停该货物的清关。⑤

有关人员有权在通知决定之日起60日内，就海关总署关于暂停放行侵权货物自由流通的决定，向主管法院提起诉讼。⑥

2.8.10 与中国专利制度的比较

阿曼专利制度与中国专利制度相比，主要存在以下区别：

---

① 阿曼工业产权法 Article (75). 1。

② 阿曼里亚尔（货币编号：OMR）是阿曼的流通货币。2019年11月1日：1阿曼里亚尔=人民币18.3071元，https://cn.exchange-rates.org/converter/OMR/CNY/1，最后访问日期2019年11月1日。该数据仅供参考，当日汇率请以柜台实际交易价格为准。

③ 阿曼工业产权法 Article (93). 1。

④ 阿曼的海关制度及特点，http://www.mofcom.gov.cn/article/i/dxfw/gzzd/201307/20130700192495.shtml，最后访问时间2019年10月24日。

⑤ 阿曼工业产权法 Article (84)。

⑥ 阿曼工业产权法 Article (92)。

在专利申请方面，阿曼与之前几个国家规定相似，除了提交专利申请书，都还需要提交一份经有关机关认证的申请，这和国内存在较大的差异。

在权利主体方面，对于职务发明利益的分配，阿曼的规定与国内存在较大差异，用人单位可以在收到关于发明创造的通知后60日内通知员工其对发明不感兴趣。在这种情况下，员工可单独取得专利权。这种情况下，员工对专利权进行商业利用的，用人单位有权获得与员工在发明中的使用的材料、数据和/或专有技术的经济价值成比例的报酬。

在专利授权范围方面，与国内相比，阿曼没有排除对疾病的诊断和治疗方法、用原子核变换方法获得的物质、对平面印刷品的图案、色彩或者二者的结合作出的主要起标识作用的设计。但是，阿曼也规定了一些独有的排除范围，包括以下几项：

①天然物质；本规定不适用于将天然物质从其原始环境中分离出来的过程；

②发现新用途的已知物质；该规定不适用于构成发明的使用本身；

③除微生物以外的动物，以及生产动物及其器官的生物过程（非生物过程和微生物过程除外）。

在强制许可方面，与国内相比，阿曼主要存在以下不同：

①如果专利权人滥用其专有权或忽略采取措施以防止其被许可人滥用其被许可的专有权；

②在本国不能通过制造或进口的方式获得足够的数量或质量，或者按照预定的合理价格提供的专利产品的。

2.8.11 专利相关费用附表

专利相关费用如表2－8－4所示。

表2－8－4 专利相关费用表

费用项目	个人		公司	
	金额（单位：美元）	估算金额（人民币/元）	金额（单位：美元）	估算金额（人民币/元）
专利申请费	520	3668	780	5502
专利申请的实质（技术）审查	780	5502	780	5502

续表

费用项目	个人		公司	
	金额（单位：美元）	估算金额（人民币/元）	金额（单位：美元）	估算金额（人民币/元）
授权前的公开费（每页）	260	1834	260	1834
授权后的公开费	1560	11003	2860	20172
专利权的转让	780	5502	1300	9169
专利转让的公开费	130	917	130	917
申诉	260	1834	520	3668
申请查阅专利文件	130	917	130	917
获取或发行专利或其他相关文件的副本	260	1834	260	1834
强制许可的备案	2600	18339	5200	36677
许可的公告	65	458	104	734
说明书的修改或增加	260	1834	260	1834
修改姓名备案	260	1834	260	1834
修改地址备案	260	1834	260	1834
官方专利检索	130	917	130	917
撤销申请	52	367	104	734
本地服务代理人的变更	260	1834	260	1834
年费第 2 年	260	1834	520	3668
第 3 年	390	2751	780	5502
第 4 年	520	3668	1040	7335
第 5 年	650	4585	1300	9169
第 6 年	780	5502	1560	11003
第 7 年	910	6419	1820	12837
第 8 年	1040	7335	2080	14671
第 9 年	1170	8252	2340	16505
第 10 年	1300	9169	2600	18339
第 11 年	1430	10086	2860	20172
第 12 年	1560	11003	3120	22006
第 13 年	1690	11920	3380	23840
第 14 年	1820	12837	3640	25674
第 15 年	1950	13754	3900	27508
第 16 年	2080	14671	4160	29342

续表

费用项目	个人		公司	
	金额（单位：美元）	估算金额（人民币/元）	金额（单位：美元）	估算金额（人民币/元）
第 17 年	2210	15588	4420	31176
第 18 年	2340	16505	4680	33009
第 19 年	2470	17422	4940	34843
第 20 年	2600	18339	5200	36677

注：2019 年 10 月 31 日①：1 美元 = 人民币 7.0533 元。该数据仅供参考，当日汇率请以柜台实际交易价格为准。表中估算的人民币金额依据 2019 年 10 月 31 日人民币与美元汇率计算获得，只保留整数。

① GCC 专利法第 8 条。

3

商标编

3.1 引　言

1987 年，GCC 制定了《海湾阿拉伯国家合作委员会商标法》，该法早于 1992 年颁布的 GCC 专利法，但在当时的政治环境下，该法并不具备可实施性。2006 年 GCC 颁布了新版《海湾阿拉伯国家合作委员会商标法》(Trademark Law of the Gulf Cooperation Council States，以下简称“GCC 商标法”)，并于 2013 年对该法进行了修订。

新版 GCC 商标法由 6 个部分组成，包括与商标有关的词语含义、商标注册的条件与程序、整体保护的程序、商标主体、商标使用许可、违法的处罚。

2015 年 12 月，GCC 颁布了《海湾阿拉伯国家合作委员会商标法实施细则》(The Implementing Regulations of the GCC Trademark Law)，并于 2016 年正式生效。

GCC 商标法的内容有如下特点：

①商标的类型包括声音商标和气味商标；

②商标的主体可以是单一主体或是集体主体；

③一个类别一份申请；

④可以基于在先的国外商标申请优先权；

⑤被接受的商标申请需要在 60 日的公告期内接受他人的挑战，也就是存在异议程序；

⑥注册商标有效期为自申请之日起 10 年，到期后可以续展，续展后有效期同样为 10 年，在逾期的情况下提交续展，给予 6 个月宽展期；

⑦若商标注册后连续 5 年未进行使用，任何利益方都可以提出撤销（这一点与中国商标法中的“撤三”程序类似）；

⑧接受 GCC 成员国的知名商标为驰名商标，不论这些商标是否进行了注册；

⑨商标申请人可以就任何侵权方的侵权行为提起民事或刑事诉讼，处罚包括监禁。

需要注意的是，GCC 商标法并不必然约束各成员国，而是需要各成员国的选择，该法的生效需要各成员国批准，并且颁布该法在其本国内的实施条例。目前 GCC 商标法在六个成员国的实施情况不尽相同，沙特、巴林、科威特三国批准通过并颁布了相应的实施条例，正式实施 GCC 商标法。而阿联酋、卡塔尔和阿曼三国虽然批准了 GCC 商标法，但并未颁布相应的实施条例，其国内尚未正式实施 GCC 商标法。

各成员国实施 GCC 商标法的具体情况如下：

沙特于 2014 年批准通过了 GCC 商标法，2016 年 9 月 29 日，颁布并实施 GCC 商标法的实施条例。这意味着 GCC 商标法在沙特正式生效。需要注意的是，虽然 GCC 商标法取代了沙特本国 2002 年颁布的商标法，但是一些商标相关事项的实际程序规定仍存在滞后及遵循其本国旧法的情况。

阿联酋于 2007 年批准通过了 GCC 商标法（2006 年版本），但并没有颁布配套的实施条例。GCC 商标法于 2013 年修订后，阿联酋也没有重新批准并发布。因此，目前阿联酋商标申请仍以其本国法律为准。

卡塔尔于 2014 年批准通过了 GCC 商标法，规定该法对应的实施条例颁布 6 个月后生效。但是卡塔尔尚未颁布关于实施 GCC 商标法的实施条例。因此，目前 GCC 商标法尚未在卡塔尔生效，其商标申请仍以其本国法律为准。

巴林于 2014 年批准通过了 GCC 商标法，规定该法于对应的实施条例颁布 6 个月后生效。2016 年 5 月 29 日，关于 GCC 商标法的实施条例颁布并生效。2016 年 11 月，GCC 商标法在巴林正式生效。

科威特于 2015 年颁布了关于 GCC 商标法的实施条例，这意味着 GCC 商标法在科威特的正式生效并实施。

阿曼于 2017 年批准通过了 GCC 商标法，规定该法在本国发布后立即生效。但是阿曼尚未发布关于GCC商标法的实施条例。因此，GCC商标法实际上并未真正实施，其商标申请仍以其本国法律为准。

综上可见，尽管GCC颁布了统一的商标法，并且近几年逐步在沙特、巴林、科威特三个成员国中实施，但由于该法不像GCC专利法一样必然约束各成员国，而是需要各成员国的选择，并在各成员国内颁布相应的实施条例单独实施，其实际类似于国际条约在国内的转化适用过程。因此，GCC商标法主要作用是规制各成员国商标法律制度，并非形成类似GCC专利法一样的统一法律。

在实际实施过程中，由于GCC商标法在沙特、巴林、科威特三个成员国中是近几年通过实施的，因此，各国商标注册实际程序仍然存在很多遵循其国内旧法的情况，这给本编的编写带来了很大的困难。为了避免上述编写困难，本编主要以介绍各国现行法律程序为主，同时在法律汇编部分给出GCC商标法的译文，以期通过这种编写方式，既解决编写上的困难，又能保障读者可以较为全面地了解该地区国家的商标制度。

另外，需要注意的是，在商标注册方面，GCC各成员国大多没有加入国际合作体系，原因是外国的商标可能触及不符合伊斯兰教教义和穆斯林文化传统的内容，例如商标注册的国际性条约《商标国际注册马德里协定》，GCC地区仅巴林和阿曼选择加入。

为便于阅读和框架的统一，本编的编排架构与专利编类似。

3.2 沙特篇

3.2.1 沙特商标制度概况

3.2.1.1 商标制度发展历程

沙特于1999年颁布了《商业名称法》，并于2000年颁布了《商业名称法实施细则》，对注册的商业名称进行保护。2002年颁布了《商标法》（以下称“沙特商标法”），规定了商标的申请程序、种类和保护途径；同年颁布了《商标法实施细则》（以下称“沙特商标法实施细则”），更为具体地规定了申请商标的程序事项。

在国际条约方面，沙特于1982年加入世界知识产权组织（WIPO），

2004 年加入《保护工业产权巴黎公约》。

在区域合作方面，沙特于 2016 年颁布了《海湾合作委员会商标法实施条例》,该条例批准通过了 GCC 商标法（以下称“沙特新商标法”)。沙特新商标法发布取代了 2002 年颁布的沙特商标法，但是需要注意的是，实践中沙特商标的一些相关程序可能仍遵循旧法，未根据新法及时更新。

需要注意的是，沙特遵循回历历法，其法律中关于时间或期限的规定默认为回历年[①]。

3.2.1.2 相关机构

沙特的商标事务主管机构是商业和投资部下设的商标局，联系方式如表 3－2－1 所示。

表 3－2－1 商标局的联系方式

名称	Ministry of Commerce and Industry Riyadh 11162
邮政地址	P. O. Box 340227, Riyadh 11333, Kingdom of Saudi Arabia
电话	(96611) 294 47 80 (96611) 47766 66 ext. 2112
电子邮箱	halarifi@ mci. gov. sa
网址	https: //mci. gov. sa/en/eservices/Pages/default. aspx

3.2.2 商标申请人

1. 国内申请人

依据沙特新商标法，以下实体享有自由商标注册权：

①身为 GCC 成员国国民，且为工厂、产品、手工艺品加工店、贸易公司或私营服务项目业主的一切自然人或法人；

②常驻 GCC 成员国之一，依法持证经营贸易、工业、手工业或服务业活动的外国实体；

③具有 GCC 某成员国签署的国际多边公约之中，其他缔约国国民身份的外国实体，或常驻该国的人员；

④公共机构。

① 百度百科：回历是伊斯兰教区采用的历法，纯粹按月亮圆缺周期来计月，也是 12 个月为一年。奇月 30 天，偶月 29 天，每年会比公历年少上 11 到 12 天；https: //baike. baidu. com/item/%E5%9B%9E%E5%8E%86%E5%B9%B4/739328? fr = aladdin，最后访问日期 2019 年 10 月 29 日。

2. 外国申请人

外国商标所有人与沙特本地的商标使用者签订的商标许可协议，可以在商业和工业部登记，许可协议登记将赋予当地商标被许可人使用外国所有人商标的权利，登记也有利于应对第三方在沙特对外国商标的侵权。

外国申请人通过当地代理人申请注册商标和申请优先权的，应当提交全权授权委托书，并经沙特大使馆认证才具有效力。

3.2.3 商品及服务分类

2012年沙特正式将《商标注册用商品和服务国际分类尼斯协定》作为商标申请中选择商品的分类标准，这意味着，每一件商标申请都必须按照该分类标准，选择需要申请保护的商品和服务项目。

3.2.4 商标的注册范围

沙特GCC商标法实施条例扩大了沙特商标注册范围。法律列了允许注册商标的非穷举性明细。任何具有显著特征的图案均可注册为商标，例如姓名、词语、签字、字母、符号、数字、称谓、印章、图案、肖像、铭文、包装、寓意性元素、图形或颜色、一组颜色或以上各项的复合设计，以及用以将某家公司产品或服务与其他公司产品或服务加以区分，或旨在认定服务或用作商品或服务认证标志的一切符号或一组符号。

此外，首次认可将气味和声音用作商标。但此类商标显著性认定，随个案而有所不同，可严格应用于非常规类商标案例。目前除部分商标外（例如沙特境内注册的瓶体外形），尚缺乏三维商标的认定标准。新法中，将"包装"一词纳入商标范围是试图纳入三维商标的一种尝试。

法律还规定了被排除在商标注册之外的明细项目①：

①不具备任何显著特征，或仅由商品或服务惯常称谓，或商品传统图案和普通影像组成的一类商标；

②违反社会道德或公共秩序的一类词语、图案或标志；

③隶属于海湾合作委员会某成员国政府、阿拉伯世界公共机构、国际组织或其下属办事机构的徽标、旗帜、军队徽章和其他徽记，或以上各项

① 沙特新商标法第2条。

的一切模仿性设计；

④红新月会、红十字会符号及一切其他类似符号及其模仿性设计；

⑤与纯宗教性质符号相雷同或近似的标志；

⑥使用过程中，易导致商品或服务来源、原产地混淆的地名；

⑦他人名称、姓氏、肖像或徽标，经由相关所有权人或其继承人事先同意使用的除外；

⑧注册申请人无法提供合法所有权证明材料、涉及所获荣誉学位或学位的一类文字说明；

⑨易误导社会公众，或含有商品或服务来源、原产地虚假描述的一类商标，以及含有虚构、仿冒或假冒商品信息的其他商标；

⑩依据归口权力机关颁布的决定，由禁止贸易往来的自然人或法人所持有的商标。

3.2.5 商标的标记

法律未明文规定此类标志。但在实践中，常用符号©代表注册商标。表明商标使用情况时，则使用™符号；但这些都不是沙特境内的普遍惯例。很明显，使用符号©能起到向他方揭示该商标已独家注册、禁止随意使用的作用。但使用©符号并不是发起侵权诉讼的必要前提，同时在已认定某方侵权的情况下，不使用该符号也不能作为其在侵权案中的辩护理据。

依据沙特商标法，在未注册商标上使用注册符号是会受到处罚的一种违法行为，因此从这一角度来看，将©符号用于未注册商标存在法律风险。

3.2.6 商标注册申请

3.2.6.1 申请文件

商标申请注册所需的手续文件为：

①沙特领事馆认证的授权委托书；

②若要求优先权，需提交优先权文件副本。

3.2.6.2 申请程序

1. 电子申请系统

申请人可以通过沙特商业和投资部的电子服务系统申请商标。步骤如下：

首先，登录沙特商业和投资部的官网，该网站包括英文界面和阿拉伯语界面，其英文界面（网址：https：//mci. gov. sa/en/Pages/default. aspx）如图 3 –2 –1 所示。

图 3 –2 –1　沙特商业和投资部官网英文界面

其次，选择 E – Sevices，进入如图 3 –2 –2 所示页面。

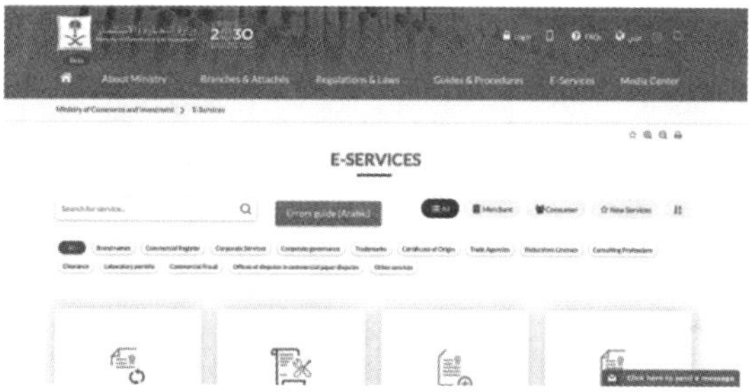

图 3 –2 –2　E – Sevices 界面

再次，点击 Trademarks，找到商标相关服务，如图 3 –2 –3 所示页面。

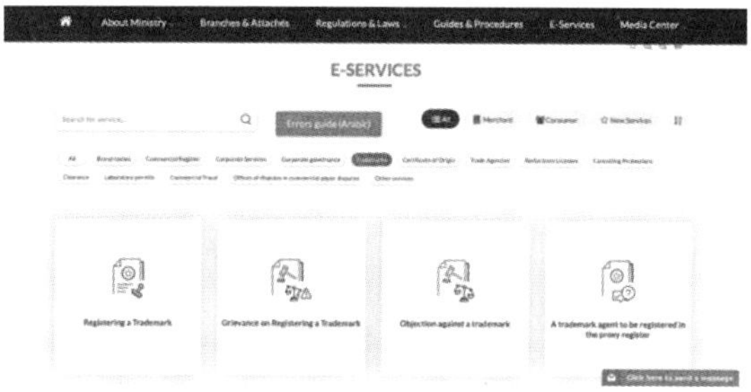

图 3 –2 –3　Trademarks 界面

之后，点击 Registering a Trademark，进入如图 3 –2 –4 所示页面。

图 3-2-4　商标注册介绍界面

最后，点击 Start，可以进入注册登录页面，该网页只有阿拉伯语界面，如图 3-2-5 所示。

图 3-2-5　注册登录界面

该系统还提供申请商标续展、商标注册申诉、商标异议等服务。

2. 商标申请流程

在沙特注册商标，其申请流程如图 3-2-6 所示。

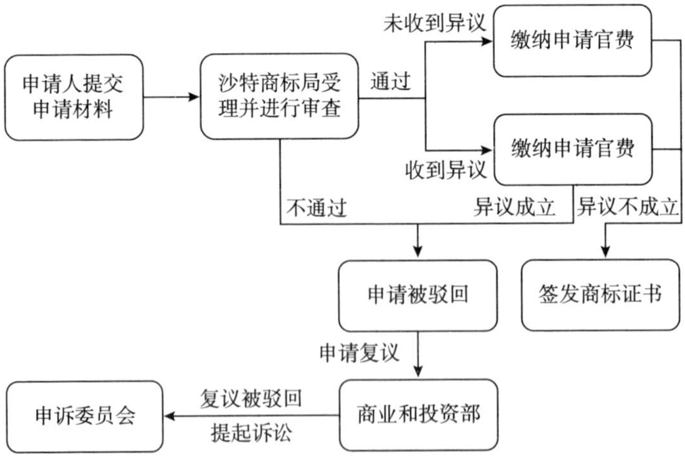

图 3-2-6　沙特商标注册申请流程示意图

商标注册申请被核准后，便会通过商业和投资部网站公布，公布时间通常为核准当天。沙特新商标法将异议受理期从90日缩短到60日。如无异议提出，申请人将在应邀缴纳注册费后，领取在线注册证书。

沙特网上注册系统，是相对较快的申办途径。注册流程从申请到颁证，最长需5个月左右。商标局下达限期整改指令的情况下，预期申办时间可有所延长，其中包括纳入免责条件、删除特定条款和调整商标图案。一旦公示期内某方提出异议，预期申办周期还可能再延长9日至2个月。

3. 优先权

作为《保护工业产权巴黎公约》的缔约国之一，沙特针对各缔约国境内申请商标注册后6个月期限内申请注册的商标，给予优先注册权。

申请优先注册的商标属于实质性近似的同一类商标，是申请优先注册的前提条件之一，允许后续针对商标做出小幅度调整。

4. 审查流程及答复

沙特商标局将首先审核授权委托书，审核通过后，申请人便可提交网上注册申请。然后商标局将从绝对和相对理由两方面入手，审核商标申请。

根据现行惯例，以下情况下，商标局将为申请人提供一次申请材料调整的机会：

①与某款特定商标存在冲突的；

②商标被认定为惯例称谓或不具有显著性的；

③因一切其他法定原因，无法注册的；

④存在需完善免责声明特定说明条款的情形。

申请人可予以响应并按要求做出调整，商标局应对此下达核准或驳回决定。凡申请人未在既定期限内做出响应的，均可导致注册申请被驳回。

极其罕见的情况下，商标局也可能给予申请人第二次调整机会。

由于申请程序从开始到结束均在网上完成，因此通常无法向商标局提交论据。申请人或其法定代表人可走访商标局，共同讨论商标局所提出的一切异议，但这不属于法定程序。

5. 缴费

在沙特注册商标的相关官费如表3－2－2。

表 3－2－2　商标相关官费信息表

费用项目	金额（单位：SR）	估算金额（人民币/元）
申请费	1000	1880
公告费	3000	5641
注册费	5000	9400
续展费	5500	10340
续期公告费	3000	5641
商标注册申诉费	1000	1880
商标异议费	2000	3760

注：SR（Saudi Riyal，沙特里亚尔）为沙特货币单位。2019 年 10 月 31 日[①]：人民币 1 元 = 0.53174 沙特里亚尔。该数据仅供参考，当日中间价请以实际交易汇率为准。表中估算的人民币金额依据 2019 年 10 月 31 日人民币与沙特里亚尔汇率计算获得，只保留整数。

3.2.7　申诉程序

依据沙特新商标法，允许针对驳回决定，向主管机构提出申诉。在新法于 2016 年 9 月 27 日生效和施行之前，针对驳回决定提出申诉的归口管辖机构为行政法院。

不仅可针对驳回决定提出申诉，还可针对商标局附加的注册前提条件提出申诉，申诉期为驳回决定或附加条件下达之日起的 60 日。申诉材料应以书面形式上报商标局备案。受理申诉后的 30 日期限内，商标管委会将向申请人出具申诉复议书，限定申请人在 60 日内做出书面答复。管委会还可应申诉案中任意一方要求召开听证会，以要求听证一方预先缴纳既定听证费为前提。提出异议及每次申请召开听证会，都需要缴纳相关费用。

允许申诉方在 60 日期限内，就商标管委会做出的裁定，向行政法院提出上诉。行政法院向双方下达听证会通知，并组织召开听证会。双方应提交书面论据和反驳理据。沙特法院不收取审理费。

可针对行政法院所下达的裁决，向上诉法院再次提出上诉。上诉法院有权驳回上诉，或将案件发回行政法院重审，附带保留意见。对于驳回上诉的情况，上诉法院将下达书面判决书，此判决书具有终审效力和执行

---

① http：//www.pbc.gov.cn/zhengcehuobisi/125207/125217/125925/index.html，最后访问日期 2019 年 10 月 31 日。

力。上诉法院只召开一次听证会，并在当天宣判。

对于案件发回行政法院重审并附带保留意见的情况，行政法院可在向双方下达听证会通知后，重新召开听证会。行政法院有权改判或维持原判。无论听证结果是哪一种情况，申诉方均有权向上诉法院提出上诉。

3.2.8 第三方异议

沙特商标局接受注册后，将在商业和投资部官网上公示相关信息，公示期为60日。在此期间，公开受理第三方就相关注册申请提出的异议。沙特新商标法规定，异议书应以书面形式提交商标局。预计还将设立专门的网站，受理网上提出的异议。

1. 异议的依据

利害关系人可主张系争商标的注册申请违反法律规定，并对利害关系人造成损害，包括财产利益和精神层面的：

①相对理由：侵害在先权利，包括与已经申请注册的商标相冲突；对其他在先著作权或专利权构成侵害等。

②绝对理由：如标识本身无法具备第二含义，或者是与宗教原则和道德相悖。

③违反诚信：如所有权虚假声明等。

2. 异议程序

受理异议后30日内，商标局应向申请人下达异议复议书，要求申请人在60日内做出书面答复。如应涉案一方要求，还可在申请方缴纳指定听证费的前提下，组织召开听证会。每次申请召开听证会，均需缴费。

申诉方有权在60日期限内，针对商标局做出的决定，向行政法院提出申诉，并可就行政法院下达的裁决，再向上诉法院提出上诉。

3.2.9 商标的保护期限

注册商标的保护期限为10年。

沙特允许商标续展，在办理展期手续时，申请人须在到期前最后1年内提交展期申请。商标到期后有6个月的宽限期，但须额外缴纳罚金，方可办理展期手续。这6个月宽限期到期后，将宣布注销商标，无法再申请展期。依据沙特商标法，过期商标在已到期或注销后的3年期限内，不允许注册在任何第三方名下。

3.2.10 商标的撤销

1. 第三方撤销

下列情况下，主管部门及所有利害关系人均有权要求注销注册商标[①]：

①商标权利人在没有合法理由的情况下连续 5 年未使用该商标；

②注册商标违反公共秩序或公共道德；

③通过欺诈或虚假信息注册。

实际使用商标，是避免第三方因注册人不使用商标为由，启动注销程序的前提条件。凡不使用商标的期限连续达到 5 年的，均可能使相应注册商标在注销类诉讼案中被判予以注销。

沙特商标法未定义其中“使用”一词；但在真正法律意义上，凡针对全部或其中任何已注册商品或服务使用注册商标的，即视为已使用注册商标。

如申请人能够提供合理的未使用商标原因，则可以在注销诉讼案中展开辩护。法院认可的原因，通常是超出注册人自身控制能力以外的客观情况，例如战争期间、进口禁令或能够证明注册人无意停用注册商标的其他合理依据。在沙特境内的此类商标注销诉讼案中，一张发票即可作为充分证明材料，被法院采纳。已有单张发票被采纳为充分证据，作为驳回因注册人不使用商标而提出注销申请的先例。

2. 强制撤销

有两种情况将导致注册商标被依法强制撤销[②]：

①注册商标未依法及时续展；

②从事主管部门所禁止的交易。

3.2.11 商标权的运用

3.2.11.1 许可

如果发生商标许可使用情况，该事项应当被记录在商标注册证书中。

---

① 沙特专利法第 25 条。

② 沙特专利法第 26 条。

许可协议虽然并不要求强制备案，但基于以下两个原因，备案行为是更优选的方式，第一个原因是避免地方当局对许可协议例外规定的尴尬；第二个原因是有助于商标权人获得因商标许可使用而产生的利益。

商标许可协议备案的文件包括：

①授权人签署并且沙特大使馆认证的委托书；

②沙特大使馆认证的许可协议的副本；

③许可使用的注册商标证书原件。

3.2.11.2 转让

1. 转让范围

注册商标可全部或部分转让给沙特境内有权获取注册商标的一切第三方。转让注册商标时，可附带或不附带商誉。注册商标的所有权，也可通过遗嘱和经营权继承方式转让。

要向第三方有效转让商标，就必须在商标局办理商标转让强制性备案手续。

在转让实际资产或投资项目所有权时，可声明商标为此类交易的有机组成部分；但即便对于此类情况，也不强制过户商标；交易双方有权对此另行达成约定。

2. 转让所需文件

办理商标转让及转让备案手续，需提交以下文件：

①转让契约，随附双方明细资料、公证函及沙特领事馆鉴证书；

②转让契约的阿拉伯语译文公证函；

③原商标注册证；

④授权委托书，随附公证函及沙特领事馆鉴证书；

⑤授权委托书的阿拉伯语译文公证函。

3. 转让备案

沙特商标法规定，认定向第三方转让商标合法有效的前提是，必须在商标局备案转让交易。法律条款针对不备案转让交易，明确了相关后果。对于转让商标的有效性来说，如未备案，则转让无效。因此，出让方和承让方共同在商标局办妥转让交易的备案手续，符合双方利益。

4. 审核及公示

商标转让申请由商标局负责审核，并通过在线政府公报予以公示。公示后，即以受让人名义核发商标注册证。办妥全套程序约需 2 个月时间，偶尔会有所延长。

3.2.11.3 担保利益

注册商标所蕴含的抵押权益受法律认可，并可办理公证或合法备案手续。未在商标局备案并公示的抵押权益，针对第三方一概无效。

3.2.12 商标维权程序

1. 行政执法程序

行政执法程序可向设在沙特首都利雅得的反商业欺诈署（ACFD）提出。反商业欺诈署近期引入了集中举报管理系统，因此可针对沙特境内任何城市中所发生的商标侵权行为，向反商业欺诈署提出举报。

反商业欺诈署将索要原装产品和侵权产品样本作为侵权证据，同时索要出售侵权产品的门店购物发票及其地址。举报程序包括在线提出举报、随附证明材料，由反商业欺诈署分析案情，并针对侵权产品销售门店实施突击检查，查扣和销毁侵权产品。

尽管反商业欺诈署对照自有法规（即《反商业欺诈法》）执法，但法院针对部分案件所下达的判决，却驳回了商标侵权指控并建议原告首先诉诸行政执法程序。法院还在（引发争议的）判决书中称，凡在提出侵权诉讼之前，商标所有权人未曾诉诸行政执法程序的，此类商标侵权诉讼均不够成熟，不足以得到法院支持。行政执法程序通常速度很快，对于存在表面侵权证据的情况，反商业欺诈署可在 2 个月内，针对举报案件形成定论。

2. 边检执法措施

边检执法措施被视为沙特境内非常有效的一种维权途径。沙特海关已设立注册商标海关备案程序，针对近期内沙特进口的全部货物实施商标监管。海关可在怀疑商标侵权的基础上自行查扣，或应商标所有权人的要求予以查扣，一切疑似侵权物资，并联系注册商标所有权人或其法律代表，确认所查扣的疑似侵权产品是否为原装货或仿冒商品。海关会在此类执法程序中给予配合，通常很快上传疑似侵权产品的照片，并应权益人要求提供样品，以便核实是否构成侵权。

无论何种情况，商标所有权人均须在 10 日内，向享有司法管辖权的法院提出诉讼，要求法院判令销毁进口物资或不准其流入销售渠道。通常危害公共健康和环境的一切物资，均予以销毁。

3. 反欺诈

销售假冒商标的商品，一般由反商业欺诈署管辖，这也是商标权人重要的维权手段——利用行政资源阻止侵权和不正当竞争。如果商标权人提交的证据能够充分地证明存在销售假冒商标的商品的事实，那么工商业部的官员将会进行现场销售地点的突击检查。

该程序的启动，同样需要前提条件：

①假冒货物销售点的确定地点；

②提交正品和假冒商品的样品；

③正品和假冒商品的区别报告。

向反商业欺诈署提起的假冒商品投诉程序，如果条件成就且理由成立，最终会对假冒商品采取扣押和销毁的措施。

通过反商业欺诈署采取行政执法措施，通常成本介于5000美元至7000美元之间。

4. 替代性争端解决

伊斯兰律法大力提倡采用替代性争端解决。所有性质的诉讼案中，均鼓励对争议双方进行调解和仲裁。这一做法在伊斯兰律法和司法传统中有着很深的根基。

沙特境内的仲裁程序，受M/34号皇家法令颁布的新《仲裁法》管辖，后者以联合国国际商务仲裁示范法为基础拟定，但并非一字不差地照搬。《仲裁法》规定，争议双方可在争议受理权认定环节上，将沙特法院的司法管辖权排除在外。诉诸仲裁可为双方节约解决争议的时间，并可由双方委托具有相关领域专业知识和技能的专家级仲裁员解决争议。双方可选定庭审语言及仲裁地点。值得关注的一点是，仲裁协议条款，不以单独签约或包含在主协议之中为转移，均不得在申请判决仲裁裁决书无效的一类申诉案中，排除沙特法院所享有的司法管辖权。法律针对申请判决仲裁裁决书无效的一类申诉案，制定了一系列诉讼程序条款，因此须牢记在沙特法律体系中，始终存在执行裁决方面的不确定因素，对于在沙特境外实施仲裁或以不符伊斯兰律法为由提出的诉讼而言，更是如此。

3.2.13 商标诉讼程序

1. 民事诉讼程序

（1）原告资格。

注册商标所有权人，或许用协议中获准提请诉讼的被许可方，有权针对第三方未经授权使用注册商标的商业行为，提出民事商标权侵权诉讼。

（2）举证责任。

沙特境内的商标权是通过注册获得的，因此持有注册证是提出侵权诉讼的必要条件。原告方还有责任证明商标的混淆性和近似性。对于未注册知名商标，原告方还有责任额外证明商标知名度。新商标法规定了商标知名度的界定标准，即以推广成果、注册或使用期限长短、注册国数量、商标名气或价值，以及对借以使用商标来区分的商品或服务，在促销过程中所产生的作用，来认定相关消费者对商标的认可度。

在涉及知名商标的一类诉讼案中，所有上述要素均须由原告负责证明。如在沙特境内实际使用商标，则通常在司法程序中具有很强的说服力。

（3）诉讼时间及成本。

诉讼案审理时间，因案件不同而有所不同。初期禁令可在 2 个月内办妥，案件审理则需要 12 至 16 个月。向上诉法院提出上诉，通常可在 4 至 6 个月内结案。

针对侵权案的行政执法程序，可在 3 至 4 个月内完成。

沙特法院审理侵权诉讼案的通常成本大致介于 15000 美元至 25000 美元之间。

（4）判赔。

判赔损失只在理论上成立。虽然沙特商标法规定了损失判赔条款，但沙特法院在损失认定方面，遵循的是伊斯兰律法。伊斯兰律法规定，损失额仅限实际可量化损失，不予认定间接估算损失。根据此项原则，声誉损失不属于认定范畴。原告方须承担很多举证责任，往往难以证明法院认可的损失金额，实践中也不会判赔损失。

（5）罚款和扣押货物。

沙特的民事处罚包括罚款和扣押货物，被扣押货物可用于补偿商标权利人的损失。

沙特商标法中也规定了判决前扣押制度，当事方必须满足以下条件，才可要求判决前扣押：

①缴纳保证金，数额由申诉委员会确定；

②根据判决前扣押令，需要在 10 日之内对侵权人提起刑事或民事诉讼。

针对第②点，需要做出说明，在该国的实践中，侵权人一般情况下会被责令停止侵害行为，侵权人也可能会被罚款。扣押期限一般为从提起诉讼到一审终结，但具体时间受证据的效力和听证的次数的影响。对于多次侵权等恶意侵权行为，沙特商标法规定了惩罚性赔偿制度，包括加倍罚款和监禁，禁止营业 6 个月并公开判决书等。

商标权利人应当知道，在遇到侵权行为时，可以通过寻求临时禁令来获得临时救济，即请求法院颁发禁令扣押涉嫌假冒的商品，这被证明是非常有效的方法。法院也可以发出禁令没收并销毁扣押的商标侵权货物，并在当地媒体公开判决书。接受临时禁令的部门分别是申诉委员会，工商业部的反商业欺诈主管部门；当然，如果商标权利人的商标尚未取得注册，临时禁令就只能选择向后者提出。如果是寻求调查和扣押的救济，商标权利人可向前述两个部门提出申请。

2. 刑事诉讼程序

（1）商标犯罪认定标准。

沙特商标法规定，以下行为构成犯罪：

①假冒或仿冒注册商标，以便误导社会公众或造成混淆，或恶意使用假冒或仿冒商标；

②恶意使用他人名下商标，标注商品或服务；

③故意销售、约售、交易或以交易为目的持有，载有假冒或仿冒商标的一切商品；或非法使用商标，或在非法使用商标的情况下约售服务；

④在商标法第 3 条第 2 款至第 11 款所列各种情形下，使用未注册商标；

⑤在商标、文件或商业单证中，非法添加固定字样，使人误认为自身已注册相关商标；

⑥针对借以区分的相关商品或服务，故意且恶意不添加注册商标；

⑦故意持有相关工具或材料，旨在用于仿冒注册商标或知名商标。

（2）商标犯罪的控告方式。

商标侵权案中的刑事诉讼，是由公诉人应反商业欺诈署的建议发起的。所有刑事案件审理，均适用沙特刑事诉讼法。

（3）刑事处罚。

沙特商标法规定了商标侵权的刑事处罚，使用伪造的注册商标或模仿注册商标的，处 1 年以下监禁或 5 万沙特里亚尔以下罚款。故意使用他人商标的，可被处以同样刑罚。如果在 3 年内再犯的，可被加倍处罚。

3.2.14 与中国商标制度的比较

沙特商标制度与中国商标制度相比，主要存在以下区别：

在商标允许注册范围方面，沙特允许注册商标的范围比我国商标法规定的范围要宽。沙特商标法实施细则规定，任何具有显著特征的图案均可注册为商标，例如姓名、词语、签字、字母、符号、数字、称谓、印章、图案、肖像、铭文、包装、寓意性元素、图形或颜色、一组颜色或以上各项的复合设计，以及用以将某家公司产品或服务与其他公司产品或服务加以区分，或旨在认定服务或用作商品或服务认证标志的一切符号或一组符号。此外，也认可将气味和声音用作商标。而我国商标法允许注册商标的范围包括文字、图形、字母、数字、三维标志、颜色组合和声音等，以及上述要素的组合，不包括气味。

另外，沙特目前缺乏三维商标的认定标准。沙特新商标法中，将“包装”一词纳入商标范围是试图纳入三维商标的一种尝试。

在不允许注册商标方面，沙特将与纯宗教性质符号相雷同或近似的标志，注册申请人无法提供合法所有权证明材料、涉及所获荣誉学位或学位的一类文字说明，以及他人名称、姓氏、肖像或徽标，经由相关所有权人或其继承人事先同意使用的除外做了排除规定，而我国商标法并无此规定，我国商标法规定同中央国家机关的名称、标志、所在地特定地点的名称或者标志性建筑物的名称、图形相同的，不允许注册商标，而沙特商标法并没有类似规定。

在申请程序方面，沙特和我国商标申请程序的诸多期限不一样，例如，沙特的异议期为 60 日，而我国的异议期为 3 个月等。

3.3 阿联酋篇

3.3.1 阿联酋商标制度概况

3.3.1.1 商标制度发展历程

阿联酋于1992年颁布了《商标法》(以下称“阿联酋商标法”),先后于2000年和2002年对该法进行了修订。商标法的内容包括商标的定义、不得注册的标识、注册和撤销程序、转让、许可与质押、侵权及处罚等。

在国际条约方面,阿联酋于1974加入世界知识产权组织(WIPO),1996年加入《保护工业产权巴黎公约》。

在区域合作方面,阿联酋于2007年批准通过了GCC商标法(2006年版),但并没有颁布配套的实施条例。GCC商标法于2013年修订后,阿联酋也没有重新批准并发布。因此,目前阿联酋商标申请仍以其本国法律为准。

3.3.1.2 相关机构及职能

阿联酋商标局的职责包括:

①执行商标法及其配套法规,保护商标权人;

②对商标注册申请进行审查,以及后续的公告、异议和颁发注册证书等;

③处理注册商标的续展、撤销、变更、转让、许可使用等;

④接受申诉并参与相关案件的法院程序。

阿联酋商标局联系方式如表3-3-1所示。

表3-3-1 商标局的联系方式

名称	Trademark Department, Ministry of Economy
邮政地址	P. O. Box 901, Abu Dhabi, United Arab Emirates
电话	(9712) 6131 430
传真	(9712) 626 2922
电子邮箱	fatima@ economy. ae
网址	https://government. ae/en/information - and - services/business/intellectual - property #trademarks https://www. economy. gov. ae/English/Pages/default. aspx

3.3.2 商标的注册范围

凡是能够将自然人、法人或者其他组织的商品和服务，与其他市场主体提供的商品或服务相区别的标志，都可以作为商标。而前述的标志，包括姓名、印章、图形、雕刻、字母、数字、品质证明、包装等，以及上述要素的组合；该国接受声音作为商标的一个类型。①

不得在阿联酋注册为商标的标志包括②：

①产品是通用名称、形状或型号，以及缺乏显著性的符号；

②违反公共道德或秩序的；

③与阿联酋、阿拉伯、任何其他国家和国际组织的国徽、国旗、公共符号标志构成相同或近似的标志；

④与红新月和红十字相同或类似的标志；

⑤与有宗教意义的象征符号相同或类似的；

⑥容易引起来源误认的地理名称；

⑦未经本人或其继承人同意使用其个人印记，包括姓名、肖像等；

⑧无证据表明申请人已合法获得的荣誉称号；

⑨虚假声明或描述的，或者虚构、模仿、臆造的商业名称标志；

⑩任何个人或法人拥有的禁止交易的商标；若在某些类别商品或服务注册将降低与其他产品或服务区别的标识；

⑪含有“最优、特级、注册、版权”等虚假标识；

⑫含国内外奖章、硬币、钞票的；

⑬最后，对知名商标或已注册商标的翻译，若注册可能会导致消费者混淆的，亦在排除之列。

3.3.3 商标注册申请

3.3.3.1 申请文件

商标注册申请需要提交以下文件③：

---

① 阿联酋商标法第（2）条。

② 阿联酋商标法第（3）条。

③ https：//government. ae/en/information - and - services/business/intellectual - property#trademarks，最后访问日期2019年10月30日。

①商标标志；

②营业执照副本；

③授权委托书；

④优先权文件；

⑤护照副本；

⑥其他附件。

3.3.3.2 申请程序

1. 电子申请系统

申请人可以通过阿联酋经济部官网申请商标。步骤如下：

首先，登录阿联酋经济部官网，该网站包括英文界面和阿拉伯语界面，其英文界面（网址：https：//www. economy. gov. ae/English/Pages/default. aspx）如图 3 –3 –1 所示。

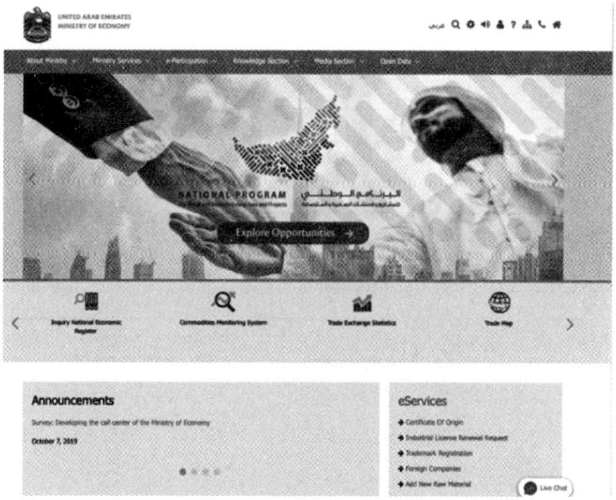

图 3 –3 –1 阿联酋经济部官网英文界面

其次，通过点击 eServices 中的 Trademark Registration，进入如图3 –3 –2 所示的商标注册页面。

通过该系统还可进行商标注册的修改、商标的续展、商标的转让等申请程序。

2. 商标申请流程

在阿联酋注册商标，其申请流程如图 3 –3 –3 所示。

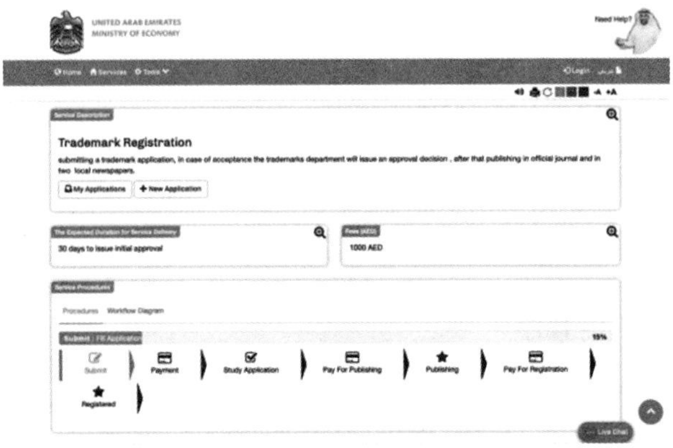

图 3-3-2　商标注册界面

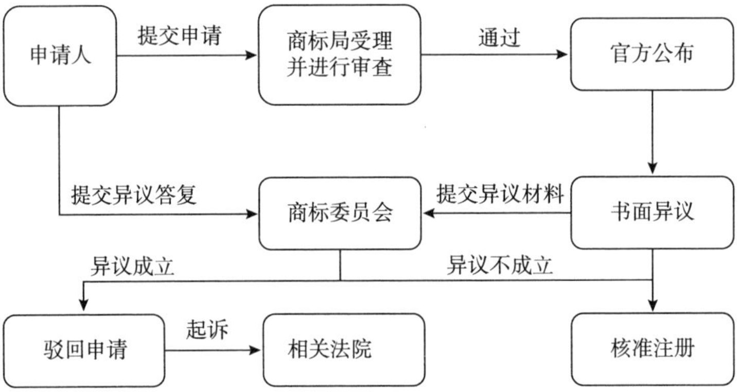

图 3-3-3　阿联酋商标注册申请流程示意图

3.3.4　第三方异议

依据阿联酋商标法，商标在阿联酋商标公报中公告后，利益受到影响的第三人应该在 30 日的法定期限内，向商标注册处提出异议①。

异议理由主要包括：

①相对理由：与基于注册/申请/使用/名称的在先权利存在冲突。

②绝对理由：商标仅具有描述性、具有欺骗性、缺乏显著性，或违反公共政策或道德原则。

① 阿联酋商标法第（14）条。

若在法定期限内并无异议，则商标注册后，可基于上述理由，向有权管辖的法院提起宣告无效诉讼。

异议程序中，双方当事人均须基于己方立场提出主张或进行抗辩，并提出充分证据。

3.3.5 商标的保护期限

注册商标的保护期限为自商标注册提出之日起10年。

根据阿联酋商标法的规定，商标权人可以在保护期限的最后1年内申请注册商标的续展，一次续展可以延长保护期限10年。续展申请无须审核，第三方也无权提出展期异议。①

3.3.6 商标的撤销

第三人基于在先申请、注册、使用等在先权利提起撤销申请，商标因而被宣告无效。

商标可以被注销的情形如下②：

①商标注册因宣告违法而无效；

②持有商标的自然人或法人被禁止交易；

③连续5年未使用。

3.3.7 商标权的终止

丧失注册商标的权利的情形如下：

①保护期届满，未在规定时限内办理续展，以致商标的注册被商标注册处注销。

②商标权人放弃商标注册。

3.3.8 商标维权程序

1. 替代性争端解决方式

双方同意采取替代性争端解决方式时，包括仲裁在内的替代性争端解

---

① 阿联酋商标法第（19）条。

② 阿联酋商标法第（21）条、第（22）条。

决方式可用于化解争端。

2. 边境措施

阿联酋的边境措施包括商标备案和海关扣押。

商标权人有充分理由相信仿冒商品已经进口或即将进口的，可向海关提出申请，要求对仿冒商品暂停放行或禁止入境。

若商标已在海关部门备案，海关部门会依职权暂扣疑似仿冒商品，并通知商标权人。若商标权人在规定期限内提出申请，将对仿冒者采取必要措施。

阿联酋法院一般不会发布跨境禁令，但基于与特定国家的互惠关系，有发布跨境禁令的可能。

3.3.9 商标诉讼程序

1. 民事救济

（1）侵权判定。

下列行为通常会被认定为构成商标侵权：

①不实陈述或模仿注册商标，引起公众误解或混淆的，或恶意使用商标。

②恶意以他人商标标注己方商品或服务。

③以交易为目的，故意销售、许诺销售或交易、处理标有虚伪或仿冒标识的商品，非法使用此类商标或以此类商标提供服务。

④在本人的标识、文书或商业文件中非法标注商标，致使他人相信其已注册该商标。

⑤故意持有用于仿冒注册商标或驰名商标的工具或材料。

商标侵权的认定通常基于在相关商品或服务方面，争议标识在外形、发音或概念上的相似性；同时考虑该标识留给一般消费者的整体印象。根据案件的具体事实，商标的翻译、概念相似但外形不同的标识也可能受到保护。

（2）侵权抗辩。

被控侵权人可基于下列理由进行抗辩：

①在阿联酋或其他国家的在先注册。

②在阿联酋或其他国家的在先使用。

③善意使用。

④争议标识在其他司法管辖区和平共存。

⑤商标或其指定使用的商品/服务的区别性。

⑥通用性或描述性标识。

(3) 诉讼当事人。

商标权人及其授权代理人，包括（经授权的）经销商，均可提起商标侵权诉讼。

未经商标权人授权，使用商标的任何自然人或公司实体均可成为侵权诉讼的被告。根据诉讼类型及侵权公司的法律结构不同，公司董事亦可能被起诉。商标侵权的刑事追诉只针对自然人实施，因此侵权公司的所有人、董事或经理可能被追诉。

(4) 证据。

①书证。当事人提出诉讼请求时及诉讼过程中，通常会提交证据。法院一般不会考虑宣誓书或宣誓声明等材料。向法院提交的一切书证均须使用阿拉伯语，或附有经认证的阿拉伯语译文。

②证人证言。可以提供证人证言，但实践中并不常见。若证人出庭做证，通常会被法官或公诉人交叉询问。

③专家意见。通常会选任专家对法院提供协助。

④调查结论。当事人可提出独立第三方的调查结论，作为补强证据；法院可自由裁量是否采纳该证据。但此等证据不会成为决定性因素。阿联酋法律通常没有关于调查的规定，因此并无相关既定程序或规则。

(5) 临时禁令。

可以向法院申请禁令或保全，法院通常会要求申请人提供保证金，以便在申请人诉讼请求不成立时，赔偿被告因此遭受的损失。若申请人获得有利判决，保证金将予以返还；若申请人败诉，保证金将不予返还。

权利人可向法院申请临时救济，以停止进行中的侵权或即将发生的侵权。向法院申请临时救济时，须具备下列要件：

①申请人具有表面权利。

②若不发布禁令，可能造成无法弥补的损害。

③利害平衡的结果有利于申请人。

④依法院要求提供保证金。

法院对案件事实进行考虑后，须迅速对申请作出裁决。采取临时措施时，法院可发出下列命令：

①提供关于被控侵权行为、侵权商品、侵权活动已使用或可能使用的材料、设备和工具的详细描述。

②保存与侵权相关的证据。

③扣押相关物品，以及由被控侵权行为获得的使用费。

④禁止涉嫌侵权的商品进入商业流通渠道或出口，海关放行之后的进口商品也包括在内。

⑤停止侵权行为。

若迟延裁决可能对申请人造成无法弥补的损失，或造成证据的灭失或破坏，法院可依据单方申请发出上述命令。

提交临时禁令申请及相应证据后，法院将在申请提出后不久（通常为3至5日），召开单一听证，并作出裁决。

权利人可向法院起诉，要求停止进行中的侵权行为或为阻止潜在侵权行为。诉讼须提交有利证据，证明原告的权利，以及权利已被侵犯或将被侵犯。根据案件实施不同，法院可依原告请求，根据阿联酋商标法第（41）条，发布临时禁令和扣押令。禁令救济的实施通常要求原告提供充分的保证金。此后，诉讼可以常规方式进行。

（6）其他临时救济措施。

对侵权货物进行预防性扣押和销毁；实施进出口限制；判令损害赔偿；判令承担诉讼费用。

（7）永久救济措施。

永久禁令；侵权商品充公或销毁；召回令；勒令停业；向海关通报针对侵权人的判决，防止仿冒品的继续进口；去除营业场所和广告中的侵权标识；撤销公司名称或域名；损害赔偿，赔偿通常根据实际受到的损害确定，因此，必须通过书面证据证明相应数额，通常无法获得惩罚性赔偿。

2. 刑事救济

商标侵权构成以下情形的，侵权人将被单处或并处监禁或罚款：[①]

①违法假冒或仿冒注册商标、以此误导公众的，以及刻意使用假冒或仿冒商标的；

②刻意将第三方所拥有的注册商标用于自身产品，或未经授权使用此

---

① 阿联酋商标法第（37）条。

类商标的；

③故意出售、约售、商洽或买入后转销，载有假冒、仿冒或非法使用商标产品的一切人员，此项规定也适用于故意提供或约售，以假冒、仿冒或非法使用商标冠名服务的。

3.3.10 与中国商标制度的比较

阿联酋商标制度与中国商标制度相比，主要存在以下区别：

在商标允许注册范围方面，阿联酋允许将品质证明作为商标注册，而我国商标法并未有此规定。

在不允许注册商标方面，阿联酋商标法规定，与有宗教意义的象征符号相同或类似的，无证据表明申请人已合法获得的荣誉称号，以及虚假声明或描述的，或者虚构、模仿、臆造的商业名称标志不允许注册商标，而我国商标法没有相关规定。另外，我国商标法规定同外国的国家名称、国旗、国徽、军旗等相同或者近似的，但经该国政府同意的除外，以及同中央国家机关的名称、标志、所在地特定地点的名称或者标志性建筑物的名称、图形相同的，不允许注册商标，而阿联酋商标法并没有类似规定。

在申请程序方面，阿联酋和我国商标申请程序的诸多期限不一样，例如，阿联酋的异议期为30日，而我国的异议期为3个月等。

3.4 卡塔尔篇

3.4.1 卡塔尔商标制度概况

3.4.1.1 商标制度发展历程

卡塔尔于2002年颁布了《商标、商号、地理标志和工业品外观设计法》（以下称“卡塔尔商标法”），从法律名称中可以看出，该国采取的是将商号、地理标志和外观设计统一进行立法保护的模式。该国除了将地理标志和工业品外观设计与商标、商号置于同一部法律之内，而且非常特别的是，其采取的是自愿注册的原则，换言之，即使商标没有注册，也能获得法律保护。

在国际条约方面，卡塔尔于1976年加入世界知识产权组织（WIPO），

2000 年加入《保护工业产权巴黎公约》。

在区域合作方面，卡塔尔于 2014 年批准通过了 GCC 商标法，规定该法对应的实施条例颁布 6 个月后生效，但是卡塔尔尚未颁布关于实施 GCC 商标法的实施条例。因此，目前 GCC 商标法尚未在卡塔尔生效，其商标申请仍以其本国法律为准。

3.4.1.2 相关机构及职能

卡塔尔商标、商号、地理标志、工业品外观设计的主管部门是经济和商业部下属知识产权局的注册部，也可称为商标局，其负责管理前述四种商业符号的注册事宜，其联系方式如表 3－4－1 所示。

表 3－4－1　商标局的联系方式

名称	Trademark Department，Ministry of Economy
邮政地址	P. O. Box 1968DohaQatar
电话	(974) 4012 24 34　(974) 4012 24 96　(974) 4012 27 96
传真	(974) 4012 25 88　(974) 4429 43 38
电子邮箱	fthani@ mec. gov. qajalthani@ mec. gov. ga　sdaldosari@ mec. gov. qa
网址	https：//www. moci. gov. qa/en/about – the – ministry/departments/departments – under – the – assistant – deputy – of – commerce – affairs/intellectual – property – rights – protection – department/

3.4.2 商标申请人

如果申请人在卡塔尔没有住所，则其应当委托在卡塔尔当地有住所的代理机构完成商标申请工作。[①]

3.4.3 商标的注册范围

根据卡塔尔商标法的规定，姓名、签名、文字、字母、数字、图形、图画、标志、印章、标章、图案、浮雕及其他标志，或颜色组合、非功能性的单一颜色、声音、气味，或上述要素的组合可以作为商标的表现

① 卡塔尔商标法第 9 条。

形式。①

但下列各项不得注册商标②：

①无显著特征的标志、仅描述商品或服务的特征的标志，或仅表示此等商品或服务的常规设计或通用名称的标志。

②违反道德或公共秩序的术语、设计或标识。

③国徽、国旗，国家或国际组织的标志、名称或标记，以及与前述相似的标识，但经有权机关事先书面同意的除外。

④表明国家对商品或服务实施控制、予以保证的官方标志，但经有权机关事先书面同意的除外。

⑤同“红新月”或“红十字”相同或者近似的标志。

⑥第三人的图案、名称或徽记，但经其事先书面同意的除外。

⑦申请人不能证明其合法拥有的荣誉标章。

⑧存在下列情形且足以引发公众混淆的标识：与第三人在相同或近似商品或服务上已注册的或已申请注册的商标相同或近似的；或与尚未在卡塔尔注册或申请注册的驰名商标相同或近似的（无论所注册或申请注册的商品或服务是否相同或近似）。

⑨容易欺骗公众、包含商品或服务的来源或其他特征的错误信息的标识，以及包含虚假、伪造或仿造的标志或字号的标识。

3.4.4 商标注册申请

3.4.4.1 申请文件

商标申请人需要提交以下文件③：

①主管部门官网提供的纸质表格；

②商标申请人是公司的，需要商业注册证的合法摘录；

③如果由代理人申请，需要认证的授权委托书；

④如果申请文件中包含外文，需要阿拉伯语翻译件并认证。

---

① 卡塔尔商标法第6条。

② 卡塔尔商标法第8条。

③ https：//portal. www. gov. qa/wps/portal/！ ut/p/a0/RY6xDsMgDES _ pQMzpN265Ru6tNkc4hIrYBAQovx9TaWq0935WafTk37qiaGRg0qRwUt – HTbcE9RVDbdx3bcYA6nhag6cu9jIFbkq80OmYG5ksShDvFCjZQffPz1IZNdtAte5jSEBk1i5Ce2CpcLsqaxBWr _ g3wcp – fMdc82wYIC8ZXRUJPWx – oGs0 zZ-ePryEifw！/，最后访问日期2019年10月31日。

3.4.4.2 申请程序

1. 申请系统

卡特尔商标电子申请系统（https：//services. mec. gov. qa/landing/），其界面如图 3－4－1 所示，需要注册之后才可登录访问。

2. 商标申请流程

向卡塔尔注册商标，其申请流程如图 3－4－2 所示。

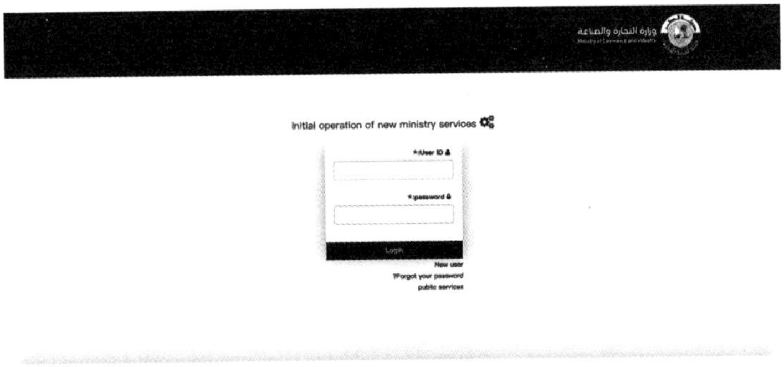

图 3－4－1 卡特尔商标电子申请系统界面

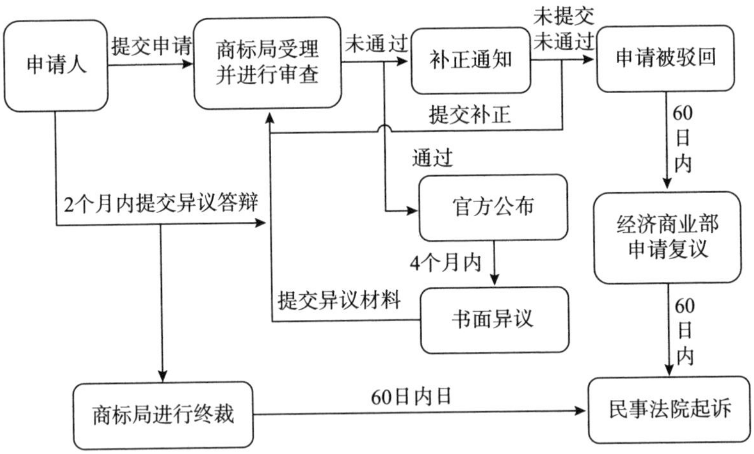

图 3－4－2 卡塔尔商标注册申请流程示意图

针对申请人的商标注册申请，商标局在 30 日内进行审查，如果不符合要求，应给予申请人补正的机会。① 具体流程是商标局向申请人发出通知，

① 卡塔尔商标法第 11 条。

申请人在收到通知后6个月内补正，如果补正仍未通过，则本次申请无效。①

如果申请人对商标局的决定不服，可以自收到决定之日起60日内向经济商业部下属的委员会申请复核。申请人如果对委员会的复核结果不服，还可享有司法救济的途径，即可在收到委员会通知之日起60日内向有管辖权的卡塔尔民事法院提起诉讼。②

2. 优先权

在具有互惠优待的前提下，申请人如在他国已经注册了商标，其可就该商标注册享有为期6个月的优先权，自该商标申请提交之日起算，需要申请人在注册申请中予以声明。③

3. 注册及缴费

商标注册须向商标局提交材料，注册费用为1000卡塔尔里亚尔④。

3.4.5 第三方异议

在商标公告之日起的4个月内，任何利害关系人可向商标局提出异议，商标局在收到异议材料后2个月内，应当将异议副本送达申请人，申请人应当在收到后的2个月内提交针对性的答辩。如果商标申请人未提交答辩，则视为商标申请人放弃该商标。商标局在听取各方意见后作出是否允许注册的决定，如果商标申请人或异议人对决定不服，均可在收到决定后的60日内，向有管辖权的民事法院起诉。

一件商标获得核准注册后，自注册之日起过5年，且该期间内经过注册人的连续使用，同时没有第三方对其商标所有权提出挑战的，则注册人对该注册商标便拥有绝对所有权，其他人不得对该商标再提出质疑。

3.4.6 商标的保护期限

商标的有效期为自申请提交之日起10年。⑤

---

① 卡塔尔商标法第12条。

② 卡塔尔商标法第13条。

③ 卡塔尔商标法第10条。

④ QAR（Qatar Riyal，卡塔尔里亚尔）为卡塔尔货币单位。

⑤ 卡塔尔商标法第18条。

商标权人可以申请续展，展期为 10 年。① 续展申请应在商标有效期届满的最后 1 年内提出续展申请并缴纳费用（2000 卡塔尔里亚尔）。商标有效期届满后的 6 个月内，还可以申请宽展，但须在续展费用之外另缴纳额外费用（总共 5000 卡塔尔里亚尔）。

3.4.7 商标的放弃和撤销

商标权人也可以放弃商标，或者是将商标的保护范围限定在部分产品和服务上。商标的放弃须以书面形式做出，并经商标局备案和公布后才能生效。如果是经许可使用的商标，该放弃还须经过被许可人书面同意，否则无效。②

如果商标获得核准注册后，注册人在 5 年内，未能连续使用该商标或许可卡塔尔境内的第三方使用商标，则任何利害关系人可要求法院撤销该商标。申请人应在发起撤销之诉前 1 个月内，通知商标权人。③

3.4.8 商标的无效

针对已注册的商标，任何利害关系人或商标局如果认为其不符合法律规定，均可向卡塔尔民事法院申请宣告该商标无效。如果法院作出无效决定，该注册商标自始无效，商标局将会在官方公报上公布商标无效的信息。

3.4.9 商标权的运用

卡塔尔的法律禁止第三方在相同或类似的产品或服务上使用与商标注册人相同或类似的商标。同时，也禁止假冒商标的行为。

3.4.9.1 许可

商标注册人可以将其注册商标许可他人使用，且许可合同必须是书面方式。同时，许可合同在商标局备案后才具有对抗第三人的效力。商标注册人有义务对被许可人生产的标注被许可商标的产品和服务进行质量监

---

① 卡塔尔商标法第 18 条。

② 卡塔尔商标法第 23 条。

③ 卡塔尔商标法第 24 条。

督，如果其未履行此义务，商标局有权撤销前述许可。①

3.4.9.2 转让

商标可以转让，也应通过书面形式提出，且须经商标局同意。转让在商标局备案后取得对抗第三人的效力。②

3.4.10 商标诉讼程序

当发生对商标、商号等商业标记、地理标志、工业品外观设计的侵权行为时，任何利害关系人可向有管辖权的法院申请针对该侵权行为的预防性保护措施。申请人在提供担保后，可向法院申请扣押相关涉案产品。申请人须在法院发出扣押决定后10日内向法院起诉，如果超期则扣押决定失效。

针对实施商标、商号、商业标记、地理标志、工业品外观设计的侵权行为主体，卡塔尔最高可处以两年的监禁或最高两万卡塔尔里亚尔的罚金；对于累犯，有惩罚性赔偿措施，施加的惩罚将加倍，可同时处以罚金和监禁。法院可判令没收或销毁扣押的侵权产品，并判令涉案企业一定期限的停业。判决内容应在当地报纸上公开（至少一家），相关费用由侵权人、处罚人承担。

3.4.11 商标诉讼制度

卡塔尔就商标异议产生的纠纷，尽管是由商标局做出前期的决定，但是其终究仍是针对两个私权/私法意义上的主体的决定，因而属于私法管辖，不属于行政法管辖。包括中国企业在内的外国商标申请人，在卡塔尔注册商标时，如果对商标局的决定不服，应当向民事法院起诉，而不是向行政法院起诉。

3.4.12 与中国商标制度的比较

卡塔尔商标制度与中国商标制度相比，主要存在以下区别：

在商标允许注册范围方面，卡塔尔允许将非功能性的单一颜色、气味

---

① 卡塔尔商标法第22条。

② 卡塔尔商标法第21条。

作为商标注册，而我国商标法并未有此规定。

在不允许注册商标方面，卡塔尔商标法规定，第三人的图案、名称或徽记（但经其事先书面同意的除外），以及申请人不能证明其合法拥有的荣誉标章不允许注册商标，而我国商标法没有相关规定，我国商标法规定同中央国家机关的名称、标志、所在地特定地点的名称或者标志性建筑物的名称、图形相同的，不允许注册商标，而卡塔尔商标法并没有类似规定。

在申请程序方面，卡塔尔和我国商标申请程序的诸多期限不一样，例如，卡塔尔的异议期为 4 个月，而我国的异议期为 3 个月等。

3.5 巴林篇

3.5.1 巴林商标制度概况

3.5.1.1 商标制度发展历程

巴林于 2006 年颁布了《商标法》（以下称“巴林商标法”），规定了商标的种类、申请程序、权利维护等条款。

在国际条约方面，巴林于 1995 年加入世界知识产权组织（WIPO），1997 年加入《保护工业产权巴黎公约》，2005 年加入《商标注册用商品和服务国际分类尼斯协定》《商标国际注册马德里协定》和《商标国际注册马德里协定有关议定书》。

在区域合作方面，巴林于 2014 年批准通过了 GCC 商标法，规定该法于对应的实施条例颁布 6 个月后生效。2016 年 5 月 29 日，关于 GCC 商标法的实施条例颁布并生效。2016 年 11 月，GCC 商标法在巴林正式生效。

3.5.1.2 相关机构及职能

巴林的知识产权事项由工业、商业和旅游部下设的贸易部[①]管理，贸易部联系方式如表 3－5－1 所示，商标注册等相关事项由其商标注册部门（以下简称“商标局”）管理。

---

① 2004 年时为工业产权部，2006 年修改为贸易部。

表 3-5-1 贸易部联系方式

名称	Industrial Property Directorate, Ministry of Industry & Commerce
邮政地址	P. O. Box: 5479 Manama - Kingdom of Bahrain
电话	+973 17 574834
传真	+973 17 536479
电子邮箱	ipd@ commerce. gov. bh
网址	http://www. moic. gov. bh/En/Commerce/ForeignTrade/IndustrialPropertyDirectorate/Pages/index. aspx
工作时间	周日—周四，7：00 AM—2：00 PM

3.5.2 商标的注册范围

任何能够用以区分商品来源的可识别符号均可以作为商标，包括文字、数字、印章、声音、气味、图形、颜色组合等或其组合。

不得在巴林注册商标的标志包括如下情况①：

①缺乏特色的标志；

②国家或国际组织的旗帜、盾徽徽章等；

③虚假的原产地标记，描述性的和其他非独特的表达；

④其他不予注册的理由：涉及公共利益，具有欺骗性或丑闻的，或与工人的道德原则或现行有效的法律相违背的标志。

3.5.3 地理标志

地理标志是指明示或暗示某一产品来源于某个国家或地区的词汇，而该词汇能指示产品特定的品质或其他特性，而该特性主要取决于来源地区的特有地理、气候、文化、工艺等条件。

巴林商标法并未对地理标志的保护期限作出规定，但规定了地理标志所有权人需要每年缴纳一定的费用。需要注意的是，巴林对于 WTO 成员国和与巴林享有互惠待遇的国家的地理标志予以承认，并给予法律上的保护，但要求国外的地理标志须在原属国获得保护才可在巴林获得保护。

---

① http://jahcoip. com/bahrain - trademarks/，最后访问日期 2019 年 10 月 31 日。

3.5.4 商标注册申请

1. 电子申请系统

巴林注册商标的电子申请系统（https：//www. moic. gov. bh/ipd/login)，其界面如图 3－5－1 所示。

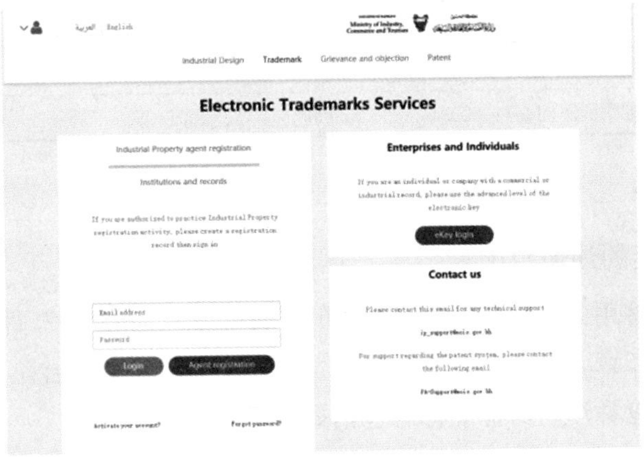

图 3－5－1　巴林商标电子申请系统界面

2. 商标申请流程

在巴林注册商标，其申请流程如图 3－5－2 所示。

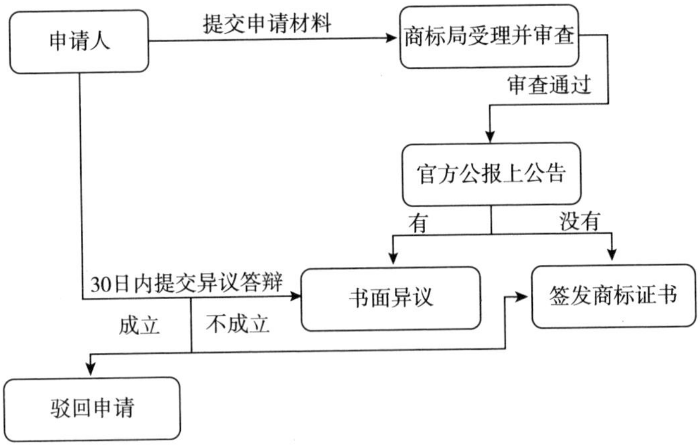

图 3－5－2　巴林商标注册申请流程示意图

商标注册申请提交后要接受商标局的审查，如果该申请被初步审定，商标申请人需要在商标局官方公报上连续发布3次公告，利害关系人在第3次公告后30日内，可以通过书面的形式对商标申请提出异议。商标局应将异议材料的复印件送达商标申请人，商标申请人需要在30日内进行答辩。没有异议的商标注册将予以核准并公告。

3.5.5 第三方异议

通过初步审定的商标注册申请将在商标局的官方公报上公告，在60日内任何利害关系人可以提出异议。异议人可主张其已经在巴林或世界其他地方在先使用该商标，如果有充分的证据予以支持，商标局将驳回注册申请。[①]

3.5.6 商标的撤销

如果注册商标连续5年未进行实际使用，申请人也没有实际使用商标的意图，任何利害关系人都可以请求撤销该商标。

以下行为是巴林商标法规定的侵权行为：

①未经许可使用他人注册商标（即在同类商品或服务上使用与他人注册商标类似标识）；

②销售、许诺销售、存储假冒商标的商品；

③使用他人注册商标促销自己同类产品或服务的。

3.5.7 商标的续展

注册商标的保护期为10年，自注册之日起计算，期满后可以申请续展，每次续展的保护期同样是10年。

期满未续展的商标将失去效力，商标局将在注册商标失效最后1个月内通知注册人，如果注册人在失效后6个月内未申请宽展，则该注册商标将被注销。该商标被注销后3年内，官方不接受相同商标申请注册在同类产品上。

---

① http：//jahcoip. com/bahrain – trademarks/，最后访问日期2019年10月31日。

3.5.8　商标权的运用

申请人可以将注册商标进行许可、转让。法律规定注册商标的转让必须与实体企业一并转让，而且转让行为必须是基于善意的。注册商标的转让、许可使用、商标变更等事项，都应当进行登记备案并通过商标局官方公报予以公告。

3.5.9　商标维权程序

2006 年，巴林司法部授权工业产权局对知识产权犯罪进行执法，具体的权限包括扣押、没收、销毁假冒商品、盗版物，以及用于生产制造前述产品的设备和材料。

巴林海关对知识产权的保护适用的是 GCC 统一海关法的规定，其本国没有就海关知识产权保护颁布专门的法律和条例，还有一点特殊的是，巴林的海关总署隶属于财政部。

巴林现行商标法其实也包括了与海关执法有关的内容，比如商标法授权海关有权采取协助边境检查等措施以保护商标权人的利益，并规定了相关执法程序。巴林商标法规定：商标权人有充分理由相信假冒货物已经或即将进口的，可以向海关投诉，请求暂缓放行相关货物并禁止其流通。商标权人须同时向海关提交足够的、稳定的商标权利证明。海关没有针对假冒货物的布控能力，因此商标权人应当提供足够的定位信息，包括集装箱号、到岸日期等，以便涉嫌假冒的货物能够得到锁定。海关可以根据商标权人的请求被动参与，或在有充足理由时依职权主动参与针对涉嫌侵权假冒的进口、转口或出口货物的扣押，制止这些货物进入流通领域，商标权人可以申请检查货物。仅此而已，在没有得到法院判决的情况下，海关无权销毁扣押的侵权货物。海关还可以要求商标权人提供足额担保，以防止其滥用权利启动行政执法机制，特别是防止对进口人的不正当竞争。如果被扣押的侵权进口货物被认定为假冒品，商标权人的担保金即可解冻。在一定条件下，海关可签署暂缓放行货物的命令并通知进口人和商标权人，而且，接到暂缓放行通知后，商标权人应当在 10 个工作日内向有管辖权的法院提起诉讼，否则货物将被放行。也就是说，法院有权对海关的行政命令进行司法上的确认、修改或撤销。

3.5.10 与中国商标制度的比较

巴林商标制度与中国商标制度相比，主要存在以下区别：

在商标允许注册范围方面，巴林允许将气味作为商标注册，而我国商标法并未有此规定。

在不允许注册商标方面，虽然同为GCC成员国，但巴林商标法律的排除性规定并不像沙特和阿联酋等国家规定得那么细，排除性规定也比较少，我国商标法规定同中央国家机关的名称、标志、所在地特定地点的名称或者标志性建筑物的名称、图形相同的，以及与表明实施控制、予以保证的官方标志、检验印记相同或者近似的，但经授权的除外，不允许注册商标，而巴林商标法并没有类似规定。

在申请程序方面，巴林和我国商标申请程序的诸多期限不一样，例如，巴林的异议期为60日，而我国的异议期为3个月等。另外，巴林商标申请需要连续公告三次，而我国商标法并未有此规定。

3.6 科威特篇

3.6.1 科威特商标制度概况

3.6.1.1 商标制度发展历程

科威特于1980年颁布了《商标法》（以下称“科威特商标法”），并先后于1987年和2001年进行了修订。1996年，科威特颁布了《工业法实施细则》，其中涉及了与商标相关的法律。

在国际条约方面，科威特于1998年加入世界知识产权组织（WIPO），2014年加入《保护工业产权巴黎公约》。

在区域合作方面，科威特于2015年颁布了关于GCC商标法的实施条例，这意味着GCC商标法在科威特的正式生效并实施。

3.6.1.2 相关机构及职能

科威特工业产权办公室下设工商业部专利商标局，负责管理相应事宜，专利商标局联系方式如表3－6－1所示。

表 3-6-1 专利商标局联系方式

名称	Trademarks and Patents Department, Ministry of Trade and Industry
邮政地址	P. O. Box 2944Safat 13030Kuwait
电话	(965) 22 42 4426 (965) 22 48 3758
传真	(965) 22 46 6975/ 22 41 5578
电子邮箱	eng - afhm@ yahoo. com fahadbager@ hotmail. com

3.6.2 商标申请人

最先申请商标并获得注册的人，是该注册商标的唯一权利人，其拥有将商标标记使用于指定商品上的排他性的权利。

3.6.3 商品及服务分类

科威特采用国际上通行的商标注册用商品和服务国际区分表，但也存在例外，也就是根据伊斯兰习俗，科威特商标法不保护关于酒精饮料和猪肉制品等相关类别的商标。

3.6.4 商标的构成要素

根据科威特商标法的规定，任何在文字、数字、图形、印章，还包括听觉和嗅觉标记，或者其他标记及其组合，如果其具有区别性，可以被用于区别不同产品制造者或服务提供者时，都可以作为商标。但科威特商标法中有浓厚的反以色列色彩，其明确规定标记的选择设计中不得含有以色列文化元素。

3.6.5 商标权的运用

科威特商标法规定，商标可以转让，但是权利人变更必须在商标局进行备案，同时还需要在官方公报上进行公告，否则不能对抗第三人。

3.6.6 侵犯商标权的处罚

未经许可使用他人的注册商标，被认为构成商标侵权。侵权人会被处以600科威特第纳尔的罚款或监禁，也有可能二者并罚，并赔偿商标权人的损失。

3.6.7 与中国商标制度的比较

科威特商标制度有比较明显的伊斯兰特点，其商标法明确规定不保护关于酒精饮料和猪肉制品等相关类别的商标。另外，科威特商标法中也有浓厚的反以色列色彩，其明确规定标记的选择设计中不得含有以色列文化元素。

3.7 阿曼篇

3.7.1 阿曼商标制度概况

3.7.1.1 商标制度发展历程

阿曼于2008年颁布了《工业产权法》（以下称“阿曼工业产权法”），该法涉及企业名称、地理标志、商标等各类知识产权的注册、登记和保护。同年还颁布了《工业产权法实施条例》，规定了与阿曼工业产权法相配套的涉及具体程序、费用等内容。阿曼其他法律中也有涉及商标保护的条文，如2002年颁布的《消费者权益保护法》，规定了维护竞争秩序、禁止假冒商标、保护地理标志等内容；此外，1974年颁布的《刑法典》，也涉及企业名称、商标等知识产权的刑事保护。

在国际条约方面，阿曼于1997年加入世界知识产权组织（WIPO），1986年加入《保护奥林匹克标志的内罗毕条约》，1999年加入《保护工业产权巴黎公约》，2007年加入《商标国际注册马德里协定》、《商标国际注册马德里协定有关议定书》和《商标法条约》。

在区域合作方面，阿曼于2017年批准通过了GCC商标法，规定该法在本国发布后立即生效。但是阿曼尚未发布关于GCC商标法的实施条例。因此，GCC商标法实际上并未真正实施，其商标申请仍以其本国法律为准。

3.7.1.2 相关机构及职能

阿曼主管商标行政事务的部门是商业和工业部下设的工业产权局，其联系方式如表3－7－1所示。

表 3－7－1　工业产权局联系方式

名称	Intellectual Property Department Ministry of Commerce and Industry
邮政地址	P. O. Box 550 Code No. 113 Muscat Sultanat of Oman
电话	(968) 248 28 124 (968) 248 28 122
传真	(968) 248 154 00 (968) 248 17 412
电子邮箱	info@ mocioman. gov. comshuaibi777@ hotmail. com saidy3916@ yahoo. com
官网	https：//www. moci. gov. om

3.7.2　商标注册申请

在阿曼注册商标，其申请流程如图 3－7－1 所示。

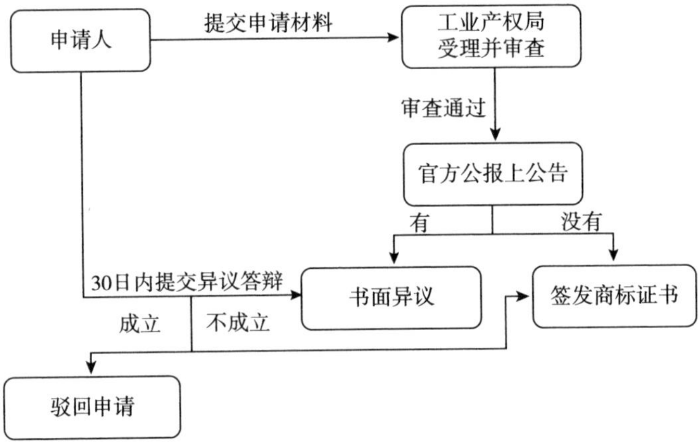

图 3－7－1　阿曼商标注册申请流程示意图

阿曼工业产权局接到注册商标的申请之后，将对其进行初步审查；工业产权局可能会因为申请缺陷而书面驳回该注册申请，比如商品或服务的范围或要求修改标识。初步审定合格的商标申请将在工业产权局官方公报，以及在当地一家报纸上进行公布，90 日内利害关系人可向工业产权局提出书面异议，申请人接到异议通知 30 日内应提交异议答辩，否则视为放弃申请。

3.7.3　第三方异议

任何利害关系人，可在官方公报公开之日起 90 日内，就某商标提出书面形式的异议，并缴纳规定的费用。工业产权局应当将异议通知商标申请人，申请人可在30日内作出书面答辩，否则该商标申请被视为放弃。[①]

3.7.4 商标的保护期限

阿曼的注册商标的保护期为10年，自申请之日起计算，期满可以申请续展。期满未续展的，仍有6个月的宽展期，但在宽展期内提出续展的，需要支付延迟费用。续展的商标也会在官方公报上进行公告。

3.7.5 商标的撤销

阿曼的商标注册和维持虽然没有要求以使用作为条件，但是任何利害关系人如果发现某一注册商标有连续3年未使用的情形，则可申请撤销该注册商标，商标权人有不使用商标的合理理由的情况除外。与此相对应的是，如果某一商标自申请日起持续使用满3年，并且在该期间也没有任何有效的反对该注册的主张，则该注册商标属于不可置疑的类型。

3.7.6 商标权的运用

注册商标的转让应当在工业产权局备案登记，未经此程序的转让不得对抗第三人。同时，注册商标的相关信息变更，商标权人也应当在工业产权局的注册处进行登记。

3.7.7 商标侵权行为

以下属于侵犯注册商标的行为：

①未经许可使用他人注册商标进行销售；

②储存假冒商标的商品；

③许诺销售带有假冒商标的产品；

④使用他人注册商标促销自己的同类商品或服务。[②]

---

① 阿曼工业产权法第（38）条。

② 阿曼工业产权法第（67）条。

3.7.8 与中国商标制度的比较

阿曼并没有单独的商标法律法规，而是将商标与专利、实用新型等一起在 2008 年颁布的《工业产权法》中进行了统一规定，不像我国进行了专门的商标法立法。

4

著作权编

4.1 引 言

在著作权领域，GCC 地区并没有像专利和商标一样，推出相应的法律，形成区域性的保护机制。但 GCC 各成员国都加入了《保护文学和艺术作品伯尔尼公约》，在著作权领域的国际合作上都较为积极，例如阿联酋 2004 年加入了《世界知识产权组织版权条约》和《保护文学和艺术作品伯尔尼公约》，2005 年加入了《保护表演者、音像制品制作者和广播组织罗马公约》和《世界知识产权组织表演和录音制品条约》，2014 年加入了《视听表演北京条约》和《关于为盲人、视力障碍者或其他印刷品阅读障碍者获得已出版作品提供便利的马拉喀什条约》。阿曼 2005 年加入了《世界知识产权组织表演和录音制品条约》和《世界知识产权组织版权条约》，2008 年加入了《关于播送由人造卫星传播载有节目的信号的公约》等。

本编主要按国别，依次分沙特篇、阿联酋篇、卡塔尔篇、巴林篇、科威特篇和阿曼篇，对各国著作权领域的基本法律法规政策、相关的管理机构、各国著作权的标的和保护范围以及著作权的保护期限等内容进行介绍。

4.2 沙特篇

4.2.1 沙特著作权法律法规政策

沙特于 1989 年颁布了《著作权法》(以下称“沙特著作权法”),规定了著作权的内容及其保护范围,2003 年对该法进行了修订。同年还颁布了《著作权法实施细则》,规定了涉及著作权的保护以及程序性事项。

沙特其他法律法规也涉及与著作权相关的条文,如 2004 年颁布的《保护商标权和著作权的边境措施规则》,规定了著作权的海关保护措施和程序性事项。

在国际条约方面,沙特于 1982 年加入世界知识产权组织(WIPO),1994 年加入《世界版权公约》,2004 年加入《保护文学和艺术作品伯尔尼公约》。

需要注意的是,沙特遵循回历历法,其法律中关于时间或期限的规定默认为回历年①。

4.2.2 相关机构及职能

沙特的版权局隶属于文化和信息部,主管著作权法实施的相关行政事务,其联系方式如表 4-2-1 所示。

表 4-2-1 版权局联系方式

名称	General Administration of Copyright, Ministry of Culture and Information
邮政地址	P. O. Box 8752Riyadh 11161 Kingdom of Saudi Arabia
电话	(96611) 442 5324, ext. 111
传真	(96611) 404 0087
网址	https://www.moc.gov.sa/en

对于违反著作权法的行为,由文化和信息部下属的违法行为审查委员

① 百度百科:回历是伊斯兰教区采用的历法,纯粹按月亮圆缺周期来计月,也是 12 个月为一年。奇月 30 天,偶月 29 天,每年会比公历年少上 11 到 12 天;https://baike.baidu.com/item/%E5%9B%9E%E5%8E%86%E5%B9%B4/739328?fr=aladdin,最后访问日期 2019 年 10 月 29 日。

会管辖，对于审查委员会决定不服的，当事人可向申诉委员会申诉。

4.2.3 著作权的标的与范围

对于原创作品，沙特著作权法的保护对象包括：文字作品，口述作品，戏剧等包含动作、声音或二者兼有的作品，美术和建筑作品，录音音像作品，摄影作品，以及地理、地形、建筑和科学的说明、地图、设计图、规划图和模型等，实用艺术作品，计算机软件等。①

沙特著作权法还保护以下衍生作品②：

①翻译作品。

②节选、改编、插图、编辑及一切其他形式的修改作品。

③在内容选择或编排上，被视为具有原创性的全集或选集，不以文学、艺术或科技作品为转移。

④民俗作品及其表达形式和精选曲目汇编，以此类汇编在内容选择或编排上具有原创性为前提。

⑤数据库，不以机读或任何其他方式读取为转移，以其在内容选择或编排上具有原创性为前提。

法律明确规定，以下作品不属于著作权法保护范围③：

①法律和司法判决、行政机关决定、国际协定及所有官方文件，以及上述各项的正式翻译件，以符合此类文件的刊发条件为前提。

②报纸、杂志和期刊中刊登的内容，或每日新闻或新闻类节目中广播的内容。

③创意、程序、工作方法、数学概念、原理及抽象事实。

4.2.4 著作权保护期限

沙特公民和外国人的作品，自首次在沙特发表、表演或播出放映后都将受到保护，但根据作品种类的不同，保护期限也有所不同，主要包括：

①作者享有的作品版权期，为本人终生寿命及其去世后的50年期限。

②联名作品的版权期，自其中最后一位在世作者去世之日起算。

---

① 沙特著作权法第2条。

② 沙特著作权法第3条。

③ 沙特著作权法第3条。

③作者为法人实体或姓名不详的，其作品受保护期应为，自作品首次发行之日起的 50 年。如 50 年期限结束之前，作者姓名后续已知的，则其作品的受保护期应对照本条第①款既定期限执行。

④如某个作品由多个部分或卷组成、各自单独发布或在一定时期内逐个发布，则其中每个部分或卷均在计算保护期限内，视为独立作品。

⑤音乐作品、音像作品、电影、集体作品和计算机程序的保护期为 50 年，自相关作品首次公映、演出或出版之日起算，不以再版日期为转移。

⑥工艺美术品（手工品及机制品）和摄影作品的保护期为出版之日起的 25 年。核算期限时，从首次出版之日起算，不以再版日期为转移。

⑦广播组织的保护期为 20 年，自相关节目或广播材料首次播出之日起算。

⑧录音作品及演艺人员的保护期为 50 年，自演出或首次录制之日起算，以具体情况为准。[①]

4.2.5 著作权侵权和救济

1. 侵权行为的认定

根据沙特著作权法，下列行为将会被认为是侵权行为[②]：

①出版商、经销商、发行商在内的任何人，未经作者书面同意，对作品的内容、主题进行修改的；

②未经著作权人书面同意，重印或再版著作权人作品的；

③删除任何书面或电子信息，可能导致切断作者与作品之间关系的；

④删除任何旨在保证对原始复制品使用的保护性电子数据的；

⑤未经著作权人同意，通过欺诈手段对其作品进行商业使用的；

⑥未经著作权人同意，以营利为目的，生产或进口旨在非法获得或利用他人作品的工具的；

⑦未获著作权人书面同意或有关机关的授权，复制或影印一部作品或作品的任何部分的；

⑧进口、仿制或非法复制作品的复制件的。

---

① 沙特著作权法第 19 条。

② 沙特著作权法第 21 条。

2. 著作权的救济

（1）对侵权行为的处罚。

违反著作权法的规定，侵权人应受以下一项或多项处罚[①]：

①任何针对相同产品或其他产品的累犯行为，可能会面临加倍处罚等惩罚性措施；

②如果违法行为可能被处于监禁、超过10万沙特里亚尔的罚款或撤销许可证书的情形，则该案件将被转递到申诉委员会，申诉委员会根据侵权的规模和由此造成的损失来确定赔偿金额；

③委员会可以出具针对侵权人的名誉的惩罚性措施；

④侵权人应承担因公开发布判决书而产生的相关费用；

⑤如果侵权发生在商业活动中，法院可颁发临时禁令，但禁令期限不超过2年；

⑥委员会可以针对侵权产品的制作、出版、发行和复制等行为发出禁令，还可以采取扣押措施。委员会甚至可以采取其认为必要的措施保护著作权到诉讼终结。处罚可处以监禁或者罚款，监禁可达6个月，罚款最高可达25万沙特里亚尔，对于累犯，还会面临加倍的惩罚性措施。

（2）违法行为审查委员会的调查制度。

沙特文化和信息部设立违法行为审查委员会，受理涉及著作权法的侵权投诉。委员会主席负责监督委员会的专业和管理工作，并决定每个案件的审理期限。委员会根据案件审理的需要，传唤任何相关方出庭做证，也可将相关文件发送到有关调查机关进行调查。

委员会的决定应当经委员会成员多数表决作出，并由文化和信息部部长批准才可生效。如果当事人对委员会的决定不服，可在收到决定之日起60日内向申诉委员会提出上诉。

委员会有权在另一方不知情的情况下采取临时措施以保护著作权人的权利，以及保全固定侵权证据。

在具体的案件中，原告负有下列义务：

①证明自己是涉案著作权的权利人；

②提交初步的侵权证据；

③提供一定的财产担保；

---

① 沙特著作权法第22条。

④委员会为了评估采取临时措施的必要性，有权要求原告提供必要的证据材料予以证明。

与此相关的，委员会采取临时措施后，可以通知相关各方在此后的30日内提交其关于临时措施的观点和抗辩。

对于以下情况，委员会可启动针对违法行为的调查程序：

①著作权人或其代理人向文化和信息部提出调查的申请；

②提交到委员会的侵权控诉请求；

③文化和信息部可对知识产权活动进行例行或临时检查；

④文化和信息部可以通过参观媒体、商业设施、仓库，对公共机构和私人机构对受保护作品的使用进行相关调查，并有权进行取证。

在经过一定程序的调查取证后，会提交调查报告。如果报告认定侵权情形不存在，原告经申请并得到允许的情况下，可在调查官的陪同下对相关物品进行简要调查。

4.2.6 与中国著作权制度的比较

沙特著作权制度与中国著作权制度相比，主要存在以下区别：

沙特著作权法规定，摄影作品的保护期为首次出版之日起的25年。而按照我国著作权法的规定，摄影作品发表权和财产权的保护期限为50年，截止于作品首次发表后的第50年的12月31日。

沙特著作权法规定，广播权的保护期限为20年，自节目首次播出之日起算。而我国著作权法规定，广播权的保护期限为50年，截止于该广播、电视首次播放后第50年的12月31日。

4.3 阿联酋篇

4.3.1 阿联酋著作权法律法规政策

阿联酋于1992年颁布了《知识产权和著作权保护法》，后该法后被2002年颁布的《著作权与邻接权法》（以下称“阿联酋著作权法”）所取代。2004年，阿联酋还颁布了《关于著作权和邻接权法集体管理的规定》《关于作品的强制许可和翻译的规定》。

在国际条约方面，阿联酋于 1974 加入世界知识产权组织（WIPO），2004 年加入《世界知识产权组织版权条约》和《保护文学和艺术作品伯尔尼公约》，2005 年加入《保护表演者、音像制品制作者和广播组织罗马公约》和《世界知识产权组织表演和录音制品条约》，2014 年加入《视听表演北京条约》和《关于为盲人、视力障碍者或其他印刷品阅读障碍者获得已出版作品提供便利的马拉喀什条约》。

4.3.2 相关机构及职能

阿联酋版权局负责著作权法及相关法规的实施，保护作者的合法利益；接受版权登记申请并作记录；受理版权相关的投诉并参与此后解决的法律程序；与知识产权领域国际组织进行协调和沟通；建立版权登记和分类数据库，版权局联系方式如表 4-3-1 所示。

表 4-3-1 版权局联系方式

名称	Copyright Department，Ministry of Economy
邮政地址	P. O. Box 901 Abu Dhabi United Arab Emirates
电话	(971) 26262867 (971) 26131415
传真	(971) 26262867
电子邮箱	fawzi@ economy. ae copyright@ economy. ae
网址	https：//government. ae/en/information - and - services/business/intellectual - property

4.3.3 著作权的标的与范围

阿联酋著作权法规定了作品的类型，包括文字作品，计算机软件及数据库，口述作品，戏剧和音乐作品，视频作品，美术作品，摄影作品，等等。著作权的内容，包括精神权利和可转让的经济权利，作者是作品的原始著作权人。精神权利包括发表权、修改权、署名权、匿名权、授权许可权、保护作品不受歪曲以及禁止出版和撤销权。经济权利是著作权人使用作品并以此获得报酬的权利。①

著作权的保护范围还延及与著作权相关权利，即邻接权。邻接权由作

① 阿联酋著作权法第 2 条。

品的表演者和一般传播者享有，包括影音录像制造者和传播者。邻接权同样包括精神权利和经济权利。

4.3.4 著作权保护期限

类似于沙特著作权法的相关规定，阿联酋著作权法也根据作品种类的不同，保护期限也有所不同，主要包括：

①作者经济权利应在其终生及从死亡后的第一个日历年第一天起算的50年内受到保护。

②联合作者的经济权利应在其终生及从最后一个在世的作者死亡后的第一个日历年第一天起算的50年内受到保护。

③集体作品作者（除应用艺术作者以外）如是法人，其经济权利应自首次出版后第一个日历年第一天起算50年内受到保护，如果作者是自然人，将根据第①款和第②款规定的规则计算保护期限。

④作者死后第一次出版的作品的经济权利自第一次出版后下一个日历年的第一天起算，50年到期。

⑤利用匿名或假名出版的作品的经济权利，自第一次出版后下一个日历年的第一天起算，保护期限为50年，如作者已指明和为人所知或已披露了身份，将按照本条第①款规定的规则计算保护期限。

⑥应用艺术作品作者的经济权利自下一个日历年的第一天起算，25年到期。

⑦若是自第一次出版之日计算保护期限，则第一次出版日期将为计算期限的起始日期，无论是否再版，除非作者在修订后在作品中加入了必要的变更，使作品看起来像一件新作品。如果作品是由多个单独出版的部分或卷组成，则在计算保护期限时，每一部分或每一卷都应视为独立作品。

⑧表演者的经济权利应自表演完成后下一个日历年年初起算，保护期限为50年，若表演以录音制品形式固定，则保护期限从固定所属年份结束后起算。

⑨录音制品制作者的经济权利应自录音制品出版后下一个日历年年初起算，或者若未出版则自录音制品固定的年份起算，保护期限为50年。

⑩广播组织的权利应自节目第一次传输后下一个日历年年初起算，保

护期限为20年。①

4.3.5 与中国著作权制度的比较

阿联酋著作权制度与中国著作权制度相比，主要存在以下区别：

阿联酋著作权法规定，应用艺术作品的保护期限为25年。而我国没有单独对应用艺术作品作出特殊规定，按照我国著作权法的规定，作者是自然人的，作品发表权和财产权的保护期限一般为作者终生及死亡后50年。

阿联酋著作权法规定，广播权自节目首次播出之日起算。而我国著作权法规定，广播权的保护期限为50年，截止于该广播、电视首次播放后第50年的12月31日。

4.4 卡塔尔篇

4.4.1 卡塔尔著作权法律法规政策

卡塔尔于2002年颁布了《著作权和邻接权保护法》（以下称“卡塔尔著作权法”），规定了著作权和邻接权的保护。2009年发布了《关于建立知识产权保护中心的决议》。

卡塔尔其他法律法规也涉及与著作权相关的条文，如宪法中虽然不包含专门涉及知识产权保护的条款，但认可私权，同时保护和鼓励艺术、科学和国家文化遗产的传播；2003年颁布了《国家对科学、艺术和文学的奖励和鼓励法》；2004年颁布了《第十五届亚洲运动会会徽、标语、作品和邻接权保护法》保护亚运会的相关知识产权。

在国际条约方面，卡塔尔于1976年加入世界知识产权组织（WIPO），2000年加入《保护文学和艺术作品伯尔尼公约》，2005年加入《世界知识产权组织表演和录音制品条约》，2011年加入《世界知识产权组织版权条约》，2017年加入《保护表演者、音像制品制作者和广播组织罗马公约》。

① 阿联酋著作权法第20条。

4.4.2 相关机构及职能

卡塔尔著作权的主管机构是隶属于经济和商业部的版权局，其联系方式如表 4 –4 –1 所示。

表 4 –4 –1 版权局的联系方式

名称	Copyright Department, Ministry of Economy
邮政地址	P. O. Box 1968DohaQatar
电话	(974) 4012 27 96　(974) 4012 26 23
传真	(974) 4494 43 38　(974) 4494 43 39
电子邮箱	kjalhitmi@ mec. gov. qa sdaldosari@ mec. gov. qa
网址	https: //www. moci. gov. qa/en/about – the – ministry/departments/departments – under – the – assistant – deputy – of – commerce – affairs/intellectual – property – rights – protection – department/

4.4.3 著作权的标的与范围

根据卡塔尔著作权法，著作权保护的范围涉及所有的文学和艺术作品，包括文字作品、口述作品、戏剧及其表演作品、舞蹈及其表演作品、音乐作品、美术作品、摄影摄像作品、计算机软件等。出版、展览作品，应该指明作者或者著作权所有人，在展览和流通时，还应当声明作品被授权的地理范围。①

4.4.4 著作权保护期限

卡塔尔著作权分为精神权利和经济权利。经济权利保护期为作者有生之年及其死后 50 年，精神权利则永久保护，并于作者死亡时由继承人继承，作者死亡而无继承人的，主管部门继受此等权利。②

4.4.5 与中国著作权制度的比较

卡塔尔著作权制度与中国著作权制度相比，主要存在以下区别：

---

① 卡塔尔著作权法第 2 条。

② 卡塔尔著作权法第 15 条。

关于权利的继承，卡塔尔著作权法规定，精神权利也即人身权利可以在作者死亡时由继承人继承，无继承人的，主管部门继受此等权利。在我国，著作权人身权不能被继承人继承，但对于作者生前未发表作品或未明确表示不发表的作品，发表权可以由继承人或受遗赠人行使，署名权、修改权和保护作品完整权由作者的继承人或受遗赠人保护；无继承人和受遗赠人的，著作权行政管理部门也无权继受，但是可以对署名权、修改权和保护作品完整权进行保护。

4.5 巴林篇

4.5.1 巴林著作权法律法规政策

巴林于 1993 年颁布了《著作权保护法》，后被 2006 年颁布的《著作权和邻接权保护法》（以下称“巴林著作权法”）所取代，并先后在 2008 年和 2014 年对巴林著作权法进行了修订。

巴林其他法律法规也涉及与著作权相关的条文，如宪法规定，对公民的私有财产和创作成果进行保护，同时规定保障言论和科学研究的自由；2002 年颁布了《关于新闻、印刷和出版的法令》。

在国际条约方面，巴林于 1995 年加入世界知识产权组织（WIPO），1997 年加入《保护文学和艺术作品伯尔尼公约》，2005 年加入《世界知识产权组织表演和录音制品条约》，2006 年加入《保护表演者、音像制品制作者和广播组织罗马公约》。

4.5.2 相关机构及职能

巴林没有设立专门的著作权主管机构，著作权相关事务曾经由巴林信息事务管理局（Information Affairs Authority，IAA）负责处理。2013 年，巴林信息事务管理局并入信息部（Ministry of Information，MSIA），信息部联系方式如表 4－5－1 所示。

表 4－5－1　信息部联系方式

名称	Press and Publications Directorate，Information Affairs Authority，Ministry of Information
邮政地址	P. O. Box 253Manama，KINGDOM OF BAHRAIN

续表

电话	(973) 176 89011　(973) 176 89494　(973) 177 17525 (Director)
传真	(973) 177 81414
电子邮箱	ayateem@ batelco. com. bh
官网	https: //www. mia. gov. bh/? lang = en

4.5.3 著作权的标的与范围

根据巴林著作权法的规定，该法保护任何原创性的作品，即以任何形式表现出来的具有文学、艺术和科学价值的作品，包括：文字作品；口述作品；戏剧与舞蹈作品；音乐作品；视听作品；美术作品；实用艺术作品；摄影作品；计算机软件等。①

著作权包括作者的精神权利和经济权利，作者是作品的原始著作权人。精神权利包括发表权、署名权、保护作品不受歪曲权以及禁止和撤销出版权。经济权利是著作权人及其继承人使用作品并据此获得报酬的权利。②

4.5.4 著作权保护期限

著作权的保护还延及与著作权相关的邻接权，依据所涉及作品的不同，邻接权的保护期是 20 ~ 70 年。著作权经济权利的保护期是作者有生之年及死后 70 年。③

4.5.5 与中国著作权制度的比较

巴林著作权制度与中国著作权制度相比，主要存在以下区别：

关于精神权利，巴林著作权法规定，精神权利包括发表权、署名权、保护作品不受歪曲权以及禁止和撤销出版权。而我国著作权法规定，人身权包括发表权、署名权、修改权和保护作品完整权。

关于经济权利的保护期限，巴林著作权法规定，经济权利的保护期限

① 巴林著作权法第 2 条。

② 巴林著作权法第 5 条、第 6 条。

③ 巴林著作权法第 37 条。

为作者终生及死后70年。而按照我国著作权法的规定，作者是自然人的，作品发表权和财产权的保护期限一般为作者终生及死亡后50年。

4.6 科威特篇

4.6.1 科威特著作权法律法规政策

在1999年之前，科威特没有专门的著作权立法，在一些法律法规中包含了关于保护来自阿拉伯国家、美国和英国的音像作品的规定，以及公共机构不得购买盗版计算机软件的条款等内容。1999年，科威特颁布了《关于知识产权保护的法律及其说明》，主要规定了著作权与邻接权的保护及程序性事项。2016年，科威特颁布了《著作权和邻接权保护法》，取代了《关于知识产权保护的法律及其说明》中涉及著作权的规定。

在国际条约方面，科威特于1998年加入世界知识产权组织（WIPO），2014年加入《保护文学和艺术作品伯尔尼公约》。

4.6.2 相关机构及职能

科威特的著作权由信息部下设的版权局管理，版权局联系方式如表4－6－1所示。

表4－6－1 版权局联系方式

名称	Copyright Department，Ministry of Trade and Industry
邮政地址	P. O. Box 2944 Code No. 13030Kuwait City
电话	（965）22 48 3731 （965）22 48 3773 （965）22 42 6833
传真	（965）22 42 4328
电子邮箱	ralsabah@ moci. gov. kw
网址	https：//www. moci. gov. kw/（阿拉伯语）

4.6.3 著作权的内容与范围

著作权的内容包括：作者享有发表权、复制权，以公开表演、剧场表演、广播、电视、电影或者任何其他方式向公众传播/交流作品权利，许可他人翻译的权利，修改权等。

表演艺术家，通过对既有作品，并基于他们的创造力为基础而产生的表演，享有表演者权。作为作品的传播者，广播公司有权许可他人使用广播公司自己录音制品，也有权阻止未经书面许可的使用行为。

对于著作权的限制，科威特著作权法规定了以下内容：

在作品发表后，作者不得阻止私人聚会、集会场合中，对不会直接或间接产生经济收入的作品进行表演；行为人为了个人使用对已发表的作品单份复制，或者翻译、改编、修改等方式使用的；作品发表后，为了评论、研究等目的对作品实施分析而少量引用的，当然，需要对作品来源、作者的姓名予以明确标注。

时事新闻，为促进信息的传递的考量，属于受限的一类。另外，与观众关心的政治、经济、宗教讨论相关的文章或者评论，报纸、期刊、广播、电视或其他信息媒体可不经作者许可直接交流传播，但是原作者对交流传播有明确限制或禁止的除外。

在立法机关、行政机关以及学术、文学、科学、政治、社会、宗教等机构举办的公开会议上所做的演讲等，出于广泛传播的初衷，报纸、广播和其他信息媒体为了传播新闻的目的可以不经作者许可直接向公众传播。同时，对合法的公开争论和辩护，可以不经作者许可在法律允许的范围内进行公开报道。

对外语作品翻译成阿拉伯语，如果外语作者的著作权及将此作品翻译成外语的权利被行使后，那么从原作品或者翻译作品发表的第 1 日起计算满 5 年，作者将不能再阻止该作品翻译成阿拉伯语。对此还有例外的规定，自原作品发表或首次翻译之日起 1 年以后，信息部部长有权许可将作品翻译成阿拉伯语或者发表。当然，作者或者译者应当受到公正的补偿。

4.6.4 著作权保护期限

作品著作权保护期自作者有生之年，至其死亡之日起 50 年后终止。共同创作的合作作品，保护期限应从合作作者的最后一位死亡的日期开始计算，截至他死亡 50 年后的公历年结束。

例外规定，保护期自作品发表的公历年结束之日起 50 年终止的情况：

①不署名发表的，或者使用假名发表的，除非作者身份已经众所周知

从而全力保护；

②法人作品；

③电影作品、地图、摄影作品、实用艺术作品、计算机软件和数据库；

④作者死后首次发表的；

⑤艺术者对作品的表演；

⑥为了电影制作者或者电视、广播需要而录制录音录像的；

⑦广播作品。

4.6.5 与中国著作权制度的比较

科威特著作权制度与中国著作权制度相比，主要存在以下区别：

关于录音录像制品的保护期限，科威特著作权法规定，录音录像的保护期限为自发表之日起50年止。而我国著作权法规定，录音录像制品保护期限起始于该制品首次制作完成之日。

4.7 阿曼篇

4.7.1 阿曼著作权法律法规政策

阿曼于2000年颁布了《著作权和邻接权保护法》（以下称“阿曼著作权法”），涉及著作权与相关权利（邻接权）的保护，并于2008年对该法进行了修订。

阿曼其他法律法规也涉及与著作权相关的条文，如1980年颁布的《国家文化遗产保护法》，对传统文化表达和传统知识的保护进行了规定。

在国际条约方面，阿曼于1997年加入世界知识产权组织（WIPO），1986年加入《保护奥林匹克标志的内罗毕条约》，1999年加入《保护文学和艺术作品伯尔尼公约》，2005年加入《世界知识产权组织表演和录音制品条约》和《世界知识产权组织著作权条约》，2008年加入《关于播送人造卫星传播载有节目的信号的公约》。

4.7.2 相关机构及职能

阿曼的知识产权事务行政主管部门是其商业和工业部下设的工业产权局，其联系方式如表 4－7－1 所示。商业和工业部还针对著作权领域的相关法律的执行制定并发布条例。

表 4－7－1 工业产权局联系方式

名称	Intellectual Property Department Ministry of Commerce and Industry
邮政地址	P. O. Box 550 Code No. 113 Muscat Sultanat of Oman
电话	(968) 248 28 124 (968) 248 28 122
传真	(968) 248 154 00 (968) 248 17 412
电子邮箱	info@ mocioman. gov. comshuaibi777@ hotmail. com saidy3916@ yahoo. com
官网	https: //www. moci. gov. om

4.7.3 著作权的内容与范围

阿曼著作权法保护范围较广，包括具有原创性的文学、艺术和科学作品，至于其具有何种价值、种类、表达方式或目的，在所不问。前述内容并非穷尽式地列举，计算机软件以及数据库也在此列，如果作品的标题具有原创性，也可以得到著作权法的保护。

被排除在著作权法保护范围的①：

①单纯的观念、方法，数学等式和原理，发现等；

②法律、条例、决定、国际条约和协议、司法裁决、仲裁裁决、行政机构执法性决定，以及对这些文件的翻译；

③媒体的纯时政新闻。

著作权人的权利包括：复制作品的权利；翻译作品、改编作品的权利；发行作品的权利；出租作品的权利；发表作品的权利。②

另外，阿曼著作权法规定了作者的精神权利，这些权利依附作者人身，不可转让，主要表现在署名权，禁止他人歪曲、诋毁、篡改或者其他

① 阿曼著作权法第 4 条。

② 阿曼著作权法第 6 条。

贬损其作品的行为。[①]

阿曼著作权法对著作权也进行了诸多限制，使得公众可以不经作者允许实施下列行为[②]：

①为引证、评论或批评而引用作品的片段；

②在家庭聚会上使用作品；

③在课堂上为学生的无偿教学目的而使用作品；

④图书馆或其他非营利组织为存档或为个人研究而对作品进行复制；

⑤媒体广播或者向公众公开作品的片段；

⑥复制计算机软件以合理使用此软件，备份或者为使软件能够在特定电脑上运行而改编；

⑦在宗教集会上表演作品；

⑧在课堂上非营利教学中表演作品；

⑨广播机构在为播放节目而进行的对作品的临时性复制。

4.7.4 著作权保护期限

阿曼著作权的保护期因不同情况略有不同，具体如表4－7－2所示[③]。

表4－7－2 著作权保护期限

作品	保护期
除音像作品、合作作品、实用艺术作品之外的，已知作者身份的单人作品	作者有生之年及死后70年
除音像作品、合作作品、实用艺术作品之外的，已知作者身份的一人以上作品	作者有生之年及死后70年
除音像作品、合作作品、实用艺术作品之外的，单个匿名作者的已发表作品	自作品发表之日起90年
除音像作品、合作作品、实用艺术作品之外的，单个匿名作者的未发表作品	自作品完成之日起120年
已经发表的音像作品、合作作品、实用艺术作品	自作品发表之日起90年
未发表的音像作品、合作作品、实用艺术作品	自作品完成之日起120年

① 阿曼著作权法第15条。

② 阿曼著作权法第20条。

③ 阿曼著作权法第26－33条。

4.7.5　与中国著作权制度的比较

阿曼著作权制度与中国著作权制度相比，主要存在以下区别：

关于作品保护期限，阿曼著作权法中对期限的规定因情形不同而各异，从 70 年至 120 年不等。而我国著作权法中，除了对特殊作品规定了特殊保护期限外，作者是自然人的，作品的发表权及财产权的保护期限一般为作者生前及死后第 50 年的 12 月 31 日；作者是法人或其他组织的，作品的发表权及财产权的保护期限一般为作品首次发表后的 50 年。

5

参考案例

5.1 案例一："奇美鸟"商标阿联酋抢注案[①]

"奇美鸟"商标是中国企业永利电子厂的商标。阿联酋经销商抢注"奇美鸟"商标，是为了保住"奇美鸟"产品在阿联酋的总代理权。在"奇美鸟"被抢注前，永利电子厂与阿联酋经销商已合作了七八年，由于近年来双方在合作中分歧渐多，阿联酋经销商担心永利电子厂会收回其在阿联酋的总代理权，失去大笔贸易生意，故于2002年在阿联酋抢注了"奇美鸟"商标。如此一来，"奇美鸟"产品未经商标持有人的同意便无法进入阿联酋市场。

永利电子厂在中国驻阿联酋大使馆的协调帮助下，最终找到了经销商恶意抢注的证据，并通过聘请阿联酋国律师提出商标争议，最后与抢注者达成协议，夺回了"奇美鸟"商标。

作为最后的胜方，永利电子厂尚算幸运，但也付出了几十万元人民币的高昂诉讼费用，并不得不把阿联酋经销商的总代理权延至2005年。

5.2 案例二：阿联酋外商订货成为侵权物品被扣押[②]

阿联酋一名外商向我国扬州一家鞋厂下达订单，提供标有"ORIGI-

① 本案例摘自：中国企业商标国外遭恶意抢注的法律思考，http：//www. china. com. cn/finance/txt/2008 - 12/22/content_16988015. htm，最后访问日期2019年11月20日。

② 本案例摘自：扬州海关发布侵权典型案与外商贸易要留心眼，http：//www. ipraction. gov. cn/article/xxgk/dxal/sb/201410/20141000014655. shtml，最后访问日期2019年11月20日。

NAL S. W. A. T.”商标的样品鞋两双，并在样品鞋上签名留证，要求按样品鞋生产价值52万美元的29000双鞋并由其收购。2019年5月底，扬州鞋厂在出口交货时，扬州海关对该批货物实施查验，发现用在出口鞋上的商标与商标持有人美国一家公司在海关总署备案的知识产权一致，遂在通知权利人美国公司确认侵权后作出扣留决定。

奇怪的是，本案货物被海关扣留后，中方企业要求外商出具商标使用权证明时，外商辩称“ORIGINAL S. W. A. T.”并不是商标，而是利比亚前政府内政部的一个编号，但当扬州鞋厂进一步要求其出具相关证据时，该客户从此便杳无音讯。

本案中，外商订单大，价值高，且下单批次密集，外商在短期内先后向扬州鞋厂下达了数份大单，让扬州鞋厂格外珍惜这位客商，未对订单商标再加关注。事发之后，外商消失，扬州鞋厂需要承担损失400多万元，还要面对海关处罚、行政诉讼、企业降级、权利人诉讼和索赔等麻烦事。

5.3 案例三：中国铁建麦加轻轨项目巨亏案①

2010年10月25日，中国铁建股份有限公司（以下简称中国铁建，股票代码601186）突然发布沙特麦加轻轨项目情况公告称：“该项目在实施过程中，因实际工程数量比签约时预计工程量大幅增加等原因，预计将发生大额亏损。”

中国铁建于2009年2月10日与沙特阿拉伯王国城乡事务部签署《沙特麦加萨法至穆戈达莎轻轨合同》。项目计划于2010年11月13日开通运营。

2010年4月，中国商务部部长助理仇鸿到现场考察后提交《关于沙特麦加轻轨铁路项目有关情况的报告》，当时的铁道部部长批示，要求按期保质圆满完成建设任务。

2010年9月23日早上6点30分，中国铁建总裁、现场总指挥赵广发督办，整道工人拧紧最后一颗螺栓。至此，麦加轻轨铁路全线铺通。

一个月后，中国铁建公告巨亏，股价暴跌。

---

① 本案例引自：中国铁建麦加轻轨项目巨亏调查，http：//view. news. qq. com/a/20101030/000001_1. htm？pc，最后访问日期2019年11月20日（出版时有改动）。

昂贵的“走出去工程”

据中国铁建介绍，麦加轻轨项目是世界上迄今为止具有设计运量最大、室外温度最高、同类工程工期最短等特点的轻轨铁路项目，也是沙特国内50年来的第一个轻轨铁路项目，是一项举世瞩目、具有特殊意义的政治工程。

“其实，沙特政府一直想在麦加萨法和穆戈达莎这两个地方之间修建一条轻轨，但因为各方竞标公司报价太高，所以沙特政府一直不愿意修这条轻轨。”2010年10月26日晚，沙特一位了解该项目的知情人士接受了理财一周报记者的采访。

“像这样的项目已经招标招了好多年了，当时有很多海外工程公司来投过标，包括沙特当地最大的铁路建设集团，投的价格都比咱们的高。”

从公开资料来看，麦加轻轨工程项目全长18.25千米，其中高架线路为14.3千米，是沙特国内50年来第一个轻轨铁路项目。建设工期为22个月，单向客流为每小时72000人。建成后，麦加轻轨时速将达到360千米，从麦地那至麦加只需半小时。

线路两端为麦加禁寺和阿拉法特山，途经米纳、穆茨达里法。全线共设车站9座，车辆段、综合维修中心、控制中心各1座，房屋建筑面积约15万平方米。

据上述知情人士透露，对于麦加轻轨项目的争夺，夺标呼声最高的是沙特实力最强的铁路建设集团。当年为了获得麦加轻轨项目，该集团的报价高达27亿美元，而中国铁建当时的报价则排在该集团之后，标出了22亿美元的报价。

对沙特当地道路建设非常熟悉的本地公司报价都已经在27亿美元了，但是中国铁建却敢把报价压到17亿美元。上述知情人士告诉记者，中国铁建是根据国内广州轻轨的投标成本，来测算沙特轻轨项目的。

“后来因为某些事情，中国铁建把报价降了很多。最后，他们以17.7亿美元拿下了麦加轻轨合同，比第一位竞标对手的27亿美元报价，整整降低了10亿美元。”谈及这一让外人看不懂的项目，这位知情人士说话的音调瞬间就提高了不少分贝。

2009年2月10日，中国铁建与沙特阿拉伯王国城乡事务部正式签署了《沙特麦加萨法至穆戈达莎轻轨合同》，约定采用EPC + O&M总承包模式（即设计、采购、施工加运营、维护总承包模式），由中国铁建负责沙特麦加轻轨项目的设计、采购、施工、系统（包括车辆）安装调试以及从2010 年 11 月 13 日起的三年运营和维护。

按照合同内容，2010 年 11 月 13 日麦加轻轨将开通运营，达到 35% 运能；2011 年 5 月完成所有调试，达到 100% 运能。

据悉，该项目合同总金额为 66. 50 亿沙特里亚尔，约合 17. 7 亿美元，按 2010 年 9 月 30 日的汇率，折合人民币 120. 70 亿元。

2009 年年底已现亏损

“最后中国铁建降了 10 亿美元拿到手后，就开始做这个项目。”上述知情人士透露，按照中国铁建当时的测算，都以为这个 17. 7 亿美元的项目一定可以为中国铁建的盈利账本上，添加浓墨重彩的一笔。

“但是当这个项目开始实际操作后，中国铁建才发现，沙特的轻轨项目工程跟他们想象中的差别很大。”上述知情人士告诉记者，“在中国，像这种国家级的大手笔项目，如果要施工的话，估计各个地方政府都会给予支持，肯定是一路绿灯、各方积极配合。”

“但是沙特这个地方没有这样的概念。沙特的办事环境跟中国铁建原来预想的有很大的差别，所以这个项目的工程效率也低了很多。”

据相关媒体报道，麦加轻轨工程建设，困难重重，除所有国际工程普遍存在的语言、工作习惯等障碍外，本项目还存在以下限制条件：施工区域地处高温和特大风沙区，夏季地表的最高温度可达到 70℃左右；此地严重缺水，淡水比石油更加珍贵；自然环境十分恶劣，施工范围主要集中在穆斯林地区，制约因素多；设计标准高，土建工程执行美国标准，系统工程执行欧洲标准。

而且随着项目施工进度的推进，这一项目的预算收入和成本也开始出现入不敷出的局面。“本来就是要赔钱的亏本项目，后来资金链越来越紧张。”

从中国铁建发布的关于该项工程的预算总收入、总成本数据来看，按照 2009—2010 年的浮动汇率计算，2009 年 12 月 31 日、2010 年 6 月 30 日和 2010 年 9 月 30 日这三个时间点，沙特麦加轻轨项目的收入分别为 121. 10 亿元、121. 03 亿元和 120. 70 亿元。而其总成本则分别为 123. 54 亿元、125. 44 亿元、160. 69 亿元。

可以看到，从 2009 年 12 月 31 日开始的三个时间节点上，中国铁建在该项目上的成本由之前的 123 亿元猛增至 160 亿元。随着成本的急速增加，公司从该项目中，不仅没有盈利，反而出现了巨额亏损，上述三个时间节点上，中国铁建分别亏损2.44亿元、4.41亿元、39.99亿元。

这也意味着，在这一项目上中国铁建其实早在2009年年底就已经出现了亏损。而到了2010年9月30日，该项目的亏损窟窿越来越大。

中国铁建公告显示，按2010年9月30日的汇率折算，该项目合同预计亏损39.99亿元。加上财务费用1.54亿元，总的亏损预计为41.53亿元。

上述亏损中，截至2010年9月30日，累计已完工部分的亏损为33.29亿元（累计已发生成本127.69亿元），未完工部分的合同预计损失为8.24亿元（预计还将发生成本33亿元）。该项目截至2010年9月30日的综合完工程度为79.5%（累计已确认收入95.94亿元，累计已发生成本127.69亿元，分别占预计总收入和预计总成本的79.5%）。

按会计期间划分，该项目于2009年度确认亏损2.94亿元（其中已完工部分确认亏损1.11亿元，未完工部分计提合同预计损失1.83亿元），于2010年上半年确认亏损2.54亿元（其中已完工部分确认亏损1.80亿元，未完工部分增加计提合同预计损失0.74亿元），于2010年第三季度将确认亏损36.05亿元（其中已完工部分确认亏损30.38亿元，未完工部分增加计提合同预计损失5.67亿元）。

背水一战

2010年10月25日，中国铁建发布公告称，2010年下半年，麦加轻轨项目全面进入大规模施工阶段，实际工程数量比签约时预计工程数量大幅度增加，再加上业主对该项目的2010年运能需求较合同规定大幅提升、业主负责的地下管网和征地拆迁严重滞后、业主为增加新的功能大量指令性变更使部分已完工工程重新调整等因素影响，导致计划工期出现阶段性延误。

“就我所知，这个工程的完工期之所以会受影响，一是因为设计滞后，二是因为工期太紧。”麦加轻轨项目施工方——中铁十八局集团沙特分公司负责人路目海告诉记者，麦加轻轨项目的铁路设计并不是以中国的铁路标准来设定的，而是沙特业主自己指定了另一家国际性公司来操作的。“设计非常滞后，这就造成了后面的工期非常紧张。”

“正常情况下，这个项目的工期应该不低于两年，但是实际上，麦加轻轨项目的实际工期才16个月。”路目海表示，除了上述两个原因之外，沙特麦加的业主对这一项目的要求非常多，项目变更也非常频繁，这也在一定程度上影响了工程的进度。

公告显示，为了确保工期进度，中国铁建下半年对该项目投入了大量人力、物力和财力，以确保项目主体工程按期完工，并于 11 月 13 日开通运营。

中国商务部部长助理仇鸿提交的《关于沙特麦加轻轨铁路项目有关情况的报告》引起了铁道部部长的高度重视。中国铁建股份公司董事长、党委书记李国瑞、总裁赵广发强调，一定要全力以赴，确保轻轨按时开通运营。

2010 年 5 月上旬，项目工期仅剩余 6 个多月时间，又临时增加 200 多万方土石方任务量，时间紧迫，任务繁重。相关媒体称，为打赢“这场仗”，5 月 4 日，中铁十八局集团党委书记郝趁义在天津机关召开专题会议，提出“背水一战”。

“中国铁建公司因为担心这个项目可能没法按时完工，早在今年 3 月、4 月份的时候就开始突击动员，”中国铁建驻沙特铁路项目的一位内部人士 10 月 26 日告诉记者，“就我所知道的，中国铁建今年为了这个项目，从国内就调拨了 4000 多名员工前往沙特。”

上述人士告诉记者，粗略估算，从内地派往沙特突击赶工的员工数量至少 4000 人。“我记得反正那一个月，北京到沙特的机票特别紧张，全都是中国铁建的人来沙特。”

“中国铁建当时看这个工程工期可能完不成，最后实在没办法，就跑到商务处去求参赞帮忙。因为工人要过来的话，必须要申请沙特签证，”一位接近中国驻沙特大使馆经济商务参赞的知情人士接受理财一周报记者采访时表示，“那一阵，沙特参赞别的事啥也没干，光给中国铁建的工人办理签证。”

“中国铁建的工人一多，再加上资金又短缺，沙特当地的工作环境又非常恶劣，很容易引发管理的混乱。”上述知情人士告诉记者，沙特的工作条件非常艰苦，尤其是沙特这种沙漠气候下，白天干活很热很难受。

据悉，沙特地区中午地表温度为 50 ~ 70℃。“中午，你要是光着脚往地上一站就很烫。我刚来沙特的时候，穿的是国内的皮鞋，底比较薄。走了没几天，脚底下就烫出血泡来了。后来还是在当地买的皮鞋，反正生活条件比较恶劣。”

上述知情人士告诉记者，一般情况下，在沙特工作的工人中，只有得到沙特国王特批允许的石油行业工人，才被允许在中午12点到2点之间外出干活。“除此之外，剩下的其他行业一律按劳动法规定，禁止雇主要求工人正午外出干活。如果要干活，也需要支付加班费。”

10月13日，沙特最著名英文报《阿拉伯新闻》报道，16位麦加轻轨建设项目上的中国工人与公司爆发冲突，要求增加他们在中午时分外出工作时的加班费用。

据中国铁建沙特另一铁路项目的一位内部人士表示，虽然中国铁建在沙特还在进行沙特南北铁路的建设，但是，为了赶麦加轻轨这个项目，“中国铁建把别的项目都停了，所有的人都抽到麦加—麦地那轻轨项目上帮忙。”

“也不能完全这么说，中国铁建在沙特的其他项目的确都支援了麦加项目，现在，这个支援都已经结束了。其他项目有一定的影响，但是影响不是很大。”10月27日，路目海告诉记者。

无缘轻轨最赚钱订单

理财一周报记者了解到，整个麦加轻轨项目中，中国铁建采用EPC + O&M总承包模式（即设计、采购、施工加运营、维护总承包模式），负责沙特麦加轻轨项目的设计、采购、施工、系统（包括车辆）安装调试以及从2010年11月13日起的三年运营和维护。

这一项目的工期要求为2010年11月13日开通运营，达到35%运能，2011年5月完成所有调试，达到100%运能。

按照合约内容来看，中国铁建除了建造铁路之外，还负责设计、采购两大内容。但对于这两块的详细情况，中国铁建并未在公告中提及。

知情人士称，中国铁建以17.7亿美元获得的麦加轻轨项目中，除了中国铁建负责的铁轨施工项目之外，诸如整节列车车厢、信号设备等最赚钱的设备订单则并未落入中国铁建之手。

“轻轨上不少关键的控制设备均由沙特业主从欧洲采购而来。”上述知情人士告诉记者，当时中国铁建拿下麦加轻轨项目后，还希望借此机会向沙特业主推荐国内的动车组技术，“但结果发现，沙特人坚持自己的技术标准。”

中国铁建称，已经根据合同向业主递交了变更及索赔资料，业主承诺在项目结束后将成立专门委员会，商谈相关索赔和补偿问题。到目前为止，中国铁建仍在就上述变更索赔事宜与业主协商，尚未获得业主的批准。

8.5%毛利率的海外之路

“尽管沙特轻轨项目亏损，我们不会放弃与沙特政府未来的合作，更不会放慢国际化战略脚步。去年10月我们与尼日利亚签署了8.5亿美元的铁路合同。公司2010年度利润将可能受沙特项目影响，但我们的重点依然在国内市场，加上国际市场仅占公司整体业务的5%到6%，预计影响不会太大。”中国铁建董秘余兴喜近日在接受媒体采访时表示。

实际上，中国铁建2009年利润总额不过83亿元。

中国铁建2008年年报显示，集团共承揽海外工程项目163个，海外新签合同额达人民币421.697亿元。其中，承揽了包括沙特铁路复线项目、尼日利亚堤防、公路、房建及市政项目等在内的多项重大海外项目。

2008年中国铁建全年海外营业收入大幅度提高，完成海外营业收入172.02亿元，占本集团2008年总收入的7.61%，同比增长170.5%。

中国铁建2009年年报显示，全年共承揽海外工程项目72项，海外新签合同额达人民币597.155亿元，承揽了包括沙特麦加轻轨项目、阿尔及利亚55千米铁路新线项目、阿尔及利亚175千米电气化铁路新线项目、尼日利亚阿布贾城铁项目、利比亚西线铁路项目、沙特200所学校建设项目等在内的重大海外项目。全年集团实现海外营业收入223.035亿元，占集团2009年总收入的6.27%，同比增长29.66%。

中国铁建披露，工程承包业务的毛利率为8.5%。并且，海外项目并不顺利。所属中国土木工程集团有限公司承担的尼日利亚铁路现代化项目曾被迫暂时停工。但是，海外扩张仍在继续。

2010年6月2日，中国铁建公告称，投资300万美元，设立美国有限公司，在美国开展高速铁路工程承包、劳务合作项目、土建及其他项目的勘察设计、项目相关商务及机械设备进口业务等。

现在，中国铁建告诉投资者，一个项目，就预亏41.53亿元。2010年10月27日，中国铁建A股股价收于7.51元。

6

法律汇编

6.1 引　言

本编仅收录了GCC的专利法和商标法中译文本，其成员国法律因篇幅所限，未予收录。

关于上述法律和行政法规，Wipo Lex中提供了英文译本和阿拉伯语原始文本。由于网络上没有已公开的相关法律法规的中文译本，因此，本编中收录的中文译本主要由本指引编写人员以Wipo Lex中的英文译本为基础进行的翻译。由于时间及可参考资料有限，难免会有错漏。

为方便读者查阅，本编对GCC、沙特、阿联酋、卡塔尔、巴林、科威特和阿曼的相关法律和行政法规的英文译本或阿拉伯语译本链接进行了汇总，详见6.2相关法律法规链接汇总。

6.2　相关法律法规链接汇总

1. GCC

海湾阿拉伯国家合作委员会专利法：

https：//wipolex. wipo. int/zh/legislation/details/14915

海湾合作委员会专利修正案实施细则：

https：//wipolex. wipo. int/zh/treaties/profile/GCC

海湾合作委员会成员国商标法：

https：//wipolex. wipo. int/zh/legislation/details/16702

2. 沙特

专利、集成电路布图设计、植物新品种和工业品外观设计法：

https：//wipolex. wipo. int/zh/legislation/details/3596

商标法：

https：//wipolex. wipo. int/zh/legislation/details/3595

商标法实施细则：

https：//wipolex. wipo. int/zh/legislation/details/3603

著作权法：

https：//wipolex. wipo. int/zh/legislation/details/3593

著作权法实施细则：

https：//wipolex. wipo. int/zh/legislation/details/3594

3. 阿联酋

专利、工业图纸和设计法：

https：//wipolex. wipo. int/zh/legislation/details/9

植物新品种保护法：

https：//wipolex. wipo. int/zh/legislation/details/10474

商标法：

https：//wipolex. wipo. int/zh/legislation/details/8

著作权与邻接权法：

https：//wipolex. wipo. int/zh/legislation/details/7

4. 卡塔尔

专利法：

https：//wipolex. wipo. int/zh/legislation/details/5248

集成电路布图设计保护法：

https：//wipolex. wipo. int/zh/legislation/details/3571

商标、商业说明、字号、地理标志、工业设计和外观设计法：

https：//wipolex. wipo. int/zh/legislation/details/3568

著作权和邻接权保护法：

https：//wipolex. wipo. int/zh/legislation/details/3567

5. 巴林

专利和实用新型法：

https：//wipolex. wipo. int/zh/legislation/details/7290

专利和实用新型法修正案：

https：//wipolex. wipo. int/zh/legislation/details/477
工业图纸和模型法：
https：//wipolex. wipo. int/zh/legislation/details/7279
集成电路设计法：
https：//wipolex. wipo. int/zh/legislation/details/7281
著作权和邻接权法：
https：//wipolex. wipo. int/zh/legislation/details/7311
6. 科威特
专利法：
https：//wipolex. wipo. int/zh/legislation/details/15423
商标法：
https：//wipolex. wipo. int/zh/legislation/details/7489
著作权和邻接权保护法：
https：//wipolex. wipo. int/zh/legislation/details/7576
7. 阿曼
工业产权法：
https：//wipolex. wipo. int/zh/legislation/details/11876
工业产权法实施细则：
https：//wipolex. wipo. int/zh/legislation/details/5845
植物新品种保护法：
https：//wipolex. wipo. int/zh/legislation/details/9518
著作权和邻接权法：
https：//wipolex. wipo. int/zh/legislation/details/5832

6.3 GCC

6.3.1 海湾阿拉伯国家合作委员会专利法

海湾阿拉伯国家合作委员会专利法（2006 年版）：

为实现“宪章”第四条规定的海湾阿拉伯国家合作委员会的目标，支持《统一经济协定》第四章所述成员国之间的联合科学和技术合作，特别是决心通过鼓励和支持研究、应用科学和技术建立自主基础，以及实现转化和改造已转让技术的目标，鼓励和发展当地技术，以满足该地区的需求和进步与发展的目标，海湾阿拉伯国家合作委员会最高理事会在 1999 年 11 月举行的第 20 届会议上，审议了理事会在 1992 年 12 月举行的第 13 届会议上批准的《海湾阿拉伯国家合作委员会专利法》，特批准对该法修改如下：

第 1 条

为实施本法条款，除下文另有规定外，相关表述含义如下：

1/1 合作委员会：海湾阿拉伯国家合作委员会，包括阿拉伯联合酋长国、巴林国、沙特阿拉伯王国、阿曼苏丹国、卡塔尔国和科威特国。

1/2 部长理事会：海湾阿拉伯国家合作委员会部长理事会。

1/3 委员会：部长理事会任命的申诉委员会，依据海湾阿拉伯国家合作委员会专利法及其细则行使管辖权。

1/4 董事会：专利局规定的专利局董事会。

1/5 专利局：海湾阿拉伯国家合作委员会专利局，由董事会和专利局工作人员组成。

1/6 本法：海湾阿拉伯国家合作委员会专利法。

1/7 专利：专利局授予发明人的文件，使其发明根据本专利法及其实施细则的规定，在所有海湾阿拉伯国家合作委员会成员国享有法律保护。

第 2 条

2/1 为符合本专利法及其实施细则对专利的要求，一项发明应当具备新颖性、创造性和工业实用性。无论是关于新产品、工业方法或制造方法，发明均不得违背伊斯兰教法或海湾阿拉伯国家合作委员会成员国遵守的公共行为准则。

2/2 一项发明，如果不是现有技术的一部分，应视为具备新颖性。现有技术是指，相关专利申请日（有优先权的，指优先权日）前，以书面、口头、使用或者其他方式向公众公开的任何技术。就本款而言，如果是在申请日之前或优先权日之前的 1 年内向公众公开过本发明，且是由于他人对申请人或者其在先权利人的滥用行为或其结果造成的，新颖性不受影响。在申请日前 6 个月之内在官方认可的展览中向公众公开过本发明的，新颖性亦不受影响。在这种情况下，实施细则应确定对发明客体的保护规定。

2/3 若与相关现有技术相比，该发明对该领域普通技术人员而言是非显而易见的，则认为该发明具有创造性。

2/4 如果可以在任何类型的工业、农业、渔业或服务业中生产或使用，则认为发明具有工业上的实用性。应该从最广泛的意义上理解工业，以便包括手工艺。

2/5 与合作理事会任何成员国的安全有关的发明申请，适用实施细则中规定的程序。

2/6 如果一项发明有多项专利申请，专利应授予具最先申请、优先权日最早的申请人。

2/7/1 如果发明是若干个人合作的结果，则除另有约定外，专利的所有权应平等分配。仅将创意予以执行的，不应被视为发明人。

2/7/2 若发明是履行合同或发挥发明能力的义务的成果，则专利权应授予雇主。如果雇主证明若无因雇佣关系而提供的设施、手段或信息，发明人无法实现此发明，则专利权也应授予雇主。

前述规定不影响雇员依友好协商，或依据委员会对该等合同或义务所作裁决，获得专门性补偿的权利。任何剥夺雇员这种权利的协议均为无效。上述规定也适用于政府机构的雇员。发明人在其雇佣关系结束后 2 年内提出的专利申请，视为在其受雇期间提出。

第 3 条

3/1 就本法而言，下列各项不应视为发明：

3/1/1 发现、科学理论、数学方法和计算机程序。

3/1/2 商业获得、纯智力活动或游戏的方案、规则和方法。

3/1/3 除微生物方法及其产品外，植物、动物品种，以及用于养殖植物或动物的生物学方法。

3/1/4 对人体或动物进行外科手术或治疗的方法，以及对人体或动物体进行诊断的方法，但这些方法中使用的产品除外。

3/2 本法不保护植物或动物品种。

第 4 条

在必要时，为维护公共秩序和社会公德，包括保护人类、动物或植物的生命和健康，或为避免对环境造成严重损害，部长理事会可将某些发明排除在专利范围之外。

第 5 条

5/1/1 专利申请应由发明人、其注册代理人或其权利继承人提交给专利局。申请应要求授予专利，规定费用须一并缴纳。

5/1/2 申请书应载明申请人、发明人和注册代理人（若有）的姓名，如果申请人不是发明人，则应附上一份声明，证明申请人对发明拥有权利。

5/1/3 专利申请应只涉及一项发明，或构成单一发明构思的多项技术。

5/2/1 申请书应包含发明名称，说明书，一项或多项权利要求，一份或多份附图（若有）和摘要。

5/2/2 说明书应以足够清楚和完整的方式公开本发明，以使本领域普通技术人员能够实施该发明。

5/2/3 一项或多项权利要求应确定所需保护的范围。说明书和附图可用于解释权利要求。

5/2/4 权利要求书应清楚、简要，并完全以说明书为依据。

5/2/5 摘要仅用于说明技术要点，特别地，摘要不作为解释本申请的依据。

5/3 申请人应向专利局提供与其申请有关的必要补充信息和数据。

5/4 申请人可对其申请提出他认为适当的修改，但此种修改不得构成对原申请内容的实质性修改。

第 6 条

申请人为非海湾阿拉伯国家合作委员会成员国居民的，应当指定一名海湾阿拉伯国家合作委员会成员国居民作为注册代理人，委托该代理人代表其在专利局完成活动。

第 7 条

7/1 申请书可以基于向任何国家或地区专利局提交的先前申请，提出优先权请求。在这种情况下，根据细则的规定，申请书应指明先前申请的日期和申请号，以及申请国家。申请人应出示证明；否则应视为未要求优先权。

7/2 优先权期限为 12 个公历月。

第 8 条

除非已作出最终决定，否则申请人可随时撤回其申请。撤回申请的，无权回收其文件，或退还已缴申请费用。

第 9 条

申请符合本法和细则规定的条件时，专利局应登记申请日并对其进行形式审查。而实质审查，应在实质审查费缴清后，由专利局进行，或者交由经批准的审查机关之一进行。

第 10 条

如果经形式审查发现申请不符合法律规定的某些条款，专利局可以要求申请人在收到通知之日起 3 个月内给予答复。在指定日期内未作出答复的，视为撤回申请。

第 11 条

经实质审查认定申请符合本法及其细则规定的条件的，专利局应当作出授予专利的决定，记入登记簿并予以公告。如果公告日起 3 个月内，相关方未向投诉委员会提出异议，专利证书应送交发明所有人。

但是，经实质审查认定申请不符合专利申请要件的，该机关应当作出驳回申请的决定，说明驳回理由，并将决定副本通知申请人。驳回决定随后应予以公告。

第 12 条

12/1 专利权人有权实施该发明。制造、使用、进口、销售或许诺销售与产品有关的发明的，构成对发明的实施。

12/2 专利客体是产品的，专利权人有权阻止他人未经事先许可，制造、使用、销售、许诺销售或进口其专利产品。

如果专利客体为工业方法，专利权人有权阻止他人实际使用该专利方法；亦有权阻止他人未经事先许可，使用、许诺销售、销售或进口依照该专利方法直接获得的产品。

12/3 在他人专利申请的申请日或者优先权日之前，已经善意制造相同产品、使用相同工业制造方法或者已经做好制造、使用必要准备的，在专利授权之后，仍然有权继续其原有行为。上述权利只能与其经营事业一起向第三方让与或者移转。

第 13 条

专利权人应在授权日起 3 年内在成员国充分实施该专利发明。如果规定的宽限期届满而未得到充分实施，则应适用第 19 条的规定。

第 14 条

有下列情形之一的，不视为侵犯专利权：

14/1 专门为试验目的而使用该专利的。

14/2 在临时或意外进入成员国领土的运输工具上使用有关专利，无论用于在其装置的主体、器械、装置、设备，或用于任何其他附件，但以有使用必要为限。

第 15 条

专利期限为自申请日起 20 年。

第 16 条

专利应当自申请日后的当年起，每年年初预付年费。如果专利权人未能在年初 3 个月内支付此类费用，其可以在前述期限届满后的 3 个月内支付，在这种情况下，应收取额外费用。

专利有效期内，年费可全部或部分提前缴纳。如果专利权人未能在上述法定宽限期（自到期日起 6 个月）内支付年费，则专利权应当终止。就本条而言，专利条款适用于申请。在专利局对申请事由不作决定的情况下，满 3 年的，申请人可以不缴纳费用，直至专利局作出授予专利的决定，此时，应当支付全部未支付的年费。

第 17 条

17/1 享有本法规定保护的专利权人可许可他人实施本条第 12/1 条所述的全部或部分实施行为。此种许可证应以书面形式作出，由双方签署，并由成员国之一的官方机构认证。许可合同应当在专利局登记，缴交注册申请费和许可合同注册费，否则视为无效。

17/2 除非许可合同另有规定，否则授予合同许可不剥夺专利权人自己实施专利，或就同一专利发放其他许可的权利。

17/3 合同许可应当使被许可人有权执行合同中规定的所有实施行为。但是，被许可人不得将被许可的权利和特权让与他人，除非许可合同中有明文规定。

第 18 条

实施或者处分专利的许可合同应受专利局管控。专利局可要求缔约方对其进行修改，以排除滥用专利权的情况，以及合同可能对成员国的竞争、技术的拥有和传播产生的负面影响。

如果合同双方未作出答复，专利局有权拒绝批准合同和拒绝其注册。

第 19 条

19/1 如果根据第 13 条，专利权人未实施或未充分实施其专利发明，或没有充分实施专利发明，董事会得颁发强制许可，但须遵守以下规定：

19/1/1 自专利授予之日起已满 3 年。

19/1/2 申请人应当提供证据，证明其已在足够长的时间内，试图以适当补偿及合理条件，请求专利权人许可其实施专利。

19/1/3 该许可非独占许可。

19/1/4 该强制许可的实施主要是为了满足当地市场的需求。

19/1/5 强制许可的决定应当根据许可的目的规定其范围和条件。

19/1/6 应当向专利权人支付适当的补偿。

19/1/7 专利的实施仅限于被许可人。强制许可不得转让给他人，但被许可人实施该专利的经营事业或部门发生所有权变更，并经董事会批准转让的除外。

19/2 如果发明涉及半导体技术，其强制许可仅限于为公共利益的目的和非商业目的，或为纠正司法或行政部门认定的反竞争行为。

第 20 条

20/1 授予强制许可的决定不妨碍授予其他强制许可，不妨碍剥夺专利权人实施同一发明或者授予其他许可的权利。

20/2 对于由于紧急状态或非常情况，或出于非商业用途提出的申请，董事会得授予强制许可，允许发明在一个或多个成员国进行实施，不受本法第 19/1/1 和 19/1/2 条规定之限制。

20/3 成员国的政府机构根据公共利益申请强制许可实施某项发明的，董事会在遵守第 20/1、20/2 条的前提下，可以根据第 19 条的规定批准强制许可。

第 21 条

具有显著经济意义的重大技术进步的发明的实施依赖于另一项发明的，董事会可以强制许可一方或者双方使用该另一项发明，但双方已就专利实施达成友好共识的除外。在这种情况下，应遵守第 19 和 20 条的规定。

第 22 条

有下列情形的，撤销强制许可：

22/1 如果本强制许可的被许可人在颁发许可证之日起 2 年内未能在成员国充分实施该专利。但迟延存在正当理由的，该期限可延长 2 年。

22/2 如果强制许可的被许可人在到期日起 3 个月内未能支付到期费用和细则规定的费用。

22/3 如果强制许可的被许可人未能满足授予许可的决定中规定的任何其他条款。

22/4 如果发放许可证所依据的情况已经结束，而且不太可能再次发生，但须遵守被许可人的合法权利。

第 23 条

23/1 专利的所有权和由此产生的所有权利得通过继承方式转让。专利所有权亦得以有偿或无偿方式，全部或部分转让。

23/2 任何与专利权有关的人都可以向专利局请求修改专利权或专利申请的任何具体项目，并提供必要的证据。修改不影响专利权的转让，但在登记修改项目并公告之前，不得对抗他人。

第 24 条

专利局发布的任何决定可以在收到通知或公告之日起 3 个月内提出上诉。

向委员会上诉的程序、上诉费用及续展费用由实施细则规定。

第 25 条

委员会的决定可根据东道国法律向主管机关提出上诉。上诉的裁决应同时符合本法的规定和上述法律的要求；否则，应按照一般规则裁决。

第 26 条

各成员国主管机关应审查与专利侵权或者即将发生的侵权行为有关的一切争议。该机关应当同时依照本法的规定及其本国专利法规（若有），解决上述争议，否则应按照一般规则解决。

第 27 条

27/1 专利局应建立专利登记簿，以便按照本法及其实施细则的规定记录专利及其详情。

27/2 专利局应为本法及其实施细则规定的所有公告发布官方公报。

第 28 条

部长理事会应决定根据下列规定成立申诉委员会：

28/1 申诉委员会应由 12 名委员组成，各委员须为成员国国民，其选任应考虑其个人身份，而非其公职。

28/2 每个成员国应提名两名委员会委员：一名是法律专家，另一名是技术专家。

28/3 委员会委员应选举两名法律专家为委员会主席和副主席，任期 3 年。

28/4 委员会决定应以出席人数三分之二以上多数投票通过。

28/5 委员会会议应在每个成员国至少有一名委员出席的情况下举行。

28/6 如果任何一个成员国的两名委员会成员都不出席，委员会会议应推迟两周。如果下次会议仍存在前述无法出席之情形，会议可以进行。

28/7 委员会成员应独立于任何机构的指示，中立地履行其任务。

第 29 条

委员会委员、董事会成员和专利局工作人员在任职期间或者离任后的 2 年内，自身不得提出专利申请。他们掌握的信息应被视为最高机密。

第 30 条

在下列情况下，专利局应向申请人收取费用：

1. 提交专利申请。
2. 专利的授权和公布。
3. 年费。
4. 专利申请的修改或者增补。
5. 延迟支付年费的额外费用。
6. 转让申请权或让与专利权。
7. 获取专利申请副本、专利登记副本或专利的副本。
8. 申请授予强制许可。
9. 授予强制许可。
10. 请求登记许可合同。
11. 许可合同的登记。
12. 向委员会提出上诉。
13. 向委员会请求延长上诉期限。
14. 请求提供微生物样本。
15. 申请在展览期间的临时保护证书。
16. 请求专利局检索。
17. 实质审查。

以上费用由实施细则规定。

第 31 条

根据世界贸易组织协定所附与贸易有关的知识产权协定（TRIPS）第 65 条第 4 款的规定排除专利保护的，排除期内，业经专利局授予专利权的产品在任何成员国内的专利保护无效。

第 32 条

部长理事会应颁布本法的实施细则。

第 33 条

对本法的解释和建议修改，由财政和经济合作委员会负责，并由科学技术合作委员会及工业合作委员会协调配合。

第 34 条

本法自其和实施细则公布之日起 3 个月后生效。

6.3.2 海湾阿拉伯国家合作委员会商标法

海湾国家商标法（2015）

第 1 部分　定义

第（1）条

执行本法条款的过程中，除非上下文另有所指，否则以下词语应按照下文各自释义来理解：

海湾合作委员会：是指海湾阿拉伯国家合作委员会

归口部门：是指海湾合作委员会各成员国境内依法执行本法的归口贸易事务负责部门。

部长：是指执行本法条款的各部门部长。

实施细则：是指由商务合作委员会制订、落实本法的行政条例。

注册簿：是指商标注册簿。

第（2）条

商标：具有显著特征的一切图案，例如姓名、词语、签字、字母、图形、徽标、称谓、印记、印章、照片、镌刻图文、组合图样或一切其他商标或一组商标，凡用以或旨在区分某经营设施或其他经营场所的货物、商品或服务，表明服务商身份或用以控制商品或服务检验程序的，均可被视为商标。

语音或气味应视为商标的一部分。

第 2 部分　程序

第 1 章　商标注册程序

第（3）条

以下各项不得注册为商标或其中元素：

1. 无特点或显著特征，或仅由常规货物、商品、服务传统称谓、商品或产品的普通图案或照片等一类信息所组成的标志。

2. 违反社会道德或扰乱公共秩序的一切标志。

3. 成员国政府、阿拉伯世界或国际组织、公共机构或一切外国政府机关所使用的公共徽章、旗帜或徽标，经其授权使用的除外，以及此类徽章、旗帜或徽标的一切仿照物。

4. 红新月会或红十字会徽标，以及仿照其制作的其他同类符号和标志。

5. 与纯宗教性符号相雷同或近似的标志。

6. 使用后可能引发产品或服务来源或原产地混淆的地名和字样。

7. 第三方姓名、称号、肖像或徽标，经本人或其继承人事先批准使用的除外。

8. 注册申请人无法证明自身享有的具体荣誉学位称号。

9. 可能误导社会公众，或含有商品或服务来源、原产地、其他特性虚假描述的一类标志，以及虚假、仿冒或假冒商标。

10. 依照归口部门所下达的决议，由禁止贸易往来的自然人或法人所拥有的商标。

11. 与先前第三方就相同或相关商品或服务已申请注册或已注册的商标相近似的一切商标，以此类商标注册并使用后，可能导致消费者与已注册商标所有权人名下的商品或服务相混淆，或侵害其利益为前提。

12. 针对部分类别商品或服务注册后，将导致借此类商标区分的其他商品或服务贬值的一类商标。

13. 被认定为第三方已注册知名商标或其中组成部分的复制品、仿照物或译文，且用以借此区分的商品或服务，与知名商标借以区分的商标或服务相近似的。

14. 被认定为第三方已注册知名商标或其中组成部分的复制品、仿照物或译文，虽然用以借此区分的商品或服务，与知名商标借以区分的商品或服务不具有近似性，但使用后，可能在相关商品或服务与知名商标之间建立关联，或侵害知名商标所有权人利益的。

15. 含有以下词语的商标：特许经营、特许经营者、已注册、注册图案、版权或此类近义词语。

第（4）条

1. 在注册地母国境外享有国际商誉的商标，除其所有权人申请或明确准许注册外，否则概不予注册。

2. 商标推广或长期注册、使用后，在社会公众中形成的知名度、注册国、后续知名国数量、商标价值及其对借以区分的商品或服务所产生的促销成效，决定其商誉。

3. 下列情况下，不允许针对商标借以区分的产品或服务范围以外的其他不近似或不兼容产品或服务，注册蕴含商誉的商标：

a. 商标使用后，表明其借以区分的产品和服务，与原商标所有权人名下的产品或服务之间存在关联的；

b. 使用商标对知名商标所有权人的利益造成潜在侵害的。

第（5）条

以下人员有权注册其商标：

1. 海湾合作委员会成员国境内，经营任何商业、工业、手工业或服务业活动的国内自然人或法人。

2. 常驻海湾合作委员会某个成员国境内、合法经营任何商业、工业、手工业或服务业活动的外国人。

3. 隶属于海湾合作委员会某个成员国签署的国际多边公约缔约国的外国人，或在此类国家境内常驻的外国人。

4. 公权机关。

第（6）条

1. 归口部门应设立名为《商标注册簿》的注册簿，其中记载所有商标、商品或服务名称、经营地址、说明信息，以及此类商标所有权的一切转让、过户、继承、抵押或许可使用信息及一切其他变更信息。一切利益关系人均有权查阅注册簿，并领取经过公证的真实文本。

2. 截至本法生效之时的原《商标注册簿》应编入前款所述《商标注册簿》，并构成后者的有机组成部分。

第（7）条

1. 一切商标注册人，均视为相应商标的唯一所有权人。在相关人员注册商标，并自注册之日起的至少（5）年期限内不间断使用商标的基础上，凡期间未曾有第三方提出诉讼、要求法院裁决商标有效性的，届时相应商标所有权均不得受到质疑。

2. 享有商标优先使用权的商标注册人，有权自注册之日起的 5 年内，向辖区法院申请注销商标注册手续，已认定以其名义注册商标的人员以明示或暗示方式，批准继续使用相应商标的情况除外。

第（8）条

商标注册申请应由相关人员或其代表，按照本法实施细则既定情况和条件，以专用商标注册申请表的格式，提交归口部门受理。

第（9）条

1. 允许按本法实施细则规定，就同一细目或多个细目的商品或服务注册同一款商标。

2. 登记在同一细目项下的商品或服务，不得具有彼此相似性。注册在同一分类项下不同细目的商品或服务，不得存在彼此差异。

第（10）条

凡一名或多名人员同时申请，就同一细目商品或服务注册相同、接近或相似商标的，归口部门应在其他申请人出具弃权声明公证函，声明放弃申请并支持其中一人注册，或终审裁决下达、裁定由其中一人注册之前，暂停办理所有此类注册申请。

第（11）条

凡商标注册申请人或其经营权继承人，有意以其在国际多边公约成员国境内已申请注册相应商标为由，主张享有优先注册权，且海外合作委员会为该公约缔约国的，申请人应自提交作为优先权主张依据的原注册申请日期起 6 个月内，在申请函中随附原申请函文本及一份声明，澄清原注册申请日期和数量、已递交申请的国别。否则，应针对此类申请人的优先权主张出台规定。

第（12）条

1. 归口部门有权为认定和澄清商标，制订限制条件并做出必要的调整，以避免其与另一款已注册商标发生混淆，或出于自视便利的其他原因如此操作。

2. 凡注册申请人未能自接到此类通知之日起的 90 日内，向归口部门做出回复的，均视为已放弃申请。

3. 一旦归口部门因任何原因拒绝注册商标，或规定注册申请须满足限制条件或调整要求的，归口部门应以书面形式通知申请人相关决定。

4. 无论任何情况，归口部门均应自申请人提交申请之日起的 90 日内，就注册申请做出决定，认定其是否满足本法及实施细则项下的既定条件和情况。

第（13）条

1. 注册申请人或其代表在申请遭到拒绝，或被附加前提条件并暂停受理后，有权自接到归口部门决定书之日起的60日内，向委员会提出申诉，申请委员会按照本法实施细则复核相关决定。申请人有权自接到委员会决定书之日起的60日内，向享有司法管辖权的法院提出裁决申请，以此质疑委员会所做出的决定。

2. 凡申请人未能在上述规定期限内，质疑委员会所做决定的，或未能在归口部门决定书之中规定的期限内，满足归口部门附加的限制条件或注册前提的，均视为申请人已放弃申请。

第（14）条

1. 凡归口部门接受商标注册的，归口部门应在予以注册之前，首先按照本法实施细则之中的既定公示途径发布公告，公告费由注册申请人承担。

2. 一切利益关系人均有权自公示之日起的60日内，就相关商标注册事宜提出异议。此类异议应以书面形式，提交归口部门受理。归口部门应在接到此类申请之日起的30日内，通知申请人并随附异议书文本。申请人应在接到通知后的60日内，做出书面答复。凡申请人未能在上述限期内提交书面答复的，则视为申请人已让渡其申请权。

第（15）条

1. 在就已提交的相关异议书做出决定之前，归口部门应在必要时，组织由异议人和注册申请人共同或其中一方参加的听证会，听取相关证词。

2. 归口部门应下达拒绝或接受注册的决定，并有权针对后一种情况，附加自视便利的限制或前提条件。

3. 一切利益关系人均有权自接到归口部门决定书之日起的30日内，向归口部门提出投诉，并有权自相关决议书送达之日起的30日内，向享有司法管辖权的法院提出裁决申请，质疑相关决定。经法院裁定决定书无效并接受商标注册后，除辖区法院另有判决外，否则均不得暂缓办理注册手续。

第（16）条

凡异议期过后，未接到有关接受商标注册申请的相关异议的，归口部门应在既定异议期到期后，随即予以注册商标。

第（17）条

1. 商标注册后，注册效力自提交申请之日起算。完成商标注册后，所有权人将领取注册证，其中含有以下要素：

a. 商标注册号。

b. 优先权日期和编号，以及原注册申请受理状况（如存在）。

c. 提交申请日期、商标注册日期以及保护期到期日期。

d. 商标所有权人的名称、姓名、地址和国籍。

e. 商标图样。

f. 注册商标及其类别所对应的商品或服务说明。

2. 注册商标所有权人有权制止他人在未经许可的情况下，在贸易活动中使用雷同或近似商标，均应包含一切地名在内，以区分与注册商标相同、类似或相关的商品或服务；并在通过雷同或近似商标区分的商品或服务，与注册商标借以区分的商品或服务相似的情况下，避免造成消费者混淆。

第（18）条

注册商标的所有权人有权随时向归口部门申请，就商标做出补充或调整，对其中要素构成实质性影响的除外。归口部门应根据原注册申请的既定条件和规则，下达相关决定。申请人可通过相同申诉和质疑程序，对此提出申诉或质疑。

第（19）条

归口部门有权在遗漏信息的情况下，在注册簿中添加一切相关信息，有权从中删除或修改一切非法注册的信息或不实信息。

一切利益关系人均有权向辖区法院提出诉讼，质疑归口部门就此采取的任何相关程序。

第2章　商标保护期

第（20）条

1. 商标注册后的保护期为10年。商标所有权人有权在有效保护期内的最后1年中，按照本法及其实施细则规定的条款和条件，通过申请商标注册展期手续，确保以每次10年为周期，展期相应商标的注册手续，使之继续受到保护。

2. 商标所有权人有权在注册期到期后的6个月内，申请注册商标展期。

3. 凡商标所有权人未能在注册期到期后的 6 个月内申请展期的，归口部门应自行从注册簿中注销相应商标。

4. 办理商标注册展期手续时，无需再次审核，虽按照办法实施细则中规定的公示途径发布公告，但不允许第三方就展期手续提出异议。

第（21）条

对于成员国境内官方举办或受官方认可的国际展会，应针对相关展品所载商标符合本法既定注册要求的情况，在展会召开期间给予临时性保护。实施细则应针对临时性保护程序，制订相应细则和规程。

第 3 章　商标注销

第（22）条

虽有本法第 7 条规定，但归口部门及一切利益关系人均有权向辖区法院提出诉讼，申请注销原已非法注册的商标。归口部门应在法院判决予以注销的情况下，注销此类商标。

第（23）条

商标所有权人有权针对商标所对应的全部或部分已注册商品或服务，申请从注册簿中注销相应商标。注销申请应对照本法实施细则中的既定条款和条件提出。对于商标注册簿中已登记许可使用契约项下授权使用的商标，其注销手续仅限经许可使用受益人书面核准后方可办理，受益人在许可使用契约中明确声明放弃此项权利的除外。

第（24）条

辖区法院有权应任何利益关系人要求，在凭证据认定某款商标未能在连续 5 年期限内实质性使用后，判决予以注销相应商标，但商标所有权人能够证明，未能实质性使用商标是因超出自身控制能力以外的原因所导致的，则不在此限。

第（25）条

某款商标注销后，仅限自注销之日起期满 3 年后，方可针对相同或类似商品或服务，为第三方再次注册该商标，但依照辖区法院判决注销商标，且判决书中规定更短限制注册期的情况除外。

第（26）条

从注册簿中注销某款商标后，应按照本法实施细则中的既定公示程序发布公。

第4章 商标的转让、抵押和押记

第（27）条

1. 允许随同或不随同借助商标以区分相关商品或服务的商业资产、开发项目，全部或部分转让、抵押或押记商标，双方另有约定的除外。

2. 商标可通过继承、遗嘱或馈赠方式转让。

3. 无论任何情况，在商标载入商标注册簿，并按照本法实施细则既定方式发布公告之前，商标转让、抵押或押记业务均不得侵害第三方权利。

第（28）条

1. 转让经营场所或开发项目所有权时，除双方另行约定外，否则转让范畴均应涵盖以出让人名义注册、与相应场所或项目密切关联的注册商标。

2. 对于不随同商标一同转让经营场所或开发项目所有权的情况，除双方另行约定外，否则出让人有权就对应商品或服务，继续使用商标。

第3部分 许可使用合同

第（29）条

商标所有权人有权通过书面合同随附公证函的方式，授权任何自然人或法人，针对注册商标所对应的全部或部分商品或服务，使用相应商标。商标所有权人有权授权他人使用同一商标；除另有约定外，否则有权自行使用商标。商标许可使用期不得超过法定商标保护期。

第（30）条

许可使用受益人不受商标注册后核准的权利限制，或保留商标权不必要的限制条件所制约。

但许可使用合同中须涵盖以下各项限制：

1. 商标许可使用区域或期限；

2. 向商标所有权人保证商品或服务品质的质控条款；

3. 强制许可使用受益人不得做出贬低商标价值或侵害商标权的任何行为。

第（31）条

商标许可使用合同仅限采用书面格式，且须在商标注册簿中登记后方为有效。在注册簿中登记商标许可使用合同时，登记和公示方法应对照实施细则执行。

第（32）条

未经双方约定，许可使用受益人无权向第三方转让或向下转授商标使用权。

第（33）条

如应商标所有权人或许可使用受益人要求，在其提供许可使用合同已终止或解约的证明材料的前提下，应从注册簿中注销许可使用合同。

归口部门应通知另一方，相关许可使用合同注销申请。在通知另一方许可使用合同注销申请之前，归口部门均不得注销许可使用条目。此情况下，另一方有权依据实施细则既定程序和条款，就注销申请提出异议。

第 4 部分　集体商标、公权机构和产业组织监管标志及徽标

第（34）条

1. 拥有法人身份的特定实体，可就其下属成员借以区分所属设施商品或服务的集体商标，办理注册手续。

集体商标注册申请应视相关成员使用情况，由相应实体代表按照实体特定条件和要求提出，并以归口部门予以审批为前提。

2. 集体商标注册申请人应在注册申请材料中说明，拟注册集体商标，并在申请材料中随附，拟注册商标的一份使用要求书。

无论任何情况，凡针对相关使用要求做出调整的，已注册集体商标的所有权人均应通知归口部门。在归口部门予以批准之前，一切调整均视为无效。

3. 对于集体商标已注销的情况，不得再针对相同或类似商品或服务，再次为第三方办理注册手续。

4. 辖区法院有权应任何利益关系人要求，在凭证据认定，已注册所有权人单独使用集体商标，或自行、委托他人使用商标行为违反本条第 2 款要求，或使用方式造成消费者对商品原产地，或集体商标注册后的任何商品或服务通用规格产生混淆的前提下，判决注销集体商标的注册手续。

第（35）条

1. 负责监管或检验特定商品或服务来源、成分、生产工艺、品质、基本要求或一切其他相关资产的法人机构，有权向归口部门申请注册专用标志，用以证明商品或服务已通过相关监管和检验程序。

无论任何情况，此类标志仅限经归口部门批准后，方可注册或转让所有权。

2. 监管标志的注册申请人应在注册申请材料中说明，申请注册监管或检验标志；并应就拟注册标志，在申请材料中随附标志使用要求书一份。

无论任何情况，注册标志的所有权人均通知归口部门，针对相关要求所做的一切调整。经归口部门批准之前，一切调整均视为无效。

第（36）条

允许就非商业用途注册标志，例如公权机关徽标或产业组织徽标等，以便区分官方函件或用作其下属成员专用徽章。

第（37）条

1. 贸易环节中用作地域性标识的一类标志，可构成产地证明标志或集体商标。

2. 实施细则应针对本法第 34 条、第 35 条和第 36 条中规定的商标和标志，规定相关注册条件、规则和注册时须提交的相关文件，以及所有附属组织框架。一切此类商标或标志注册后，均享有本法中所有既定法律效力。

第 5 部分　维护权利

第（38）条

1. 所有权人有权在依据合理理由认定，进口仿冒或假冒商品载有与其名下注册商标相近似的商标，可能导致社会公众混淆的情况下，向海关当局提交书面申请，要求查扣此类货物且不允许其上市交易。

查扣申请材料应随附足以令海关当局确信，侵犯商标申请人权利的明显侵权证据，同时还应纳入申请人理应合理掌握的充分信息，以便海关当局能够识别此类货物。

2. 海关当局应自查扣申请提交之日起的 7 日内，书面通知申请人自身决定，并对于同意查扣的情况，决定书的有效期为提交申请之日起的 1 年期限，或商标保护期的剩余期限，以二者之中较短期限为准，申请人要求更短期限的除外。

3. 海关当局有权要求申请人缴纳适当的保证金，或足以保护被告和归口权力机关权利的等额保函，以避免在海关不予放行相关货物的过程中，发生滥用公权的行为。

4. 在不限制以上几款效力的基础上，海关当局有权在已掌握充分明显证据，证明相关货物为仿冒商品，或非法载有与注册商标相近似商标、可能导致社会公众混淆的情况下，无需接到举报或所有权人、第三方查扣申请，即可针对已进入海关管辖区域的进口、过境货物或拟出口商品，自行做出予以查扣的决定。

5. 凡海关当局依照本条规定，决定不予放行已进入自身管辖区域的相关货物的，海关当局应履行以下程序：

a. 通知货物进口商和所有权人，不予放行相关货物的决定，自决定下达之日起立即生效。

b. 如应所有权人书面要求，向其通报发货人、进口商和收货人名称及地址，以及相关货物数量。

c. 允许利益关系人依照海关相关执法程序，查验货物。

所有权人有权自接到海关货物查扣决定书之日起的不晚于 10 个工作日内，在争议起因的基础上，向辖区法院提出索赔诉讼，并通报海关当局。逾期后，查扣决定均视为无效，海关当局或辖区法院视情况将诉讼期再延长 10 日的除外，且对于所有权人已就争议起因提出索赔的情况，法院有权予以支持、调整或驳回相关诉讼。

6. 除法院认定的特殊案例外，凡法院在证据基础上认定，海关暂不放行的相关货物为假冒或仿冒商品，或违法载有与注册商标相似商标，易导致社会公众混淆的，法院均应判令销毁相关货物，费用由进口商承担，或对于销毁货物可能对公共卫生或环境造成难以接受的损害的情况下，判令通过商业渠道以外途径予以处理。

7. 无论任何情况，均不可以仅仅在移除非法商标后，允许相关货物流入商业渠道，或转手再次出口。

8. 财政部长有权经咨询归口部门部长后，就海关查扣申请所应提交的信息、条件、管控措施、程序、认定机制及随附文件资料出台决定。此类规定不得对上述查扣申请程序，产生遏制效果。

本条中，“仿冒商品”是指含未经许可，载有与注册商标相近似商标，或就基本元素而言，无法与注册商标加以区分商标的一类货物，含包装物在内。

第（39）条

本法第 38 条规定概不适用于：

a. 非商业性质、可随旅行者个人行包携带或邮政包裹寄送的少量商品。

b. 商标所有权人在出口国市场上自行或同意销售的商品。

第（40）条

1. 侵权案件已发生的情况下，或为制止即将发生的侵权行为，所有权人有权在本法条款所赋予的各项权利基础上，在争议起因的基础上，向辖区法院申请查扣令，要求法院判令采取适当的防范措施，含以下各项在内：

a）针对疑似侵权行为、侵权商品、侵权活动中已经或准备使用的材料、工具和设备展开细致调查，并保留相关证据。

b）强制查扣上一段所述各类物品，以及疑似侵权行为的营收所得。

c）防范疑似侵权商品进入商业渠道、禁止出口此类商品，含海关放行后随即进口的此类商品在内。

d）中止或防范侵权行为发生。

2. 法院还有权要求申请人提供证据，证明侵权行为已经或即将发生，并要求侵权人提供充分信息，以便归口部门能够识别相关商品并落实防范措施。

3. 法院应自接到申诉之日起的不晚于10日内下达裁决，由法院认定的特殊案例除外。

4. 法院有权在必要时，针对延期裁决可能给原告造成无法挽回的损失，或担心毁灭或转移证据的情况，在不传唤另一方的情况下，应申请人要求先期下达查扣令。对于此类情况，法院应在下达查扣令后立即通知另一方、不得延误，或必要时，待查扣令执行完毕后，直接通知另一方。

5. 凡法院在不传唤另一方的情况下，下令采取防范措施的，被告有权自接到通知之日起的20日内，向辖区法院提出上诉。对此，法院有权支持、调整或驳回上诉。

6. 法院有权要求申请人缴纳适当的保证金或等额保函，足以维护被告权利并防止滥权行为发生，同时保证金或等额保函的金额应在未应要求，采取上述防范措施的范围内，不构成不合理的大额款项。

7. 所有权人有权自法院下令采取防范措施之日起的20日内，或接到本条第5款之中被告上诉被驳回通知之日起的20日内，视具体情况为准，在争议起因的基础上申请索赔。逾期后，法院将应被告要求，取消查扣令。

第（41）条

1. 本法所赋予的某项权利因遭遇侵权行为而蒙受直接损失的所有权人，有权向辖区法院申请索赔，要求法院判决充分的赔偿金，以弥补自身因侵权行为而蒙受的损失，含判赔被告赚取的利润在内。

法院应在兼顾商品或服务价值、侵权主体、原告制订的零售价、其他适用合法标准或专家结论的基础上，认定自视适当的赔偿金，以弥补所有权人蒙受的损失。

2. 所有权人有权在不按照上一款规定索赔，含包括侵权人利润在内的赔偿金，以弥补自身损失的基础上，针对已证明侵权行为涉及使用商标故意仿冒商品或一切其他假冒商标的情况，在法院审理索赔案之前，随时申请法院判决充分赔偿。

3. 辖区法院有权在审理索赔案的过程中，结合本法条款所赋予的各项权利，下达以下判决：

a. 查扣侵权行为疑似涉及的商品及其一切附属材料或工具，收缴与侵权行为有关的一切书面证据。

勒令侵权人停止侵权行为，包括禁止出口本法项下侵权商品，以及禁止进口商品在海关放行后立即流入商业渠道。

b. 勒令侵权人向辖区法院或所有权人提供，由侵权人所掌握、涉及侵权行为一切环节所有参与人或实体的相关信息，以及相关商品或服务生产方式和分销渠道的相关信息，包括所有制售相关商品或服务的全体参与人身份，以及说明自身分销渠道在内。

4. 辖区法院有权应所有权人要求，下令销毁已认定的仿冒商品，特殊情况除外，且无需向被告做出任何性质的补偿，并有权下令立即销毁仿冒商品生产或加工过程中所使用的材料和工具、不得延误，无需向被告作出任何性质补偿，同时法院还有权针对自行认定的特殊情况，下令通过非商业渠道处理此类商品，以杜绝后续侵权行为发生的可能性。

辖区法院有权针对销毁商品可能给公共卫生或环境造成无法接受的损害情况下，不销毁仿冒商品及其生产或加工过程中使用的材料和工具，而是下令通过非商业渠道予以处理。

5. 移除仿冒商品上非法载有的商标，概不视为允许其流入商业渠道的合理依据。

6. 辖区法院应根据相关任务工作量和性质，预算委托专家和专业人士完成任务的成本和费用，且不得不合理排除此类程序附属费用的追索权。

第 6 部分　处罚

第（42）条

a. 在不限定其他法律更大处罚力度适用性的基础上，针对被判犯有以下罪行的一切人员，均应处以 1 个月以上、3 年以下监禁，或可并处 5000

沙特里亚尔以上、100万沙特里亚尔以下，或海湾合作委员会其他成员国货币等值金额的罚金：

1. 仿冒或假冒本法项下注册商标，或通过仿冒商标，误导社会公众或造成混淆，或恶意使用任何仿冒、假冒商标的；

2. 恶意使用他人名下商标，标注自身商品或服务的。

b. 在不限定其他法律更大处罚力度适用性的基础上，针对被判犯有以下罪行的一切人员，均应处以1个月以上、1年以下监禁，或可并处1000沙特里亚尔以上、10万沙特里亚尔以下，或海湾合作委员会其他成员国货币等值金额的罚金：

1. 故意销售、约售、交易或以贸易为目的持有，载有假冒或仿冒商标的任何商品的；或非法使用此类商标或以其名义提供服务的。

2. 针对本法第3条第2款至第11款既定情形，使用未注册商标的。

3. 在自身商标、单证或商业文件上，非法使用固定字样，可能使人误认为相应商标已经注册的。

4. 故意、恶意不就商品或服务标注已注册商标的。

5. 故意持有相关工具或材料，旨在用于仿冒注册商标或知名商标的。

第（43）条

对于相关罪行的累犯，应处以本法既定最高限额两倍的处罚，并处相应经营场所或项目关门歇业15日以上、6个月以下。判决书应按照实施细则既定程序发布公告，公告费由被告承担。

本法中，累犯是指自上一次被判有罪之日起的3年期限内，被告再次犯罪。

第（44）条

凡经司法程序认定，扣押令下达有误的，被告有权就依照本法第40条执行的扣押令，申请法院下达赔偿令，前提是应在第40条规定期限到期后的90日内，或商标索赔案终审判决下达之日起的90日内提出申请。无论任何情况，在索赔案终审判决下达之前，或索赔限期到期之前，概不向原告返还保证金，判决书中就保证金另行规定给付方案的除外。

第7部分 最终条款

第（45）条

负责落实本法条款及其项下实施细则的政府雇员，经海湾合作委员会各成员国法定程序通过的决议委任后，拥有执法人员身份，有权针对违法案件，进驻本法条款所涵盖的相关经营场所查扣资产。

相关权力机关应为此类雇员正常履行公务，提供必要的便利条件。

第（46）条

归口部门可设立电子系统和电子数据库，面向社会公众开放，含互联网数据库在内，以便受理商标注册申请和注册商标展期申请，跟踪和完善必要的商标注册程序。

第（47）条

本法条款生效之前，已按照现行法律、决定和条例注册的商标一概有效。此类商标随即享有本法项下受保护权。

第（48）条

本法条款适用于本法生效之前已经提交、正在受理的商标注册申请，前提是此类申请应按照本法条款做出调整。

第（49）条

本法条款概不削弱，成员国已签署的国际双边公约之中的管控机制和义务。

第（50）条

实施细则应针对本法及其实施细则之中的各类程序，制订应征收的手续费标准。

第（51）条

商业合作委员会享有本法解释权及其修订案建议权。

第（52）条

商业合作委员会应负责颁布本法实施细则。